KB166393

# 에이스

**무성애로 다시 읽는
관계와 욕망, 로맨스**

ACE

Copyright ⓒ2020 by Angela Chen
All rights reserved.

Korean translation copyright ⓒ2023
by HYEONAMSA PUBLISHING Co., Ltd
Korean translation rights arranged
with Stuart Krichevsky Literary Agency, Inc.,
through EYA Co.,Ltd

이 책의 한국어판 저작권은 EYA Co.,Ltd 를 통해
Stuart Krichevsky Literary Agency, Inc., 과 독점 계약한
도서출판 현암사가 소유합니다.
저작권법에 의하여 한국 내에서 보호를 받는 저작물이므로
무단 전재 및 복제를 금합니다.

무성애로
다시 읽는
관계와 욕망,
로맨스

# 에이스

앤절라 첸    박희원
지음        옮김

현암사

# 에이스
**무성애로 다시 읽는 관계와 욕망, 로맨스**

초판 1쇄 발행  2023년 6월 7일

지은이  앤절라 첸
번역  박희원

펴낸이  조미현
책임편집  김솔지
디자인  서주성

펴낸곳  (주)현암사
등록  1951년 12월 24일 · 제10-126호
주소  04029 서울시 마포구 동교로12안길 35
전화  02-365-5051
팩스  02-313-2729
전자우편  editor@hyeonamsa.com
홈페이지  www.hyeonamsa.com
ISBN  978-89-323-2309-1 (03330)

책값은 뒤표지에 있습니다. 잘못된 책은 바꾸어 드립니다.

더 원하기를
줄곧 원한
모두를 위해

일러두기

책 말미에 실린 미주는 모두 지은이주이며
페이지 하단의 각주는 모두 옮긴이주이다.

섹스를 '안' 하면 얘기할 게 있어요?

－토크쇼 〈더 뷰〉 진행자 스타 존스

## 작가의 말

무성애자*의 단일한 이야기란 없으며 어떤 책도 무성애 경험을 모두 담을 수 없다. 이 책은 무성애의 여러 쟁점을 살펴보고, 무성애가 섹슈얼리티†와 욕망에 관해 특수한 맥락 속에서 우리 모두에게 무엇을 가르쳐줄 수 있는지를 넓은 시야로 탐구하려는 책이다. 이야기는 심리학계에서 WEIRD라고 하는 집단으로 일부러 한정했다. 서구 출신에western 교육 수준이 높으며educated 산업 사회에 살고industrialized 부유하며 rich(아니면 못해도 중산층은 되는) 민주적인democratic 사람들이다. 대다수는 미국인에 리버럴 성향이기도 하다. 리버럴이라는 단어는 이 책 전반에서 문화적 자유주의와 성性에 긍정적이라는 의미로 사용했다. 책에서는 일부러 동시대만 다뤘다. 나 자신의 삶과, 다른 무성애자들과 다방면으로 진행한 인터뷰에서 끌어낸, 현재에 발을 디딘 이야기다. 대화를 나눈 모두에게 익명 처리를 원하는지 물었고, 그래서 성을 빼고 이름만 쓰거나 아예 다른 이름을 사용한 사례가 많다.

　'우리'라는 단어는 이 책에 자주 등장하며 의미도 바뀐다.

---

　* asexual. 에이섹슈얼. 줄여서 에이스(ace)라고도 부른다. 접두사 'a-'는 부정이나 부재를 의미한다.
　† sexuality. 성(性)과 관련된 것들. 성적 지향, 정체성, 가치관, 행동 등을 포괄한다.

나 자신이 무성애자로 정체화했기에 때로는 무성애자 커뮤니티라는 뜻으로 '우리'를 사용했고, 때로는 이보다 큰 '우리', 그러니까 서구 리버럴 사회, 주로 미국 중상류층을 가리켜 이 단어를 사용했다. 이 세계 바깥에 있는 이들의 경험을 다룬 책이 더 많이 쓰이기를 바란다. 더 말할 것이 너무나도 많다.

# 차례

## 1부

나

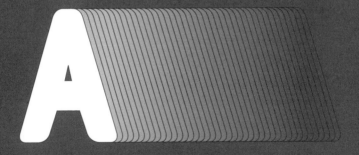

식당은 제인더러 고르라고 했다. 나는 그날 어차피 실버스 프링에 있었고, 제인은 나를 보러 볼티모어에서 운전해 와 줬으니까. 우리 둘을 모두 아는 사람들은 우리가 판박이라 는 농담을 즐겨 했지만(책벌레에, 신경과학을 좋아하고, 제인 이 나를 따라 머리를 짧게 자르기까지 했다), 지금 내 관심을 끄는 건 우리의 차이였다.

"너한테 물어볼 게 있어." 제인이 고른 미얀마 식당에 자 리를 잡자마자 내가 말했다. "성적으로 끌린다는 게 어떤 느 낌이야?"

제인이 자리에서 움찔했다. 우리는 둘 다 스물네 살이었 다. 제인은 남자친구를 사귄 적이 없는 섹스 무경험자였고 나는 두 번째 진지한 상대를 만나고 있었다. 남자친구는 내 가 그랬듯 섹스를 즐겼고, 나는 섹스 이력이 복잡하지 않은 나 자신이 행운아라고 생각했다. 그런데도 나는 이렇게, 속 에서부터 느껴지는 성적 끌림은 어떤 거냐고 친구에게 묻고 있었다. 나는 청사진을 원했다. 내 경험과 나란히 펼쳐놓고 둘이 어떤 부분에서 만나고 어떤 부분에서 갈라지는지를 확 인할 수 있는 무언가를.

"누가 잘생겼다 싶을 때의 느낌을 말하는 건 아니야." 나는 말을 이었다. 이건 어떤 기분인지 알았다. "상대와 사귀고 싶다거나 상대를 사랑하는 느낌도 아니고." 이 느낌도 알았다. 너무 깊게 알아서 부끄러울 정도였다. 나는 섹스하는 동안 신체적으로 각성하는 데 문제가 없었고, 신체적 욕망만이 섹스의 이유라 생각할 만큼 순진하지도 않았다. 사람들은 파트너와 가까워지거나 자존감을 높이려고, 지루함을 달래려고, 자기 문제에서 생각을 돌리려고 섹스를 했다.

내가 몰랐던 건 특정인을 염두에 두지 않고도 섹스를 원하는 느낌이었다. 혼자 있을 때 어떤 식으로든 섹스를 생각하는 것. 섹스로 생기는 정서적 친밀감을 원하는 것과 별개로 섹스하고 싶다는 신체적 충동을 느끼는 것. 성 경험은 내가 제인보다 많았지만, 욕망과 리비도를 터놓고 말하는 쪽은 제인이었다. 성적 충동을 이야기하는 언어는 내게 잘 와닿지 않았다.

제인은 찻잎 샐러드를 한 입 먹고서 접시에 포크를 톡 내려놓았다. 그리고 말했다. "누군가와 가까이 있고 싶어. 생판 모르는 사람이라도 몸이 그렇단 거야. 안달이 난달까. 이것저것 만지작거리게 되고 훗훗해지는 느낌이 들지."

제인은 더듬더듬 말을 잇다가 별로 정확한 답이 아닌 것 같다며 사과했다. "잘 모르겠네. 그냥 그런 느낌이 있어."

하지만 그만하면 충분히 답이 됐다. 제인의 조심스러운 설명을 들으니 내가 그간 성적 끌림이라 생각하며 나 자신까지 속여온 게 완전히 다른 무언가였다는 사실을 알 수 있었다. 그건 미적 끌림이자 정서적으로 또 신체적으로 가까워지고 싶은 욕망, 어떤 소유욕이었다. 모두 성적 끌림과 관련 있으며 쌓여서 성적 끌림을 증폭하는 요소지만, 성적 끌림 자체와는 달랐다.

"두뇌 훈련이라도 하는 거야?" 제인이 물었다.

"아니."

# 1. 무성애에 도달하다

열네 살의 내가 '무성애'라는 단어를 접한 방식은 대다수와 같았다. 인터넷. '무성애 가시화와 교육 네트워크 에이븐'[*1] 웹사이트에 번듯하게 쓰인 구절이 보였다. "무성애자는 성적 끌림을 경험하지 않는 사람입니다." 동성애homosexuality, 범汎성애[†], 이성애heterosexuality가 성적 지향인 것과 마찬가지로 무성애가 하나의 성적 지향임을 알게 되었다. 동성애자는 같은 젠더에게 성적으로 끌린다. 무성애자는 누구에게도 성적으로 끌리지 않는다.

전부 잘 이해되었다. 실리콘밸리에서 자란 덕에 나는 대안적인 생활 양식을 건전하게 이해하는 눈을 기를 수 있었고, 최근의 위키피디아 탐방에서 세상과 타인에 관해 새로운 무언가를 배우게 되어 기뻤다. 무성애가 정상이고 건강하며 유효하다는 생각과 무성애자, 그러니까 에이스가 우리 나머지의 손가락질과 비웃음을 받지 않고 오래오래 행복한

* Asexual Visibility and Education Network, AVEN. 2001년 설립된 세상에서 가장 큰 무성애자 커뮤니티. 무성애에 대한 여러 정보를 제공한다. asexuality.org

† pansexuality. 팬섹슈얼리티. 성별에 상관없이 성적 끌림을 느끼는 성적 지향. 접두사 'pan-'은 전체를 의미한다.

삶을 누릴 자격이 있다는 생각을 받아들이기는 어렵지 않았다. 그러나 용어를 안다고 나 자신을 보는 관점이 바뀌는 건 아니었다. 나는 '성적 끌림을 경험하지 않는 사람'의 뜻을 '섹스를 싫어하는 사람'으로 오해했으니 나 자신은 무성애자일 수가 없었다. 아직 섹스는 안 해봤지만 그게 대단한 일일 것 같았으니까. 이 성적 지향과 여기에 딸려오는 온갖 오해는 이래서 묘하다. 무성애자이면서 그걸 깨닫지 못하는 일이, 단어를 보고도 그저 어깨 한 번 으쓱하고 넘어가는 일이 있을 수 있다. 정의만으로는 충분하지 않다. 더 깊이 파헤쳐야만 한다.

나는 내가 무성애자가 아니라고 생각했고, 무성애는 내 삶과 무관해 보였다. 여기서도 나는 틀렸다. 섹슈얼리티는 어디에나 있고, 섹슈얼리티가 사회를 건드리는 모든 지점에서 무성애도 사회를 건드린다. 무성애자가 씨름하는 문제는 모든 지향의 사람이 살면서 어느 순간에는 부딪칠 법한 문제다.

사람에게 성적 욕망이 얼마나 있어야 하냐는 질문을 생각해 보자. 너무 적다는 건 어느 정도일까? 너무 적으면 건강하지 않은 건가? 이 질문에 대한 누군가의 대답 혹은 당연하게 여겨질 답은 젠더 정체성과 인종, 장애에 따라 어떻게 달라질까? 우리의 정치적 견해에, 우리의 인격에, 우리 관계의 가망성에 대해서 우리가 경험하는 욕망의 정도가 의미하는 바는 무엇일까? 뭘 의미'해야' 할까?

이런 물음은 인간의 경험에 광범위한 질문을 던진다. 무성애자의 시각에서는 대답이 다르게 보인다. 이 책은 무성애자의 답과 다른 답을 맞대어 보려는 시도다. 이를 위해 나는 거의 100명에 달하는 무성애자를 대상으로 전화와 대면 인터뷰를 진행했다. 끌림과 정체성, 사랑에 관해 물었다. 이들이 들려준 답들은 단순하지 않았다. 나 자신의 경험도 단순하지 않았고, 그 누구의 경험도 그렇지 않으니까. 무성애자의 사고방식에는 새로운 용어와 뉘앙스가 많다. 솔직한 게 으레 그렇듯 그런 생각은 때로 어지럽기도 하다.

한 남자는 독실한 환경에서 성장하며 규칙이란 규칙은 죄다 따랐으나 결혼을 하고 보니 섹스가 남들이 장담했던 것만큼 경이롭지 않다는 사실을 깨달았다. 한 여자는 자신에게 섹스하고 싶은 욕망이 없는 게 중병 증상이 틀림없다고 생각해 고등학교를 다닐 때 혈액 검사를 받았다. 장애가 있는 무성애자는 어디까지가 장애이고 어디부터가 무성애인지, 그 경계를 찾는 게 중요하기는 한지 고민하며 양쪽 공동체에 적응하는 데 어려움을 겪을 수 있다. 유색인 무성애자와 젠더 비순응* 무성애자는 자신의 무성애 지향이 고정관념을 거스르려는 반작용인지 질문을 던진다. 섹스가 공식에 포함되지 않는다면 우정과 로맨스†를 어떻게 구분할지는 모두가 궁금해한다. 로맨틱한 관계를 원하지 않는 무성애자는 특정 유형의 파트너 관계에 과도하게 몰두하는 세계에 자신

* gender nonconforming. 젠더에 대한 사회의 기대를 벗어나는 사람.
† romance. 낭만적이고 친밀한 관계를 맺고 싶다는 마음. 연정이라고도 번역된다.

을 위한 공간이 있을지 궁금해한다. 로맨틱한 관계를 원하는 무성애자는 관계에서 인정되는 동의의 방식에 자신에게 필요한 부분이 없다고 지적한다.

답이 단순하지 않다고 해도, 이런 이야기는 무성애자든 무성애자가 아니든 우리 모두가 섹슈얼리티와 관계하는 방식을 조명하도록 관점을 전환한다. 대다수 사람은 성 규범에 제약을 받는다. 무성애자는 더 심해서 때로 배제되는 수준에 이르기도 한다. 덕분에 무성애자에게는 외부인의 시점에서 외부인의 통찰로 사회의 규칙을 관찰할 힘이 생긴다. 무성애자는 대체로 감춰진 (정의와 감정, 행동을 둘러싼) 성性적 가정과 각본에 주의를 기울이고 이런 규범이 우리 삶을 어떻게 축소하는지 따져 묻는다. 무성애자는 자연스럽다고 여겨지는 것보다 정당함을 우선순위로 올리는 새로운 렌즈를 개발해 왔다.

열네 살의 나는 내가 경험한 섹슈얼리티가 잡지 기사에 쓰인 무성애자의 경험과 일치하지 않는다는 것만 알았다. 대부분의 친구들, 인구 상당수와 마찬가지로 나도 이성애자 여성이라 생각했다.

반면 내가 기사에서 읽었거나 이번 작업을 진행하며 인터뷰한 무성애자 다수는 어린 나이에 차이를 감지했다고 했다. 이들의 이야기는 최근에 보스턴에 있는 에머슨 대학을 졸업한 비주얼 아티스트 루시드 브라운의 이야기와 비슷하게 들렸다. "엄마는 내가 어릴 때 '그 대화'를 세 번이나 따로 시도했지만 세 번 모두 내가 중간에 포기했어요." 루시드의 말이다. (루시드는 내가 인터뷰한 많은 이들과 마찬가지로 논바이너리*이며 대명사는 데이/뎀†을 사용한다.)

　루시드가 중학생이었을 때 아이들 모두가 나무 뒤에 숨어 반 친구 두 명이 키스하는 걸 구경했다고 한다. 다른 아이들은 간질간질한 짜릿함을 맛보는 듯했지만, 루시드는 키스가 왜 좋은지, 왜 저기에 관심을 둬야 하는지 도통 알 수 없어서 그저 당혹스럽기만 했다. 물론 사춘기라는 시기에는 어떤 지향을 가졌든 갈피를 잡기 어려울 수 있다. 무성애자는 섹슈얼리티의 길을 못 찾을 때뿐만 아니라, 섹슈얼리티에서 통째로 배제되었다고 느끼며 섹슈얼리티에 관여하는 다른 사람들을 지켜볼 때도 혼란을 느낀다. 사람 사이의 소문은 누가 누구에게 반했고 누가 누구와 키스했다는 이야기를 중심으로 돌아간다. 뭔가를 하는 사람이 아무도 없더라도 섹스(한 사람, 할 수도 있는 사람, 하고 싶어 하는 사람)가 대화에서 제일 중요한 주제가 된다. 전에 없이 단체로 섹스에 목을 매는 건 이해하기 어려운 일로 보인다. 다들 뇌를 탈취당하기라도 한 건지.

　섹스가 주는 흥분에 관한 소문이 아무리 자주 들려도 루시드는 거기 엮이고 싶지 않았다. 섹스를, 섹스와 관련된 모든 걸 생각하면 여전히 거부감이 들었다.(내성의 정도는 무

---

＊　nonbinary. 이분법적 성별 구분을 벗어난 성 정체성.
†　they/them. 성별을 구분하지 않는 3인칭 단수 대명사로 이분법적 성별 구분을 거부하는 논바이너리가 선호한다.

성애자마다 다르다. 이 책에서는 '섹스'라는 단어를 파트너와 하는, 키스에서 나아가는 성행위라는 뜻으로 사용했다.)

섹스에 거부감을 느끼는 무성애자 다수는 섹스를 생각할 때 "이성애자가 수간에 꽂혔다는 말을 들을 때와 비슷한" 혐오감을 느낀다고 말한다. 루시드는 이런 반응이 더 심했다. 성적인 이미지나 말에 노출되면 신체가 꿈틀대고 펄떡대는 장어 떼처럼 반응했다. 장어는 루시드의 몸 여기저기에 살았다. 장에 한 마리, 척추를 따라서도 한 마리. 장어와 같이 있으면 곧바로 위협에 대한 반응이 일어, 속이 메스꺼워지고 심장이 쿵쾅대고 제자리에 얼어붙고 말았다.

루시드의 반응은 예측할 수도 없었고 직관적이지도 않았다. 섹스 이야기를 말로 하면 거부감이 조금 들고 텔레비전 속 섹스 장면을 시청하면 거부감이 더 든다는 식으로 간단히 설명할 수 없었다. 섹스에 대해 깊이 논의하는 것이 벌거벗은 사람 그림보다 나쁜 것 같기도 했지만 이유를 말하기는 어려웠다. 다른 사람들도 루시드의 이런 신체 반응을 똑똑히 볼 수 있었고, 이 때문에 루시드는 괴롭힘의 표적이 되었다. 아이들이 루시드에게 성적인 농담을 외쳐댄 것이다. "그러니까 섹스에 대한 내 반감을 날 공격할 무기로 쓴 거죠."

루시드 생각에 자신이 이성애자가 아니라는 사실은 명확했다. 많은 무성애자는 자신이 동성애자라고 짐작했다가 '동성애자'가 자신을 설명하는 데 적확한 표현인지 고민한다. 어떤 이들은 여타 성적 지향을 살펴보며 남은 선택지는 이것뿐이라고 추론해 '무성애자'라는 단어를 독자적으로 찾아내기도 한다. 루시드는 '비성애자nonsexual'로 정체화했다가 《마우이 뉴스》에 실리는 상담 코너인 '디어 애비' 칼럼[2] 하나를 우연히 발견했다. '뉴잉글랜드 에이스'라는 사람이 데이트 상대에게 자신의 지향을 언제 밝혀야 할지 묻는 내용이었다. 애비는 다른 사람에게 당장 말할 의무는 없다고 답했고, 세상에는 사연 작성자 말고도 무성애자가 더 있다며 에이븐을 소개했다. 열세 살이었던 루시드는 식탁에서 그 신문을 슬쩍 챙겼다.

단어 하나였지만 완벽하고도 즉각적으로 이해되는 답이었다. 루시드는 무성애자가 확실했으나 그런 경험에 이름표가 존재한다는 걸 몰랐다. 이를 아는 사람은 거의 없다. 모두가 당연히 유성애자*라는 생각이 원체 널리 퍼져 있으니까. 유성애자는 성적 끌림을 경험하는 사람을 가리키는 용어다. 다시 말해 유성애자는 무성애자가 아닌 사람이다.

루시드는 말한다. "'무성애'라는 단어를 발견하니 여태 나한테 일어난 일들이 설명되더라고요. '섹스를 그냥 안 할 수도 있다'는 말을 들은 건 그때가 처음이었어요. 믿기 어려울 정도의 해방감을 느꼈죠. 어릴 때 앞으로 무시무시한 대형 사건이 생길 거고 내가 그걸 원하게 될 거라는 말을 듣고 정말이지 무서웠거든요. 어마어마하게 무서웠어요."

루시드가 잠시 말을 멈춘다. "그게 첫 단계 같았어요. 헷갈리는 다른 상자가 잔뜩 든 상자를 여는 열쇠였죠. 그냥 무

---

*   allosexual, 알로섹슈얼. 줄여서 알로(allo)라고도 부른다.

성애가 제일 명쾌한 말이었고, 덕분에 정체성의 복잡한 면을 더 들여다볼 수 있었어요." 그 단어는 지금껏 접할 수 없었던 중요한 지식을 향한 길을 열었다.

나는 남자애들한테 반했다고 수다를 떨며 중학생 시절을 보냈다. 고등학교에서는 여자인 반 친구와 복잡하고 양면적인 관계에 빠졌다. 이 친구 때문에 처음에는 내가 양성애자 bisexual인지 고민했으나 내가 친구를 만지는 것도 친구가 나를 만지는 것도 싫었기에 나는 어찌 되었든 이성애자일 거라고 판단했다. 심지어 대학에 다니는 동안에도 내가 무성애자인지 의심할 이유는 별로 없었다. 예민하고 수줍음 많고 남자를 좋아하는 성향일 거라고 추측할 뿐이었다.

내가 무성애자일지도 모른다는 생각은 우스워 보였다. 나는 에이드리언 브로디는 매력적이지만 채닝 테이텀은 그보다는 못하다고 생각했고, 섹스 농담과 엉큼한 암시로 똘똘 뭉친 말을 던져 바른 생활 친구들의 얼굴을 붉히는 야한 유머 감각의 소유자였다. 갈망을 이야기하고 모험적인 섹스 이야기에 귀를 기울였으니 내가 친구들과 욕망의 언어를 다르게 사용한다는 생각은 한순간도 들지 않았다. 하지만 친구들에게 '핫하다' 같은 말은 제인이 묘사한 유형의 육체적 끌림을 가리켰다. 내게 '핫하다'는 빼어난 골격에 감탄하는 표현이었다. 친구들의 성적 접촉은 보통 리비도에서 비롯되었다. 나는 나한테 리비도가 없는 줄도 몰랐다.

남자랑 하는 섹스가 조금은 궁금했다. 책, 텔레비전, 친구 모두가 그 기분이 환상적이라고 했으니까. 하지만 욕망되는 느낌이 더 궁금했다. 내가 욕망하는 상대, 고등학교 시절 사귄 전 애인과 달리 나도 온 마음을 다해 욕망하는 상대에게 사랑받는 느낌. 이게 내 갈망의 진정한 뿌리였다.

그러다 나타났다, 헨리가. 헨리와 나는 스물한 살에 만났다. 처음 대화를 나누고 나는 일기에 "미친 심장아, 나대지 마."라고, 토씨 하나 안 틀리게 모두 영어 대문자로 썼다. 헨리는 텍사스에 있었고 나는 캘리포니아에 있어서 대화는 온라인에서 이뤄졌다. 어쨌든 우리는 이메일과 채팅을 주고받고 몇 시간씩 이야기하며 사랑에 빠졌다.

거의 1년 동안은 헨리를 직접 만나지 않았다. 직접 만나고는 몇 달 만에 얼굴을 안 보는 사이가 되었지만, 그 관계의 여파는 우리가 함께한 기간을 훌쩍 넘어 미래까지 뻗어 나갈 것이었다. 헨리와의 첫 대화부터 책 첫머리에 언급한 미얀마 식당에서 제인에게 던진 질문까지를 관통하는 선을 그을 수 있겠다. 헨리는 언제까지나 내 인생의 '전'과 '후'를 구분하는 하나의 표지일 것이다. 우리 관계로 내가 무성애를 접하게 되었다는 면에서뿐 아니라 로맨틱한 사랑과 강박에 사로잡힌 상실의 고통을 이해하게 되었다는 점에서도 그렇다.

첫사랑은 늘 기적 같다. 멀리 있는 사람, 그것도 우정 말고 다른 일은 생길 리가 없다고 믿으며 만난 사람과 사랑에 빠진 것, 함께 지내려고 생활을 조율해야 했던 것, 내면의 느낌이 외부의 현실을 정말로 바꾼 것, 그 모든 일로 그 순간들이 알맞은 때라고 느껴졌고 그 사람은 한층 더 특별해졌다.

우리가 들이는 노력은 관계가 각별하다는 표시가 되었고, 계획의 진지함은 우리 감정이 진지하다는 증거가 되었다. 우리의 유대가 겉치레를 넘어섰고, 그저 심취한 것 이상이라는 증표. 이런 면에서는 우리가 틀리지 않았다고 나는 지금도 확신한다. 우리가 아무리 지독하게 미성숙했다고 해도 그 중추를 이룬 감정은 희귀하고도 아주 진실했다. 이에 대한 내 믿음은 당시에나 그 이후에나 무엇으로도 흔들리지 않았다.

텍사스와 캘리포니아는 멀리 떨어져 있지만, 때는 대학교 4학년으로 어차피 모두의 삶이 막 갈라질 참이었다. 우리는 졸업하고 둘 다 뉴욕으로 갈 생각이었다. 나는 기자 일을 구하고, 헨리는 대학원에 가려 했다. 하지만 헨리는 그 지역의 어느 대학에도 합격하지 못해 남부에 있는 한 학교에 가기로 했고, 5년간 장거리 개방 연애*를 하자고 졸랐다.

나는 이런 방식을 감당할 깜냥이 안 됐다. 믿음이 약했고 약한 모습을 보이기 싫어하던 나는 일기장에 나를 향해 이렇게 적었다. "기억할 것 하나 더. 무슨 이유에선지 전에는 미처 생각이 안 났나 본데, 너도 남한테 뭘 부탁해도 돼. 남에게 양보하라고 요구해도 된다고. 항상 네가 양보해야 하는 건 아니야."

싫다고 하는 게 맞았겠지만, 나는 헨리를 잃는 게 두려웠다. 그래서 실수를 저질렀다. 승낙한 것이다.

---

*  open relationship. 애인이나 배우자를 두고 자유롭게 다른 사람을 만나는 형태의 관계.

헨리는 대학원에 다니러 남부로 가기 전에 뉴욕에서 여름을 보낼 계획을 세웠다. 겉으로는 어학 수업을 듣기 위해서였지만 실제로는 나랑 있는 게 목적이었다. 직접 만나지 않은 상태에서 우리는 같이 지낼 곳을 찾기로 마음을 맞췄다. 함께 보낼 몇 달은 기대에 비하면 벌써부터 쓰리도록 짧게 느껴졌다. 다른 무엇도 우리에게 그토록 간절하지 않았다. 왔다 갔다 하는 건 시간 낭비였다.

그 여름은 고통스러웠고, 우리 사이가 잘 풀리지 않은 이유로는 여러 가지가 있다. 섹스는 이유가 아니었다. 엄밀히 따지자면. 우리의 기묘한 연애로 다른 영역들에서 문제가 생겨났을 수는 있지만, 우리는 서로가 아름답다고 생각했고 나는 헨리와 섹스하는 게 좋았다. 남들은 할 수 없는 경험이 내게 허락된 듯한 친밀감을 느꼈다. 내가 줄곧 원하던 느낌을 거기서 받았다. 성적 쾌락 말고, 특별함의 전율 말이다.

섹스 자체가 문제의 원인은 아니었으나 내겐 섹슈얼리티의 특정 측면에 대한 두려움이 있었고 그건 원인이 되었다. 그 몇 개월 동안 우리는 사실상 일대일 관계에 있었지만, 나는 다가오는 5년간의 개방 연애에 겁을 집어먹었다. 헨리가 다른 사람과 섹스하기를 원한다는 사실은 받아들이기 어려웠다. 헨리가 다른 누군가와 자고 나면 그 사람과 사랑에 빠지리라고 확신해서 (헨리의 끌림이든 다른 누구의 끌림이든) 성적 끌림이라는 말만 나와도 버림받는 그림이 떠올라 괴로웠다.

이내 불확실한 미래의 공포가 현재의 안정감을 덮어버렸

다. 나는 강인해지고 싶은 만큼이나 도망치고 싶었고, 이런 마음은 우리가 함께 보내는 시간을 망쳐놓는 독한 칵테일이 되었다. 나는 잘못된 걸 알지만 멈출 도리가 없다는 식으로 행동했고 감정은 걷잡을 수 없이 치달았다. 내 공포는 자꾸 헤어지려 드는 식으로 모습을 드러냈다. 남겨지는 게 그만큼 두려웠다. 끊임없는 싸움 속에서 나는 손을 내저으며 온갖 문제를 이유로 내세웠지만 '두려움'이나 '불안'이라는 단어를 직접 포함한 적은 한 번도 없었다. 무섭다고 말할 수도, 내가 얼마나 신경을 쓰는지 인정할 수도 없었다.

일을 마치고 집으로 오는 길에 꽃집을 지나다가 헨리에게 줄 빨간 카네이션을 충동적으로 산 날이 있었다. 집에 돌아온 내게 어디서 난 꽃이냐고 헨리가 묻는 순간 헨리를 생각하는 마음이 자연스럽게 우러나왔다는 걸 인정해야 한다는 당혹감이 나를 짓눌렀다. 그래서 직장에서 누가 준 꽃이라고, 식탁에 두면 예쁠 것 같았다고 말해버렸다.

견디다 못한 헨리는 끝내 가을에 나와 헤어졌고 그건 마땅한 일이었다. 헨리는 떠났지만, 나는 우리가 개방 연애를 해야만 하는 이유를 놓고 나눴던 끝없는 대화를 이해하려고 계속 골몰했다. 남자에게는 언제나 딴 길로 새려는 마음이 있고 그게 자연스러운 거라던, 일대일 관계에 목을 매는 건 구식이고 내가 진짜로 노력하면, 정말 조금만 더 노력하면 그 욕망을 누를 수 있으리라던 헨리의 말.

헨리가 했던 말 때문에 호감을 표현하는 일이나 섹스, 로맨스와 얽힌 만사에 대한 깊은 두려움이 새로 생겼다. 룸메이트가 〈스캔들〉 지난 시즌을 보기 시작했을 때 나는 주인공들이 어두운 복도에서 키스하는 장면이 흘긋 보이기만 해도 방에 들어가 문을 걸어 잠갔다. 누가 데이트 중에 나를 껴안으려 하면 곧바로 몸을 뺐다. 모르는 사람이 나를 만지는 걸 좋아한 적은 한 번도 없었지만, 음습해지고 냉소에 찬 나는 이제 그런 손길을 드러내놓고 무서워했다. 헨리가 그리워 죽을 지경이었고, 누군가의 배신으로 끝나든 상대가 갑갑함을 느껴 끝나든 어느 쪽으로든 관계는 죄다 끝나리라고 믿었다.

헨리를 마지막으로 보고 거의 2년이 지난 어느 날 저녁, 어쩌다 보니 나는 친구 토머스에게 모든 일이 얼마나 안 좋게 끝났는지 토로하고 있었다. 그 무렵에는 있었던 일을 읊는 데 숙달이 되어 있었다. 거기에 집착하면서 헨리 일을 모르면 사람들이 나를 이해하지 못하리라 확신했고, 우리 관계가 왜 실패했냐는 질문에 답하지 못하면 나도 나 자신을 이해하지 못하리라 여겼다. 내게 이 질문은 알 만큼 알면서도 왜 그런 식으로 행동했는지 묻는 것과 같았다. 이야기를 들은 사람은 정말 많았는데, 헨리가 다른 사람에게 끌려 나를 떠날 거라고 걱정한 이유를 토머스는 이해하지 못했다.

토머스가 말했다. "질투는 이해하는데, 헨리가 자기를 아예 통제하지 못할 거라고 네가 걱정한 건 이해가 안 돼. 다른 사람한테 성적으로 끌리는 건 우리 모두에게 일어나는 일이잖아."

내가 말했다. "나도 알고, 그래서 무서운 거야. 그런 일이 모두에게 일어나니까 누군가는 늘 그 욕망이랑 싸우면서 바람을 피우고 싶어 하겠지. 진짜 피우지는 않더라도. 좀 애잔하잖아."

토머스는 말했다. "뭐, 그래. 그런 것 같기도 하네. 근데 아닐 수도 있어. 너도 사귀지 않는 상대에게 성적 끌림을 느껴봤겠지만 그건 보통 그냥 '끌림'일 뿐이야. 육체적인 거. 항상 생기지만 다 조절하잖아. 어지간한 사람한테는 감당 못할 끔찍한 일이 아니야. 그럴 수도 있기야 하겠지만. 그래도 대부분 별일이 아니라고. 우리 모두 다루는 법을 익히니까. 너도 알잖아?"

나는 몰랐다. 토머스의 말은 하나같이 생경했다. 나는 '그냥 끌림'을, 육체적 충동을 경험한 적이 전혀 없었다. 정서적 욕망이 육체적으로 나타날 뿐이었다. 나는 상대를 위해 내 인생을 바꿀 각오가 되었을 때만 섹스할 마음이 들었고, 그래서 자기가 다른 사람과 섹스하기를 바란다고 해서 꼭 내 자리가 위태로워지는 건 아니라고 주장하던 헨리의 말을 믿지 않았다. 모두가 모두에게 시도 때도 없이 성적 끌림을 느낀다고 헨리가 말했을 때 나는 내가 경험한 방식으로 끌림을 이해할 수밖에 없었다. 그건 강력한 힘으로 사람을 압도하는 정서적 갈망(솔직히 말하면 사랑)이라 그 감정이 내가 아닌 다른 누군가를 향하면 우리 관계가 파탄날 것이었다. 지금 듣기에는 논리적이지도 않고 말도 안 되게 순진한 소리 같지만, 사랑을 원하는 욕망과 섹스를 원하는 욕망은 내게 언제나 한 덩이이자 동일한 것이었고 끊을 수 없이 연결되어 있었다. 나는 섹스가 궁금하기는 했으나 헨리 전에는 누군가와 섹스하기를 원한 적이 없었다.

토머스와 이야기하자 토머스에게는 당연한 말이 내게는 왜 새롭게 들리는지 의문이 생겼다. 성적 욕망에 관해 내가 모른다는 것조차 모르는 게 또 뭐가 있을지 궁금했다. 몇 달이 지나고 나는 제인과 점심을 먹으며 성적 끌림이 어떤 느낌인지를 물었다. 그 질문을 꺼낸 건 그때가 처음이었지만, 그 무렵에는 제인의 답이 내 세계관과 나란하지 않을 거라고 이미 생각하고 있었다.

'무성애'라는 단어를 처음 접한 지 10년 만에 나는 전에 뭘 잘못 이해했는지를 알아보고 싶다는 마음으로 그 주제로 돌아갔다. 성적 끌림과 성적 행동이 같지 않으며 하나가 다른 하나를 꼭 제한하지는 않는다는 건 오래전부터 알고 있었다. 일반적으로 성적 행동은 우리가 통제할 수 있으나 성적 끌림은 그렇지 않다는 걸 알았다. 동성애자 남성이나 이성애자 여성이 여성과 섹스해도 끌림의 상대는 그대로 남성이라는 점은 분명했다. 무성애는 성적 끌림이 없는 것, 비성관계*는 성적 행동이 없는 것임을 이해하고 있었다.

자료를 더 읽으며 섹스에 거부감을 느끼지 않는데도 성적 끌림을 경험하지 않을 수 있다는 사실을 처음으로 알게

---

* celibacy. 흔히 독신으로 이해되며, 이 책에서는 어떤 이유에서든 성관계를 하지 않는 상태 그 자체를 가리키는 단어로 썼다.

되었다. 크래커 같은 음식을 갈망하지도 불쾌해하지도 않으면서 소중히 지켜진 사회적 의례의 일부로 즐겁게 먹을 수 있는 것과 마찬가지다. 섹스에 거부감을 느끼는 건 성적 끌림이 없다는 제법 확실한 지표가 될 수 있지만, 사회적 수행으로 혹은 정서적인 이유로 섹스를 원해서 (그리고 실제로 섹스를 해서) 성적 끌림이 없다는 점이 감춰지기도 한다. 게다가 각기 다른 욕망은 똘똘 뭉쳐 있어 다양한 가닥으로 풀어내기가 어렵기도 하다. "성적 끌림을 아예 느껴보지 않은 사람은 성적 끌림이 어떤 느낌인지 알지 못하며 지금껏 그걸 느낀 적이 있는지 알기 어려울 수 있다." 무성애 연구자 앤드루 C. 힌더라이터Andrew C. Hinderliter가 2009년 학술지 《성적 행동 기록Archives of Sexual Behavior》[3]의 편집자에게 보내는 서신에 쓴 말이다. 그래, 누가 아니라니.

유성애자가 경험하는 섹슈얼리티가 내게는 낯설기 그지없었고, 이십 대 중반에 이걸 깨달으면서 내 삶은 많은 부분이 새롭게 구성되었다. 남들에게는 사춘기 때 켜진 스위치가 내게는 끝까지 딸깍이지 않았다. 이 시기에 대다수는 자위를 시작하고, 야한 꿈을 꾸거나 성적 환상을 품고, 머리카락 냄새나 드러난 어깨 같은 육체성과 접촉을 극도로 민감하게 받아들이게 된다. 일부에게는 이런 발달이 약간 늦게 나타난다. 다른 사람, 나 같은 사람에게는 이 모든 일이 아예 일어나지 않았다. 나는 키가 자라고 감수성이 예민해졌지만 어느 날 갑자기 주위를 둘러보며 여러 몸을 의식하지는 않았다. 그 몸에서 뭔가를 원하는 건 말할 것도 없었고. 십 대 시절의 짝사랑은 물론 강렬했으나 더 어려서 느꼈던, 미적으로 끌려서나 상대가 똑똑하다고 생각해서 생겼던 마음과 별반 다르지 않았다. 환상 속에서조차 이 마음은 내가 좋아하는 사람이 나더러 연애 상대로 괜찮다고 말해주는 것 이상으로 나아간 적이 없었다.

무성애를 알고 나니 고등학교 반 친구의 임신이 나한테는 그렇게 곤혹스럽게 다가왔던 이유가 설명되었다. 나는 섹스를 아예 안 하는 게 너무 '쉽다'고 생각했다. 그게 기본 상태였고, 뭔가를 하려면 엄청난 노력이 필요했다. 걔는 뭐 때문에 그런 위험을 꾸역꾸역 감수했대? 그 애한테 그게 마냥 쉽지 않았던 이유를 이제는 이해한다. 우리 경험은 근본부터 달랐으나 내가 의문을 제기할 정도로 차이가 뚜렷하지는 않았다.

그러고 나니 내 무성애 지향이 어떤 식으로 나를 지켜줬는지 보였다. 나는 무성애자여서 성적인 일로 주의가 분산될 일이 없었고, 안팎에서 가해지는 슬럿 셰이밍*을, 나쁜 만남 혹은 만남 자체를, 잠수 이별과 혼란으로 끝나는 가벼운 관계를 피할 수 있었다. 무성애 지향이 (혹은 무성애에 관한 내 오해가) 헨리와 내게 어떤 식으로 상처를 줬는지도 이해했다. 우리가 잘 안 풀린 이유가 무성애인 건 절대 아니었다. 이유라면 삶의 여건을, 미성숙함을, 걱정의 되먹임 고리를 탓하겠다. 무성애자이면서 그걸 몰랐기에 두려움이 부풀어

---

*  slut-shaming. 성적인 면을 빌미로 주로 여성을 폄하하는 것.

우리 관계가 끝난 건 맞다. 내가 겁을 먹은 건 대개 섹슈얼리티를, 섹슈얼리티가 무슨 의미이며 그걸 조절한다는 게 어떤 일인지를 개인적으로 경험한 적이 없었고 그 경험이 없다는 것마저 자각하지 못한 탓이었다. 앎의 한계에 막히고 경험의 제약에 묶인 나는 그림자뿐인 곳에서 괴물을 봤다.

루시드의 이야기는 받아들이기 쉽다. 내 이야기는 그 정도는 아니다. 루시드가 섹스에 느끼는 거부감(장어와 구역감)은 유성애자의 경험과 현저히 달라 보이고 그래서 사람들은 무성애란 저런 거라고 짐작한다. 반면 내 경험은 성적인 사회에서 덜 성적인 사람이 흔히 겪는 일로 들려 별도의 정체성 이름표가 필요해 보이거나 이상해 보이지 않을 수도 있다. 많은 유성애자는 내 이야기가 익숙하다고 생각하면서도 무성애자로 정체화하지 않는 편을 택할 것이다. 그렇다면 성적 동기가 없는 유성애자 여성으로 정체화할 수도 있었을 내가 무성애자로 정체화한 이유는 뭘까?

우선 내 경험의 많은 부분(가령 나도 모르게 섹스 생각이 떠오른 적이 한 번도 없다거나 평생 독신으로 사는 데 별문제가 없다는 사실)이 다른 무성애자의 경험과 일치하기 때문이다. 무성애를 알게 된 건 인식의 충격이었고 나는 이걸 기념하고 싶었다. 나는 예나 지금이나 어떤 경험 혹은 단어를 썩 좋아하지 않을 때조차 딱 들어맞는 단어를 쓰려고 항상 엄격하게 따지는 사람이다.

그러나 무성애자로서의 경험을 인식하도록 해준 이들과

나를 연결하지 않고 그저 내 경험을 기술하는 데서 그친다면 '무성애자'라는 말은 의미가 없을 것이다. '무성애'는 언제나 현실적인 목적이 있는 정치적 이름표였고, 내가 무성애자로 정체화한 더 중요한 이유는 그게 내게 유용했기 때문이다. 헨리와의 연애가 끝나고 나는 나 자신이나 다른 사람을 이해하는 데 애를 먹다가 비로소 무성애를 알게 되었다. 로맨스와 섹스를 둘러싼 강렬하고도 복잡한 느낌은 있었으나 내게는 그걸 표현할 언어가 없었다. 다른 무성애자들은 이해했다. 이들의 존재와 글은 나 자신과 내 삶을 이해하는 데 도움이 되었다. 무성애를 받아들이는 과정에서 상당한 내면의 저항이 일었기는 해도 무성애는 내 경험을 유의미한 방식으로 규명했다. 내게 세상을 보는 새로운 길을 제시했다.

세상은 무성애와 유성애로 이분되지 않는다. 세상은 스펙트럼이며, 루시드 같은 사람은 유성애라는 끝점에서 좀 더 멀리 떨어져 있고 나 같은 사람은 좀 더 가까이 있다. 무성애자를 '정상'인과 완전히 구분되는 별도 집단으로 보거나 체크리스트의 조건을 깔끔히 충족해야만 무성애자의 일원이 될 수 있다고 생각할 마음은 없다. 무성애 정체성의 정당성을 입증하는 데 다른 어떤 지향보다 높은 기준이 필요하다는 생각은 거부할 것이다. 유성애자가 전부 똑같다고 생각하거나 이들이 매 순간 성적 끌림을 경험한다고 생각하는 사람은 아무도 없다. 유성애자는 섹스를 거절할 때마다 성적 상태를 의심받지 않는다. 무성애자 역시 단일한 돌덩이가 아니다. 더 유동적이고 포용적인 정의로 무성애자와 유성애자의 선이 흐려져 무성애자로 볼 수 있는 사람이 늘어난다면, 오히려 우리가 하려는 말에 힘이 더 실릴 뿐이다.

　이건 무성애자의 경험을 중심에 둔 책이다. 오늘날 무성애자는 섹스에 별 관심은 없지만 그렇다고 우리가 섹스에 반대하는 것도 아니다. 우리는 사람들에게 섹스를 멈추라거나 그걸 즐기는 걸 죄스럽게 느끼라고 요구하지 않는다. 우리는 우리 모두가 성에 관한 믿음에 질문을 던져보았으면 좋겠고, 그렇게 하면 세상이 모두에게 더 좋고 자유로운 곳이 될 것이라고 약속할 수 있다. 무성애자 독자가 여기서 자기 자신의 모습을 발견하고 이해받는 기분을 느끼면 좋겠다. 무성애자가 아닌 독자 역시 자신의 일부를 인식하고, 세상에 어떻게 존재할지에 관한 나름의 혼란을 해소하는 데 도움이 될 개념과 도구를 얻어 가면 좋겠다. 우리는 모두 아직 알아가는 중이다.

## 2. 성적 끌림이 없다는 것

무성애자라 할 수 있는 사람들은 오래 전부터 존재했다. 1940년대에는 확실히 있었다. 성 연구자 앨프리드 킨제이 Alfred Kinsey가 성적 지향 모델을 개발하던 시기니까. 킨제이는 성적 지향을 동성애와 이성애라는 이분법으로 나눌 수 없다고 생각했다. 그래서 0부터 6까지 있는 척도(선이라고 하는 게 맞겠다)를 만들었다. 0은 전적으로 이성애자인 사람, 6은 전적으로 동성애자인 사람이며 3은 양성애자에 해당한다.[1] 오늘날 킨제이 척도는 잘 알려져 있으며 서구에서 섹슈얼리티와 성적 지향을 고찰하는 주된 방법으로 자리 잡았다.

척도에 무성애의 자리는 없다. 킨제이가 무성애자의 존재를 알았는데도. 수없이 많은 인터뷰를 진행하며 킨제이는 자신이 만든 선에 맞아떨어지지 않는 사람들을 마주쳤다. 킨제이의 표현을 빌리자면 "사회성적socio-sexual인 접촉이나 반응이 없는"[2] 사람들이었다. 이론에 부합하지 않는 데이터를 마주하고도 킨제이는 자신의 선을 더 다차원적인 방향으로 수정하지 않았다. 대신 이 사람들을 X라는 별도 범주로 표시하고 넘어갔다. 이성애, 동성애, 양성애가 주로 두드러지고 X 집단은 대체로 잊혔다.

중요한 문제다. 언어는 권력의 한 형태이므로. 언어는 세계를 해석하기 위한 범주를 만들며, 언어에서 쉽게 접할 수 없는 개념은 사고 과정 자체에서 흔히 간과된다. 언어가 없으면 경험을 이해하기가 어려워지지만 어휘가 공유되면 개념에 접근하기가 한결 쉬워진다. 분리가 가능해진다.

인터넷은 그런 지워진 언어를 되돌리는 데 중요한 역할을 했다. 킨제이의 인터뷰가 나오고 60년이 흘러 한때 X로 표시되었을 사람들은 게시판과 포럼, 블로그에서 서로를 찾았다. 이들은 각자의 삶을, 자신은 원했으나 남들이 원하지 않은 것과 남들은 원했으나 자신이 원하지 않은 것을 이야기하기 시작했고, 킨제이의 숫자에 부합하지 않는 경험이 자리할 영역을 표시했다. 무성애는 '인터넷에나 있는 지향'이 아니고, 인터넷이 무성애자의 발명으로 이어진 것도 아니다. 사람들은 수십 년 전에도 무성애자로 정체화했으며, 1970년대에는 창작물을 직접 출간하고 소책자를 만들어[3] 무성애를 중심으로 유대를 다졌다. 사람들은 이미 존재했다. 인터넷은 과거에 가능하지 않았던 규모로 논의가 활성화되도록 힘을 보탰을 뿐이었다.

2000년대 초 게시판과 포럼에 글을 쓰던 사람들은 무성애에 관한 요즘의 이해를 형성하는 데 지대한 영향을 미쳤다. 이 책을 위해 내게 이야기를 들려주기도 한 초기 활동가들 대다수가 겨우 삼십 대인데도 이제 원로로 여겨진다. 이들은 무성애를 점유하지 않는다. 그런 사람은 없으며, 어떤 단체나 개인에게도 모든 무성애자를 대변할 정당성은 없다.

그럼에도 분명 이 활동가들은 뜻을 세우고 시행착오를 거쳐, 또 때로는 순전히 우연으로 무성애 운동의 기반을 다졌다. 이 지향을 처음으로 발견하는 사람이, 이 정체성을 공부하려는 유성애자 연구자가, 나 같은 기자가, 그 외에도 많은 이들이 여전히 사용하는 기본 틀은 젊은 세대가 서로 이야기를 주고받으며 개발했다. 이들의 논의로 '무성애자'의 정의가 생겨났고, 이 용어가 '비성애자' 같은 다른 선택지에 비해 두드러졌다. 이런 지식은 대개 비공식적인 방법으로 탄생했으며 내가 블로그를 예로 들고 인용하는 걸 숨기지 않는 것도 그래서다. 종신 연구자만이 지식을 생산하고 전문가로 인정받을 자격이 있는 건 아니다.

인류 역사의 긴 시간에서 보면 인터넷은 너무나도 어리고, 현대의 무성애자 운동과 여기에 상응하는 무성애 경험의 탐구도 마찬가지다. 그러니 어떤 면에서 무성애 운동은 실시간으로 진행되는 실험이다. 이 실험은 사람들을 모아 사회적 움직임과 새로운 문화를 창출할 인터넷의 가능성에 기대를 건다. 그 새로운 문화란 섹스에 들러붙은 사회적 강박을 밀어내 무성애자, 유성애자, 퀘스처닝*을 가리지 않고 다른 방식으로 쾌락을 찾을 자유를 원하는 모두의 자리를 만드는 것이다.

---

\*   questioning. 성 정체성이나 성적 지향을 탐구 중인 사람. 퀘스처너(questioner) 혹은 퀘스처너리(questionary)라고도 한다.

무성애에 관심을 보인 최초의 유명 웹사이트는 2000년에 개설된 야후 게시판 '인간 아메바를 위한 안식처'*였다.[4] 2001년에는 웨슬리언 대학 1학년 데이비드 제이David Jay가 학생용 서버 공간을 사용해 무성애 가시화와 교육 네트워크(에이븐)를 시작했다. 다음 여름에 데이비드는 고물 자동차에 있던 어떤 남자에게 현금 25달러를 주고 asexuality.org 도메인을 사들여 포럼을 만들었다.

더 넓은 세상에서 '무성애'는 짝짓기 없이 자기 자신을 복제하는 생물을 설명하는 데 쓰이는 고등학교 생물 시간용 단어였다. 초창기 온라인 커뮤니티('공식 무성애자 협회Official Asexual Society와 블로그 사이트인 라이브저널LiveJournal의 몇몇 모임도 해당되었다.)[5] 회원들은 이 단어가 사람에게 적용될 때 무엇을 의미하는지를, 이 이름표를 달겠다는 사람에게 자격을 부여하거나 박탈하는 행동은 무엇인지를 논의했다. 어떤 이들, '반反성애주의자anti-sexual'라 불리는 이들은 무성애자가 아닌 사람보다 무성애자가 우월하다고 믿었다. 또 어떤 이들은 '무성애자'라는 이름표를 오직 자위를 안 하는 사람의 몫으로 남겨둬야 한다고 생각했다.[6]

데이비드 제이는 에이븐으로 다른 관점을 제시하고 싶었다. 오랫동안 사회 정의에 관심이 많았던 데이비드는 레즈비언이 남자와 자고도 여전히 레즈비언인지 토론하는 일

---

\* Haven for the Human Amoeba. 무성 생식을 한다고 알려진 아메바는 한동안 무성애자를 가리키는 말로 쓰였다.

에는 관심이 없었다. 여전히 레즈비언인 게 당연했다. 무성애자는 유성애자보다 근본적으로 나은 사람이 아니며, 자위를 안 하는 무성애자가 자위하는 무성애자보다 나은 사람인 것도 아니었다. 모두 다를 뿐 우월하지도 열등하지도 않았다. 무성애를 성적 지향이자 정체성 이름표로 개념화해 LGBTQ+ 공동체와의 사이에 다리를 놓을 수 있으면 더 좋겠다고 데이비드는 생각했다. 행동이 아니라 성적 끌림을 강조해 정의하면 무성애를 비성관계와 구별하고 다른 성적 지향의 논리와도 자연스럽게 맞출 수 있었다. '이성애자'가 다른 젠더에 성적으로 끌리는 사람을 말한다면 무성애자는 분명 누구에게도 성적으로 끌리지 않는 사람이다.(데이비드는 처음에 무성애자를 양쪽 젠더에 모두 성적 끌림을 느끼지 않는 사람으로 기술했다. 젠더 이분법을 상정하지 않는 게 좋다는 말을 여러 전문가에게 듣고 '성적 끌림을 경험하지 않음'이 강조되도록 정의를 수정했다.) 포용의 정신과 단순한 설명은 에이븐이 사실상 무성애를 대표하는 단체가 되는 데 힘을 보탰다.[7]

안타깝게도, 다른 성적 지향과 같은 언어적·이론적 논리로 무성애를 정의하겠다는 결정은 덫으로 드러났다. 무성애자가 무성애를, 성적 끌림을 경험하지 않는다는 말의 의미를 설명하기 위해서는 우선 자신이 경험하지 않는 현상을 정의하고 기술해야만 한다. 우리는 '결여'의 언어를 써야만 한다. 우리는 결핍이 있음에도 정당하다고 주장하고, 모르는 것을 꼬집어 설명하느라 고전해야 한다.

내가 이해하는 한에서 성적 끌림은 육체적 이유로 특정인과 섹스하고 싶다는 욕망이다. 성적 끌림은 순간적이고, 내 뜻과 무관할 수 있다. 의식의 고양, 신체의 각성에 정신의 바람이 합쳐진 것이다. 내 유성애자 친구들은 방금 만난 사람에게, 같이 있어도 즐겁지 않은 사람에게, 좋아하지 않거나 심지어는 멋지다고도 생각하지 않는 사람에게 성적 끌림을 느낀다고 한다.

그럴 수 있다. 무성애자는 이런 걸 경험하지 않는다. 그럼에도 무성애자는 사람들을 아름답게 인식하고, 리비도를 품고, 자위하고, 포르노를 찾을 수 있다. 섹스를 즐기고 킹크*를 좋아하며 모든 종류의 관계를 맺을 수 있다.

많은 유성애자에게 이런 이야기는 뜻밖으로 다가간다. 유성애자가 느끼는 놀라움에서 드러나는 건 개념 정의와 명명의 실패가 아니다. 섹슈얼리티와 성적 끌림에 대해 그만큼 찬찬히 생각해 보는 사람이 거의 없다는 점이다. 무성애자와 유성애자의 경험을 함께 포착할 열쇠는 '부정의 길'을 통해 성적 끌림을 설명하는 것이다. 무엇이 성적 끌림이 아닌지를, 무성애자가 성적 끌림의 결여로 인해 어떤 행동을 방해받지 않는지를 설명하는 것이다. 성적 끌림이 성적 충동과 다른 유형의 끌림에 뭉뚱그려지는 일은 너무나 빈번하다. 이것들은 별개지만, (이 책에서 꾸준히 이어질 주제가 될

* kink. 비관습적 성적 취향이나 실천으로, 국내에서는 변태적이라는 말로 흔히 이해된다.

텐데) 뭐든 두 가지 일이 같이 일어나는 경우가 잦으면 사람들은 그게 언제나 같이 일어나리라고 잘못 생각한다. 섹슈얼리티와 끌림의 다양한 요소는 유성애자가 느끼기에도 한데 뒤얽혀 있지만, (이것도 꾸준히 이어질 주제인데) 유성애자는 같은 식으로 문제를 겪지 않으니 자신이 느낀 혼란과 이만큼 씨름할 필요가 없었다. 무성애자는 싫어도 자세히 들여다봐야만 했다.

무성애자인 삼십 대 편집자 세라가 남자인 친구에게 커밍아웃하자 친구는 세라더러 자위를 해보라고 조심스레 제안했다. 세라는 말한다. "내가 아주 어릴 때부터 자위를 했다는 걸 이 친구는 몰랐죠. 하지만 내 경우에는 끌림이라는 요인이 전혀 개입되지 않았어요." 세라는 "저 아래가 찌릿찌릿"할 때 자위를 했지만(목소리가 높아지며 웃음기가 섞였다), 어떤 사람이나 행위를 보고 신체가 물리적으로 변하거나 정신적인 욕망이 일어난다는 사실은 처리가 안 됐다. 세라의 말이 이어진다. "끌림이 어떻게 작동한다는 건지 감이 안 와요. 몸을 보면 흥분된다고요? 난 모르겠는데요."

내 말을 따라 하시라. 성적 끌림은 성적 충동이 아니다. 두 현상은 흔히 서로 바꿔 말할 수 있는 것으로 취급되지만, 두 가지가 별개란 점을 이해하면 무성애자의 경험이 더 잘 설명된다.

성적 충동(또는 리비도)은 성적 해소를 원하는 욕망으로, 종종 침투적 사고와 결합하는 신체의 여러 감각이다. 뜬금

없이, 분명한 이유 없이, 아무 대상 없이도 나타날 수 있다. 이건 성적 지향에 좌우되지 않는다. 성적 불만으로 인해 내적으로 겪게 되는 일이다. 동성애자인 동시에 성적 충동이 강한 여자가 있을 수 있다. 이건 성적 해소를 자주 원한다는 뜻이다. 이성애자이면서 성적 충동이 약한 남자도 있을 수 있다. 무성애자이고 성적 해소의 욕망이 전혀 없는 사람도 있을 것이다. 무성애자이면서 흔히 말하는 방향 없는 성적 충동으로 저 아래가 저릿한 감각을 느낄 수도 있다. 방향 없는 성적 충동은 무성애자만 겪는 별난 일이 아니다. 이건 '꼴린다'는 걸 달리 말한 것이기도 한데, 꼴림은 꼭 성적 끌림을 내포하지는 않기 때문에 누구든 여기 시달릴 수 있다. 성적 충동이 강한 동성애자 남성이 여러 여성에게 둘러싸인 것을 상상해 보라. 이 남자는 주변에 있는 사람들에게 아무 관심이 없으면서도 꼴림을 느껴 성행위를 하고 싶어 할 수 있다.

그렇다면 성적 '끌림'은 특정인을 향한 혹은 특정인에 의해 유발된 꼴림이다. 그 파트너와 성적으로 엮이고 싶은 욕망이다. 표적이 있는 리비도. 음식에 비유하면 이렇다. 사람은 허기를 느끼면서도 먹고 싶은 특정한 음식이 없을 수 있다. 생리적 허기가 성적 충동과 비슷하고, 성적 끌림이 특정 요리를 향한 갈망과 가깝다. 사람마다 성적 충동이 다른 것과 마찬가지로 경험하는 성적 끌림의 정도도 다르다. 어떤 무성애자에게는 리비도가 있고 어떤 무성애자에게는 없지만, 성적 끌림이 없다는 건 우리 모두의 공통점이며 우리 대부분은 파트너와 함께하는 섹스에 대한 욕망이 약하다. (부가 설명을 하자면 성적 끌림과 성적 충동 모두 신체적 각성과 같지 않음을 밝히는 게 중요하다. 충동이나 끌림과 무관하게 건강 검진을 받다가도 난데없이 발기하거나 각성할 수 있다. 브리티시컬럼비아 대학 심리학자 로리 브로토Lori Brotto의 연구에 따르면 성적인 이미지를 보았을 때 스스로 무성애자로 정체화한 여성과 유성애자 여성은 거의 비슷한 수준으로 성기가 각성된다.[8] 무성애자 남성 대다수는, 진술하기로는 적어도 발기에 아무런 문제가 없다고 한다.)

세라는 성적 해소의 욕망, 그 이유 없는 리비도는 느끼지만 다른 사람이 이 욕망을 촉발한 건 아니다. 도와줄 다른 사람을 끌어들이자는 생각도 그다지 당기지 않는다. 그냥 몸의 감각이 다른 사람을 향한 욕망으로 변하지 않는 것이다. 비슷한 이야기로 무성애자 블로거인 베스퍼 역시 테스토스테론(흔히 T라고 불린다)을 맞기 시작한 이후로 성적 충동에서는 차이를 감지했으나 성적 끌림에서는 아니었다. 베스퍼의 말이다. "성기를 무시하기는 내게 너무 쉬운 일이었죠. 난 섹스에 관심이 없고, (생리라는) 매달 있는 지옥만 아니면 그 존재를 인지할 필요가 없었거든요. 근데 T를 시작하니까 이게 '신경 쓸 무언가'이고 리비도가 존재한다는 게 훨씬 노골적으로 다가오더군요." 리비도를 겪는 것은 베스퍼에게 새롭고도 혼란스러운 경험이었다. 베스퍼가 말을 잇는다. "하지만 리비도가 강하든 아니든 난 무성애자일 거예요. 그건 여전히 특정인을 향한 게 아닐 테니까요. 그 리비도를 유발하는 특정한 사람은 없어요." (언어적 효율을 위해 책의 나머지 부분에서 '성적 충동'과 '성적 욕망' 같은 용어는 '파트너와 하는 섹스를 원하는 성적 욕망'의 줄임말로 사용할 것이다.)

세라는 다른 사람에게 성적으로 관심이 있는 게 아니므로 리비도가 얼마나 있고 자위를 얼마나 하든 본인 표현대로 "뇌가 무성애 지향"인 것은 바뀌지 않는다. 접미사 '무a-, 無'는 '없다'는 의미니 세라는 섹슈얼리티가 없는 사람이라 할 수 있다. 단어에 바로 나온다. 그런데 데이비드 제이가 말하는 '자위의 역설'[9]을 생각해 보자. 성적 충동이 있고 자위하는 무성애자가 품는 욕망은 '세상에서 가장 순수한 형태의 성적 욕망'일 것이다. 파트너와 하는 섹스에는 복잡한 사회·정서적 역학이 있지만 자위는 그런 복잡함이 없는 성적 각성이자 성적 해소라고 데이비드는 쓴다. 이건 혹업*보다 더 순수하게 성적이다. 손을 잡고 키스하거나 술집에서 작업을 거는 것보다 더 순수하게 성적이다. 거의 모든 것보다 이게 더 순수하게 성적이다.

그렇다면 세상에서 제일 성적인 걸 하는 사람에게 섹슈얼리티가 완전히 결여되었다고 하는 이유는 뭘까? 다시 말해, '섹슈얼리티'라는 단어가 이렇게 협소하게, 대개 성적 지향의 동의어로 쓰이는 이유는 뭘까? 누가 섹슈얼리티를 물으면 우리는 질문을 이해하고 '동성애', '이성애' 혹은 '양성애'라는 적절한 답을 내놓는다.

* hookup. 감정이 개입되는 관계를 발전시키지 않고 성관계만 즐기는 것.

섹슈얼리티가 그저 특정 젠더를 향한 성적 끌림이라고 한다면, 그렇다, 세라에게는 섹슈얼리티가 없다. 하지만 이런 식의 지나치게 단순한 이해에는 세라의 성적 환상이 설 자리가 없다. 세라는 말한다. "내 안에 들어온 페니스 생각에는 흥미 없어요. 내가 이걸 하는 상대를 생각하는 데도 흥미 없고요. 내가 사람을 상상한다고 하면 그건 얼굴도 이름도 몸도 없는 사람이에요. 관념에 가깝죠. 하지만 나를 어떤 식으로 통제하는 사람, 그러니까 나더러 뭘 '해야만 한다'는 식으로 굴거나 나를 무생물체 같은 거로 대하는 사람이라면 나한테도 효과가 있어요. 그런 게 내 환상이죠." 세라의 경험을 더 잘 반영하려면 우리가 섹슈얼리티의 언어를 사용하는 방식을 재고해야만 한다.

흔히 '자신을 성적으로 표현하는 방식'이라고 모호하게 설명되는 섹슈얼리티가 성적 지향이나 파트너와 하는 섹스를 좋아하는 것 이상임을 대부분은 직관적으로 안다. 가령 트위터에서 '내 섹슈얼리티'를 검색하면 '정장 입은 아름다운 여자'나 '해리 스타일스' 같은 답이 나오지 '양성애'가 나오지는 않는다. 밈이고 우스개지만, 섹슈얼리티가 아주 구체적일 수 있음을 나타내는 자기표현이기도 하다. 그런데도 일반 대중 사이에서는 섹슈얼리티의 요소가 무엇인지에 관해 진지하고 체계적인 논의가 별로 이뤄지지 않는다.

내 머릿속에서 성적 지향은 섹슈얼리티의 한 부분이지만, (킹크과 페티시, 미감과 환상 같은) 다른 많은 것이 그 경계를 채울 수 있다. 지향의 무게를 넘어 섹슈얼리티의 경계

를 탐구할 공간은 너무나 많을 것이다. 이런 생각은 대안적
성 공동체에서는 분명 새로운 게 아니다. 하지만 완전히 주
류로 들어와 성생활의 미묘한 지점을 고찰하는 방식의 일부
가 된 것도 아니다.

무성애자가 아니지만 여느 무성애자처럼 세상을 경험해
보고 싶은 당신, 가능한 일이다. 여기서는 영국의 텔레비전
프로그램 〈네이키드 어트랙션Naked Attraction〉에 감사를 전
해야겠다. '발가벗은 데이트 프로그램'이라는 열띤 설명이
들리기는 하지만, 이건 생각하는 것처럼 두 사람이 알몸으
로 데이트를 하는 이야기가 아니다. 그보다 낫다.

이건 게임 프로그램이다. 사랑을 찾는 행운아 한 명이 무
대에 올라 반원형으로 둘러선 형광색 관 여섯 개를 마주한
다. 각각의 관 안에는 주인공 참가자가 선호하는 젠더의 사
람이 옷을 벗고 있다. 1라운드, 형광색 가림막이 바닥에서 올
라가며 허리 아래를 전부 내보인다. 흐림이나 가림 처리는
어디에도 없다. 온통 페니스와 질이다.

참가자가 관 안을 들여다보고 몸의 다양한 결점("음모가
회색이다.", "서 있는 자세가 자신감이 부족하다.")에 대한 의
견을 내놓으며 원을 돌아다니는 동안 카메라는 성기를 확대
해 찍는다. 성기의 주인들은 조금이라도 유리할까 싶은 절
실한 마음인지 이따금 엉덩이를 앞뒤로 흔들어 더 고혹적인
모습을 보이려 들거나 하다못해 개성이라도 보이려 한다.
모든 성기가 색색의 그래픽 안에서 나란히 제시된 모습은 사

춘기를 앞둔 아이들에게 보여주는 '모든 몸은 아름다워' 그림과 비슷해 보이기도 한다. 마침내 한 명이 탈락한다.

2라운드, 가림막이 위로 더 올라가 목 아래까지 몸이 드러난다. 가슴털이나 가슴을 심사하기 좋다. 의견이 더 오가고 또 한 명이 탈락한다. 다른 라운드에서는 얼굴과 목소리(대개 억양과 계급의 문제다)가 포함된다. 이어서 참가자도 옷을 벗고, 우승자를 선택하고, 두 사람은 대화 한 번 제대로 나눠보지 않은 채 데이트를 하러 간다.

이 모든 게 외설스럽게 들릴 수도 있지만, 어느 오후에 여자인 친구들과 몇 화를 같이 봤을 때 우리는 텔레비전에서 상상할 수 있는 사례 중 〈네이키드 어트랙션〉만큼 에로틱하지 않은 것도 별로 없겠다고 입을 모았다. 솔직히 경탄스럽다. 설정은 발칙하고, 몸은 덩그러니 '거기에' 있다. 오일을 바른 것도, 도발적인 자세를 취한 것도, 디올의 쟈도르 향수를 팔려는 것도 아니고, 형광색 칸에 들어가 있는데도 더없이 평범해 보이기만 한다. 정육점보다는 씻을 생각밖에 없는 무미건조한 사람들로 들어찬 러시아 사우나 같은 분위기였다.

그 자리에 무성애자는 나뿐이었지만 흥분으로 몸을 떤 사람은 아무도 없었다. 그 몸은 매력적이지 않다. 그렇다고 매력적이지 않은 것도 아니지만, 다른 모든 맥락에서 유리된 채 성기만 덜렁 보고 탈락시킬 사람을 정하기란 쉽지 않다. 취미가 고환 크기보다 더 중요하지 않나? 가슴털이 과하게 많다 쳐도 그런 거야 제모하면 그만이지. 그 사람을 더 잘 알면 털 몇 가닥 더 있는 게 별로 중요하지 않을 수도 있고.

제발 이 프로그램을 보고 성적 매력이라고는 없는 그 모습에 감탄해 달라. 개성이 제거되고 탈脫성화되어 접힌 살가죽에 털이 박혔을 뿐인 성기를 관찰해 보라. 무엇도 짜릿하지 않다. 참가자들 본인도 아무 감흥이 없어 보인다. 입술을 핥기보다는 웃을 확률이 더 높다. 의미하는 게 아무것도 없는데도 파트너로 더 적절하고 덜 적절한 사람을 판단해야 한다. 의미하는 게 아무것도 없는데, 아니, 있을 수도 있다. 아직은 없을 뿐.

한발 더 나아가 이렇게 상상해 보자. 아무것도 의미하지 않지만, 다른 사람들은 거기서 당신이 보지 못하는 무언가를 본다. 그들도 당신이 보는 축 늘어진 몸을 똑같이 보지만 그들에게 그 몸은 뭔가 다른 의미가 있다. 그들에게 그 몸은 당신에게는 일어나지 않는 모종의 반응을 일으킨다. 다른 사람들은 이 프로그램을 보고 전시된 다른 몸에 '자기' 몸으로 뭘 하고 싶은지를 생각한다. 납득이 안 된다. 그 당혹감을 가져다 부풀려 보라. 매 순간 모두에게 이를 적용해 보라. 무성애 세계에 어서 오시죠.

오늘날 무성애 세계는 여러 유형의 사람을 포함할 만큼 넓어졌다. 우선 무성애자만 해도 유형이 여럿이다. 우리는 성적인 내용이나 성적 활동에 드는 불쾌감의 정도에 따라 섹스에 거부감을 느낀다거나 섹스에 무관심하다거나 섹스에 우호적이라고 자신을 설명한다. 무성애 세계에는 회색무성애자gray-asexual, gray-A로 정체화하는 사람도 있다. 성적 끌림을 가끔 느끼는 게 전부이거나 강렬하게 느끼지 않는 경험을 아우르는 더 포괄적인 표현이다.

적확한 언어는 적확한 논의로 이어지기에, 누군가에게 이런 용어는 엄청난 가치를 지닌다. 생각이 다른 사람도 있다. 날로 세분화한 용어가 튀어나오는 데 진저리를 내며 단어가 늘어날수록 개별 단어의 정당성은 떨어진다고 보는 사람도 많다. 이를 부정적으로 보는 사람들에게 세분화된 용어는 텀블러*와 가짜 신원, 18세 이하의 유별난 눈송이†의 냄새를 풍긴다.

이런 시선의 제물이 된 용어로 '반半성애demisexuality'만 한 게 없다. 정서적 유대가 생긴 이후에만 성적 끌림을 경험하는 반성애자는 회색무성애자의 부분집합으로 간주되며 조롱당할 때가 많다. 무성애를 하나의 성적 지향으로 존중하는 사람들조차 반성애자는 '정상'인이 심오한 사람으로 보이고 싶어서, 맥박만 뛰는 대상이면 뭘 봐도 하고 싶어 하는 섹스에 미친 인간과는 다른 사람으로 보이고 싶어서 쓰는 독선적인 용어라고 폄하한다. "사람들 앞에서 내가 반성애자라고 말하고 의미를 설명하면 이 말이 특별하다는 기분을 느

---

* Tumblr. 블로그 소셜 미디어 사이트로 여러 콘텐츠의 팬과 소수자 집단이 활발히 활동한다.
† snowflake. 스스로 특별하다고 생각하며 타인의 행동이나 말에 민감하게 반응하는 젊은 세대를 이른다. 비하의 뜻으로 쓰일 때가 많다.

끼려고 쓰는 또 다른 이름표라 생각하거나, 아니면 여러 명과 자는 사람을 내가 경멸할 거라고 생각하는 사람이 있더군요. 그렇지 않은데 말이죠." 컬럼비아 대학 재학생 저시 산의 말이다. 반성애자 무시가 만연하다 보니 산은 이 단어를 완전히 버리고 그냥 "다른 사람한테 끌림을 느끼기까지 시간이 좀 걸려요."라고 말하는 쪽으로 방향을 틀었다. 사람들이 거리감을 덜 느낄 만한 설명이다.

누구나 그렇듯 무성애자도 재수 없을 수 있고, 그러니 세상 누군가는 반성애 개념을 슬럿 셰이밍에 쓸 수도 있다. 하지만 반성애 자체는 성생활이 활발한 사람을 깔보는 것도, 심지어 감정적 연결이 생긴 이후에 섹스하는 편을 선호한다는 것도 아니다. 선호와는 아예 무관하다. "반성애자가 아닌 사람이라면 술집에 들어갔다가 성적으로 끌리는 사람을 발견할 수도 있겠죠." 런던에 살고 반성애자로 정체화한 서른세 살 작가 롤라 피닉스Lola Phoenix의 설명이다. "물론 끌리는 사람과 '집에' 가지는 않을 수 있어요. 그런 결정에는 다른 요인이 많이 작용하니까요. 하지만 나는 애초에 술집에 갔다가 대뜸 누군가에게 끌리는 게 불가능해요. 그 사람하고 잘 마음이 있든지 없든지 간에요." 롤라는 원하면 언제든 낯선 사람과 섹스할 수 있지만, 이건 낯선 사람에게 성적으로 끌리는 게 가능한 것과는 다르다.

브랜딩 문제는 차치하고, 진짜 위험한 건 사람들이 이런 용어를 좋아하지 않는다는 게 아니다. 개별 정체성이 강조되어 성적 행동에 관해 계속해서 오해가 생길 수 있다는 점이야말로 정말 위험하다. 옥시덴털 대학 사회학 교수이자 『아메리칸 훅업: 대학교 내 섹스의 신문화American Hookup: The New Culture of Sex on Campus』의 저자인 리사 웨이드Lisa Wade가 내게 말하기로, 가령 반성애 이름표는 "'정상적'으로 성적인 사람과, 정서적으로 애착을 느끼는 사람하고만 섹스하려고 하는 '이상하게 성적인 사람'의 범주가 따로" 존재한다는 인상을 줄 수 있다. 웨이드는 연구에서 학생 대다수가 누군가와 사귀기를 바라면서도 남들은 전부 가벼운 섹스만 원한다고 믿는 것을 발견했다. 반성애 개념을 별도의 정체성으로 채택하면 데이터로 뒷받침되지 않는 허위가 강화될 수 있다는 게 웨이드의 우려다. 그리고 말을 잇는다. "좀 위험하죠. 모두가 한 방향으로 느껴야 한다고, 다들 가벼운 섹스를 원하니 네가 그렇지 않다면 그건 정체성의 한 부분이 될 정도로 특이한 거라고 말하는 훅업 문화 개념을 진짜로 받아들이는 거니까요." 웨이드가 중요한 부분을 짚기는 했지만, 나는 이 용어로 생기는 혜택이 비용보다 크다고 믿는다. 과잉성애화는 '반성애자'라는 단어가 널리 퍼지기 한참 전부터 존재했고, 이 용어를 피한다고 남들의 성생활이 전부 자기보다 나으리라는 생각을 막을 수 있을 것 같지도 않다.

게다가 이런 단어가 꼭 구분과 차이를 낳는 것도 아니다. 단어는 사람을 가르는 데 쓰는 상호 배타적 정체성 이름표가 아니라 누구나 쓰는 유용한 표현일 수 있다. (예를 들어 '성급함'은 유용한 표현이지만 꼭 정체성 범주인 건 아니다.) 유성애자는 숱한 사람에게 성적으로 거부감을 느낀다. 성적인 것과 상관없이 대부분의 시간을 보내는 사람도 많다. 그 비율은 보통 다르지만(섹스에 거부감을 느끼는 무성애자는 대개 거부감을 느끼는 시간이 100%다), 이 언어를 더 조밀한 수준에서 채택해 하루하루 느끼는 감정을 묘사하고 경험을 추적하는 데 사용하면 도움이 될 것이다. "나는 무성애에서 언어를 배웠어요. 섹스에 중립적이라거나 거부감을 느낀다거나 혹은 긍정적이라는 어휘요. 그리고 나니 그 척도에 비로소 나를 위치시키고, 섹스를 시작해 보려 하고, 유대감을 더 잘 형성해 보려 할 수 있었죠." 유성애자 파트너를 둔 무성애 연구자 얼리샤의 말이다.

사실 '반성애'와 '회색무성애'는 유성애자를 기술'할 수 있는' 것만이 아니다. 이 말은 따지자면 유성애자로 간주될 많은 사람을 실제로 지칭한다. 무성애는 누구에게 성적 끌림을 느끼는지의 문제로, 이 경우에는 대상이 없다. 반성애는 성적 끌림의 발생 조건(정서적 유대를 형성한 이후)을 설명하며, 회색무성애는 성적 끌림이 발생하는 빈도(아주 가끔)의 문제가 된다. 범성애자이면서 반성애자인 것도, 회색무성애자이면서 이성애자인 것도, 다른 조합도 얼마든지 가능하다.

모순은 있을 수밖에 없다고, 오랜 시간 무성애 활동가로 살아왔으며 캐나다 윈저 대학에서 심리학 박사 과정을 준비하는 CJ 체이신CJ Chasin은 말한다. 세상이 동성애에서 이성애로 이어지는 직선이 아니듯 무성애 세계도 한쪽에는 무성애자가, 다른 쪽에는 무성애자가 아닌 사람이 있고 중간쯤에 반성애자가 있는 직선 형태가 아니다. 무성애 세계는 제각기 다양하며 때때로 일관되지 않는 경험을, "성적 끌림의 결여"라는 정의를 완벽히 따르지 않는 경험까지 감싸는 하나의 우산이다. '무성애자'는 워낙 광범해 학계에서는 연구 목적에서 무성애를 어떻게 정의하는 것이 최선인지를 놓고 여전히 논쟁이 이어진다. 스스로 정체화한 무성애자를 대상으로 포함한 연구는 성관계를 하지 않는 무성애자만 대상으로 삼은 연구와 다른 결과를 내놓을 것이기 때문이다.[10]

경계가 느슨한 데는 의도가 있다. 무성애자는 여기서 도움을 받을 만한 사람이라면 누구에게나 이 모든 용어를 제공하며, 원한다면 누구나 무성애자로 정체화할 수 있다는 사고방식을 제시한다. 합격 조건이라도 있는 양 뻣뻣하게 행동하는 대신, 섹슈얼리티의 복잡성을 받아들여 변화와 중첩을 허용하고 자신이 원하는 대로 정체화하도록 권장하는 게 목적이다. 무성애 세계는 의무가 아니다. 정체화할 필요도, 발이 묶일 일도, 평생 남아 충성을 맹세할 필요도 없다. 말은 선물이다. 찾아야 할 용어를 안다는 건 뭔가를 알려줄 사람을 찾을 줄 안다는 것이다. 루시드의 말처럼, 이건 열쇠다. 무성애 세계와 다른 여러 세계로 가는 지식의 입구다. 언어가 가치를 만들어내는 동안 선사하는 공물이다.


무성애자가 모두에게 하고 싶어 하는 말은 또 있다. 성적 끌림은 끌림의 유일한 종류가 아니란 것이다. 〈네이키드 어트랙션〉에 나온 그 누구도 성욕을 자극하거나 옆 사람보다 성적 매력이 월등해 보이지 않았지만, 그렇다고 내가 참가자 한 명 한 명에게 전부 똑같이 반응했다는 건 아니다. 참가자를 알아갈 시간이 훨씬 많으면, 모두 사회 규범에 부합하는 옷을 입은 상태에서라면 로맨틱한 관심이 어떻게 더 생겨날지 상상하기 어렵지 않다. 다른 사람보다 더 가망이 있어 보이는 사람도 몇 명 있었다. 성적 지향이 섹슈얼리티의 전부가 아니고 성적 끌림이 끌림의 전부가 아닌데도 인간은 다른 사람에게 강력하게 끌리는 유일한 이유가 성적 관심인 것처럼 행동하기도 한다.

무성애자가 성적 끌림을 경험하지 않는다고 미적 끌림까지 경험하지 못하는 것은 아니다. 미적 끌림이란 아름다움이 성적 동기가 되는 일 없이 누군가를 아름답다고 생각한다는 의미다. 나는 키 작고 다부진 사람을 볼 때나 키 크고 멀쑥한 사람을 볼 때나 성적으로 무감하기는 마찬가지다. 하지만 〈네이키드 어트랙션〉을 볼 때 미적 끌림 때문에 키 큰 참가자를 선호했다. 미적 끌림 때문에 이성애자 여성은 둘 중 누구와도 침대에 가고 싶어 하지 않으면서도 모델 벨라 하디드를 언니인 지지보다 더 좋아한다고 말할 수 있다. 손을 대거나 입을 맞추고 싶다는 욕망 없이 벨라의 머리카락이나 피부에 감탄했을 수 있다. 내가 잘생겼다고 생각하는 남자와 데이트하면서 그 남자들과 어떤 신체적 접촉도 원하지 않았던 것처럼. 미적 끌림을 경험하는 정도도 모두 다를 수 있다. 어떤 사람은 이렇게도 말했다. "매력도 측면에서 생각하면 나한테는 거의 모두가 똑같아 보이는데, 맷 보머는 예외예요. 그 남자는 예쁘더군요.”

미적 끌림은 로맨틱 끌림, 그러니까 누군가에 대한 로맨틱한 관심 혹은 크러시[*]를 이끌어 낼 수 있다. 그렇다면 로맨틱 지향은 보통 크러시가 생기는 사람의 젠더를 지시한다. (성적 끌림이 부재할 때 로맨틱한 관심과 플라토닉한 관심을 어떻게 구별하냐는 문제는 7장에서 다룬다.) 성적 지향과 동일한 언어 구성물을 쓰지만 이성로맨틱heteroromantic, 범로맨틱panromantic, 동성로맨틱homoromantic 같은 식으로 ‘성애’ 부분이 바뀐다.[†] 누구에게도 로맨틱 끌림을 경험하지 않는 사람은 ‘무로맨틱’[‡]이라고 한다. 무로맨틱과 무성애의 개념은 나란히 발전해서, 무로맨틱이지만 무성애자는 아닌 사람이 있는데도 무로맨틱은 오랜 시간 무성애 공동체의 일부였다.

무성애자가 이런 경험을 발견한 게 아니다. 우리는 다만 주의를 기울였고 더 잘 묘사하려 애썼을 뿐이다. 미적 끌림과 로맨틱 끌림, 성적 끌림의 연결 고리를 끊으면 하나를 다른 것으로 착각하는 일 없이 각각을 그 나름대로 이해할 수 있다. 끌림을 이야기할 새로운 방법은 곧 끌림을 고찰하고 유대를 한층 명료하게 헤아릴 새로운 방법이다.

끌림이 작동하는 복잡한 방식을 (그리고 각기 다른 유형

---

[*]   crush. 특정 상대를 향한 로맨틱 끌림. 플라토닉한 끌림인 스퀴시(squish)와 구분된다.

[†]   로맨틱을 ‘연정’으로 번역하기도 한다. 각각 이성연정, 범연정, 동성연정으로 부른다.

[‡]   aromantic, 에이로맨틱, 무연정. 줄여서 에이로(aro)라고도 한다.

이 항상 가지런히 정리되지는 않음을) 알게 된 건 고등학교 반 친구였던 제니퍼와 내 관계를 이해하는 데 도움이 되었다. 처음에 나는 내가 양성애자일 수 있다고 생각했다. 우리 관계가 가까운 게 좋았고 제니퍼와 사귄다고 생각해도 싫지 않았으니까. 그랬다가 나는 양성애자가 아니라고 생각했다. 남자랑 하는 섹스가 여전히 궁금했는데 제니퍼와는 육체적인 건 일절 하고 싶지 않았으니까. 10년이 흘러 그게 양성애자인지 아닌지보다 더 복잡한 상황이었음을 깨달았다. 나는 양성로맨틱으로 정체화했고 어떤 젠더에도 성적 끌림은 경험하지 않지만, 남자와 하는 섹스보다 여자와 하는 섹스에 근본적으로 거부감을 더 느낀다. 구구절절한 설명이 복잡하게 들리고 실제로도 그렇지만, 두꺼운 붓으로 나 자신을 그리는 것보다는 훨씬 정확하다. 유성애자 역시 자신이 이성애자이면서 양성로맨틱이라고, 혹은 양성애자이면서 이성로맨틱이라고 판단할 수 있다.

끌림의 세 가지 주된 유형에 더해 무성애자는 접촉 끌림이나 관능적 끌림, 정서적이고 지적인 끌림 등도 논의한다. 끌림을 더 작고 작은 요소로 분리할수록 욕망의 구성 요소를 더 고찰하라는 과제가 우리 앞에 나타난다. 언어의 구체성은 우리가 원하는 것과 관심이 생기지 않는 것을 더 면밀히 들여다보도록 우리의 등을 떠민다.

전문적이고 자세한 이야기를 한껏 늘어놓았지만, 무성애를 가장 잘 묘사할 표현은 사십 대 영상 제작자이자 '에이스 로스앤젤레스'*의 공동 이사기도 한 셔리 B. 엘리스Shari B. Ellis에게서 들은 말인지도 모르겠다. 괜히 실없이 굴 때면 셔리는 밴드 듀란듀란이 자기를 무성애자로 만들었다고 말하곤 했다.

셔리는 자기가 무성애자라는 생각을 고등학교 때 처음 했다. 온라인 커뮤니티가 생기기 한참 전이었고 자기 같은 사람이 더 있다는 것도 알기 전이었다. 셔리는 8년 전쯤 집을 청소하다가 듀란듀란 콘서트에 갔던 일을 적어놓은 옛 일기장을 발견했다. 그날의 일기에는 보컬 사이먼 르본이 상의를 벗고 바닥을 구르기 시작하던 순간이 적혀 있었다.

"일기에 그 일을 묘사해 놓은 방식에서 뭔가 드러나더군요. 나도 그걸 보고 흥분했지만 내가 다른 사람들과, 특히 여자들과 똑같은 방식으로 이야기하고 있지 않다는 건 분명했어요. '저 남자랑 하고 싶어' 같은 식이 아니었거든요. 내가 그걸 이야기하는 방식에 일정 수준의 거리감이 있어서 깨달았죠. 아, 내가 무성애자라는 걸 나는 쭉 알고 있었는데, 스스로 깨닫지 못하게 하는 사람들의 말을 그냥 내버려 뒀구나, 하고요."

셔리의 과거에서 나오는 다른 사례도 이내 명확해졌다. 셔리는 십 대 시절 팬픽을 즐겨 썼고 성적인 장면도 넣었다. "친구 한 명한테 내가 쓴 글을 읽게 해준 기억이 나요. 친구

---

* Ace Los Angeles. 무성애자와 무로맨틱을 위한 친목과 교육, 봉사 활동을 진행하는 남부 캘리포니아의 비영리 단체.

는 내가 그런 장면을 쓰는 방식에서 거리감이 느껴지고 격정이 부족하다는 의견을 줬죠. 난 '다르게 쓰는 방법은 모르는데'라고 생각했고요." 대학교에서 셔리는 성 경험이 없다는 이야기를 친구에게 하면서 그게 도덕관이나 결혼까지 자신을 아껴두려는 거랑은 아무 상관도 없다고 설명하느라 애를 먹었다. 셔리의 기억이다. "친구가 그랬죠. '사람들은 누군가를 끌어당기고 싶을 때 어떤 기운을 뿜는 것 같아.' 근데 나는 그 기운이라는 게 뭔지 지금도 통 모르겠어요."

'나는 그 기운이라는 게 뭔지 지금도 통 모르겠어요.' 무성애자를 하나로 묶어주는 구호가 될 수도 있겠다. 섹스에 우호적이든 거부감을 느끼든, 로맨틱 지향과 미적 취향이 어떻든 간에 나는 이 말을 무성애자에게서 몇 번이나 들었다. 섹스 여부와 무관하게 우리는 유성애자가 하는 듯한 방식으로 섹슈얼리티에 관계하지 않는다. 섹슈얼리티를 우리 삶의 중심에 두지 않는 것이다.

그래서 무성애자는 다른 사람들이 감지하고 경험하고 표현하지만 우리는 그러지 않는 그 기운이 뭔지 생각하느라 시간을 지나치게 소비한다. 그러고 싶지 않은데도 섹스 생각이 난다고? 어떤 사람에게는 속에서부터 성적 끌림이 끓어오르고 다른 사람에게는 그러지 않는 이유가 뭐지? 유성애자는 못생겼다고 생각하는 사람한테도 성적으로 끌릴 수 있다고? '무슨 말이야?' 종일 현장 연구를 한 인류학자처럼, 우리는 이 단편적인 문화의 수수께끼를 애석하게 여긴다. 태어날 때부터 접한 문화인데도. 이 문화에는 우리와 우리의 존재 양식을 위한 자리가 오래도록 없었다. 이제는 자리가 있다.

무성애 문화의 총체는 전 세계에서 발달해 왔다. 검은색, 회색, 흰색, 보라색이라는 무성애자 상징색. 저 색상들이 순서대로 가로줄로 들어간 무성애자 깃발. 진녹색, 연녹색, 흰색, 회색, 검은색 줄무늬로 된 무로맨틱 깃발도 있다. 오른손 중지에 낀 검은 반지라는 상징에, 케이크 이미지(흔히 농담으로 말하듯 케이크가 섹스보다 나으니까)와 스페이드 에이스, '에이섹시'*라는 말처럼 내부에서 통하는 농담도 있다. 2000년대 초에 있던 소규모 모임은 많이 사라졌지만, 이들은 더 많은 독립출판물과 융성하는 블로그 네트워크, '무성애 의제The Asexual Agenda'라는 인기 그룹 블로그로 계승되고 있다. 에이븐이 여전히 살아 있고, LGBTQ+ 공동체에 다리를 놓겠다는 데이비드 제이의 꿈이 실현되었다. 무성애자는 대개 LGBTQ+ 공동체의 일원으로 여겨진다. 일부는 의견을 달리해 시스젠더† 이성로맨틱 무성애자는 퀴어로 보지 말아야 한다고 생각하지만 말이다. (분명히 밝히자면 우리 중 이성애자는 아무도 없으니 무성애자는 모두 퀴어다.)

무성애 세계는 오프라인 모임과 콘퍼런스로도 옮겨 갔

---

    *   asexy. 성적이지 않은 끌림이 느껴지는 대상.
    †   cis 혹은 cisgender. 사회가 지정한 성별과 자신이 정체화한 성별이 일치한다고 느끼는 사람. 시스는 같은 쪽에 있음을 뜻하는 접두사로, 다른 쪽에 있거나 가로지름을 뜻하는 트랜스(trans)와 대비된다.

다. 무성애자가 자연 상태에서 서로를 우연히 만나는 건 아주 드문 일이니 이런 자리는 요긴하다. 무성애자에게 둘러싸여 있을 때면 나는 그 자유로운 느낌에, 유독 가뿐하고 편안하게 이뤄지는 대화에 매번 놀라고 감동한다. 유성애자와 일상적인 상호 작용을 할 때 제약이 있다는 건 결코 아니지만, 무성애자 사이에 있을 때면 두드러진 차이를 느낀다. 무성애를 설명하거나 대표할 필요도, 무성애의 온갖 양상을 알려주어야 할 필요도 없다는 걸 아니 방어 태세를 벗게 된다. 무성애로 규정된 내가 아니라 나 자신인 동시에 무성애자로 있을 수 있다. 우리는 여느 사람들처럼 책과 음악과 영화와 가족을 이야기하고, 무성애 경험의 혼란과 갈등도 이야기한다.

무성애자가 섹슈얼리티와 언어를 둘러싼 모순을 지적할 수 있다고 해서 우리가 그걸 반드시 해소해야 한다거나 그렇게 할 능력이 있다는 뜻은 아니다. 정돈이 안 되어 나도 답답하지만, 현실은 좀처럼 단순하지 않다. 성적 지향이 섹슈얼리티의 전부가 아닐 수 있고, 무성애자는 그럼에도 섹슈얼리티가 없을 수 있다. 성적 끌림을 느끼는 사람도 무성애 공동체의 일원일 수 있다. 킹크는 누군가에게는 성적이지만 다른 누군가에게는 단지 감정 역학의 문제일 수 있다.

세심한 균형 잡기가 필요하다. 무성애자는 분리로, '부정의 길'로, 끌림을 여러 범주로 쪼개고 하나의 모형으로 명명해 이해한다. 하지만 이러면 과학적 타당성이라는 허울이 모든 것을 덮어 어떤 설명도 완전히 주장할 수 없게 된다. 갖가지 끌림이 한데 섞여 깔끔하게 추출할 수 없는 경우가 너무나 많다는 사실을 인정하는 것도 못지않게 중요하다.

2016년 가을 나는 항우울제 웰부트린을 먹기 시작했는데 이 약에는 성적 충동이 증가한다는 유명한 부작용이 있다. 처음에는 다른 느낌이 없었으나 몇 달이 지나 누군가를 사귀게 되자 나는 나도 모르는 새 이전의 그 어떤 파트너를 대할 때보다 더 간절한 마음으로 이 파트너와 섹스하기를 바라게 되어서 처음으로 내 무성애 지향을 의심했다. 웰부트린 때문인가? 지난 파트너와는 다르게 이 남자랑은 궁합이 잘 맞아서 그런가? 그냥 나이를 먹으면서 상대를 차단하지 않고도 관계에서 오는 스트레스에 대처할 능력이 좋아진 덕인가?

아마 알 수 없을 것이다. 삶은 과학 실험이 아니다. 여기서는 이 요소를 수정하고 저기서는 다른 요소를 수정해 결과가 어떻게 달라지는지를 확인하며 자기 경험으로 몇 번씩 모의실험을 할 수 있는 사람은 없다. 어떤 섹슈얼리티도 결코 진공 속에 존재하지 않는다. 쉽사리 분석되지는 않으나 생물학과 문화에, 우리의 감정 상태와 정신 건강에, 인종과 계급과 젠더와 시간의 흐름에 영향을 받는다. 영상 제작자 셰리와 무성애자 블로거 베스퍼는 흑인이고 나는 중국계 이민자라 우리의 무성애 경험은 인종에 따라 다르게 빚어진다. 뉴욕 시의원 대니얼 드롬 밑의 입법 담당관 서배스천 매과이어Sebastian Maguire는 유성애자이자 동성애자로 정체화했다가 자신이 무성애자 동성로맨틱임을 깨달았다. 서배스천이 무성애에 이른 과정과 무성애를 경험한 방식은 우리와 달랐다.

　나는 계속해서 폴란드 철학자 알프레드 코르집스키Alfred Korzybski의 격언으로 돌아간다. "지도는 땅이 아니다." 긴장과 가능성을 모두 품은 말이다. 지도는 실재하는 세상을 단순화해 재현한 것이며, 실제 땅은 언제나 화면에 표시된 것들보다 풍성하다. 그러나 지도와 단순화는 여전히 도움이 될 수도 있다. 모든 모형은 틀리지만 그래도 일부는 유용하지 않은가. 모든 재현에는 한계가 있으나 비교적 훌륭한 재현이라면 시선의 폭을 넓혀준다. 지금은 새롭고 더 상세한 지도가 필요한 때다. 이 한층 엄밀한 지도를 무성애가 제공하지만, 지도는 그래도 지도일 뿐임을, "무성애 세계에 어서 오시죠."라는 구절은 부정확한 표현임을 우리는 반드시 기억해야 한다. 단일한 무성애 세계는 없다. 적절한 표현은 "무성애의 여러 세계에 어서 오시죠."다. 이해로 향하는 수많은 입구의 하나에.

## 3. 욕정이 보편적이라는 믿음

헌터가 아주 어릴 적 부모님은 헌터를 동네 대형 마트로 데려가 본인들이 장을 보는 동안 비디오 게임 코너에서 놀고 있으라고 했다. 하루는 자기보다 형인 아이가 먼저 테스터를 써보고 있는 걸 본 헌터가 자기도 5분만 하면 안 되겠냐고 물었다.

상대 아이가 말했다. "퍽이나 그러시겠다. 너 혼자 다 하려고 그러지."

"아니야!" 헌터는 힘주어 말했다. "난 '하나님 믿어서' 거짓말 안 한단 말이야."

헌터에게 종교는 유년기의 중심에서 펄떡이는 심장이었고, 헌터는 아직 기독교인도 거짓말을 할 수 있다는 사실을 몰랐다. 가족이 식사 전마다 기도를 올리고 일요일마다 교회에 가기는 했으나 제일 큰 도덕적 압박은 언제나 헌터 자신이 만들어냈다. 어린이 헌터는 성경의 가르침으로 다져진 강한 도덕 감각의 소유자였다. 나이를 먹을수록 이 감각은 양심적 강박의 한 형태로 변모했는데, 헌터는 언젠가 당혹감을 안고 이 강박을 돌아보게 될 것이었다.

아무도 헌터에게 섹스 이야기를 하지 않았다. 헌터가 어린 시절 보낸 그 모든 일요일 중에서 섹스에 대한 설교를 들은 적은 단 한 번뿐이었고, 그것도 유혹을 경계하라는 경고였다. 하지만 아무도 섹스를 이야기하지 않는 와중에도 섹스가 좋다는 걸, 신이 내린 선물이자 즐거운 보상이란 걸 모두가 배웠다. 혼인 관계 안에서 향유되기만 한다면.

섹스는 다른 무엇도 못 하는 방식으로 남자와 여자를 엮었다. "더 우월한 연결 같은 거죠." 그런 성질이 두드러지다 못해 눈에 보일 지경이었다고 헌터는 말한다. 사람들은 서로의 곁에서 달라졌고, 비공식 결혼이라도 한 것처럼 결합이 더 끈끈해졌다. 헌터는 이런 유대를 갈망했고, 순결을 지키면 신이 그 관계를 내려주시리라 믿었다. 약속을 성실히 이행하고자 스스로 유혹에 저항하는 훈련을 시작했고, 대학에서는 순결을 유지할 방법을 장담하는 『모든 남자의 참을 수 없는 유혹Every Man's Battle』이라는 책을 집어 들었다.

『모든 남자의 참을 수 없는 유혹』의 요지는 외면이 욕정 문제의 해답이라는 것이다. 헌터의 설명에 의하면 이 책은 독자에게 "눈을 튕겨라."라는 지침을 준다. 불순한 생각을 유발하겠다 싶은 사람에게서 즉시 눈을 돌리라는 뜻이다. 시각을 억제하면 성욕에 먹이를 주지 않을 수 있다나. "난 그 말을 철석같이 믿었어요. 욕정을 품으면 안 되니까 사람을 보지 말자고 되뇌었죠. 애초에 나한테 성적인 건 없었으니까, 지금 생각하면 그건 다른 식으로 해로웠던 것 같아요. 그냥 매력이 있을 뿐인 모르는 사람들에게서 계속 눈을 돌린 거죠."

헌터에게 외면은 터무니없을 정도로 쉬웠다. 헌터는 다

른 사람들만큼 욕정으로 몸부림치지 않았다. 욕정이 몸부림치고 싸울 대상이 아니라는 생각은 하지 않았다. 몸부림치며 싸울 대상이 있어야 한다고 들은 탓에 몸부림칠 거리를 스스로 만들어냈다는 생각도 안 했다. 헌터는 최근 친구들에게 자신이 무성애자라는 사실을 밝혔다. 친구들은 헌터에게는 억눌러야 할 성적 욕망이 없다는 게 불공평하다며 웃는다. "헌터, 너 줄곧 치트키를 쓰고 있었구나."

　모두(『모든 남자의 참을 수 없는 유혹』과 『모든 여자의 들키고 싶지 않은 욕망Every Woman's Battle』을 비롯한 기독교 베스트셀러에서 말하는 "모두")가 성적 유혹을 이기려고 몸부림친다는 가정을 보면 종교 역시 성적 욕망이 어디에나 존재한다고 생각한다는 점이 강하게 드러난다. 아무리 순결 문화와 금욕을 중시한다고 해도, 강제적 섹슈얼리티compulsory sexuality, 즉 욕정은 보편적이며 그렇지 않다면 비정상이라는 믿음에서 종교도 완전히 자유롭지 않다.

　'강제적 섹슈얼리티'라는 말이 친숙하게 들리는 건 시인 에이드리언 리치Adrienne Rich의 강제적 이성애compulsory heterosexuality 개념을 빌린 말이기 때문이다. 리치는 1980년 에세이 「강제적 이성애와 레즈비언 존재Compulsory Heterosexuality and Lesbian Existence」에서 이성애란 그저 어쩌다 대다수의 지향이 된 성적 지향이 아니라고 주장했다. 이성애는 학습되고 조건화되고 강화된 정치적 제도다.[1]

　강제적 이성애는 사람들 대다수가 이성애자라는 믿음이

아니다. 이성애가 기본값이자 유일한 선택지라는 생각을 떠받치는 (이성 간의 사랑만이 생득적이며 여성에게는 사회·경제적 보호자로 남성이 필요하다는 식의) 가정과 행동의 집합이다. 그래서 사람들은 이성애가 이렇게 널리 퍼진 게 오로지 이성애가 '자연스럽기' 때문이라고 믿게 된다. 사실 리치가 썼듯 "이성애를 하나의 제도로 검토하지 못하는 것은 자본주의라는 경제 체제 혹은 인종주의라는 계급 체제가 신체적 폭력과 허위의식을 포함한 각종 힘으로 유지됨을 인정하지 못하는 것과 마찬가지"[2]인데도 말이다.

여기서 만들어진 강제적 섹슈얼리티는 무성애 담론의 중심에 있는 개념으로, 대다수가 섹스를 원하고 섹스를 하며 섹스가 즐거운 행위일 수 있다는 믿음이 아니다. 강제적 섹슈얼리티란 정상인은 모두 성적이고, (사회가 승인한) 섹스를 원치 않는 건 부자연스럽고 잘못되었으며, 섹슈얼리티에 관심이 없는 사람은 필수 불가결한 경험을 놓치고 있다는 생각을 떠받치는 가정과 행동의 집합이다.

착각하지 말자. 섹스는 정치적이며 그 의미는 항상 변한다. 세계는 거대하고 복잡하며, 강제적 섹슈얼리티의 정도와 표현 양상은 맥락에 따라 달라진다. 성관계는 불온함, 죄악과 결부되며, 성직에 있는 일부 사람들에게는 성관계를 하지 않을 것이 의무로 요구된다. 일반적으로는 배우자 아닌 상대와 하는 섹스보다 이성 배우자와 하는 섹스가 훨씬 많이 인정받고, 동성 간 섹스나 킹크 섹스와 비교하면 더더욱 그렇다. 세상은 가난한 사람이나 유색인의 섹스를 장려

하지 않았다. 일리노이 주립대학 젠더학 연구자 엘라 프리지빌로Ela Przybylo가 인터뷰에서 지적했듯 성 부정sex negativity은 강제적 섹슈얼리티와 나란히 존재한다. 동성애 혐오가 판을 치는 와중에도 사람들이 퀴어함을 예찬하듯.

동성 사이에 생기는 욕망은 종교적 가르침에 부합하지 않는다고 배운 헌터에게 강제적 섹슈얼리티는 강제적 이성애로 깔끔하게 포장되었다. 헌터는 여자에게 로맨틱 끌림을 느꼈으니 이성 부분은 진작 충족했지만(게다가 '강제적 이성애'에서 관심이 제일 많이 쏠리는 부분도 '이성'이다) 섹스의 고양감을 얻거나 섹슈얼리티 기대를 충족하는 건 여전히 어렵다고 느꼈다.

강제적 이성애와 별개인 강제적 섹슈얼리티 역시 존재한다. 이성애를 그리 강하게 강요하지 않는 퀴어 하위문화에서도 강제적 섹슈얼리티를 찾을 수 있다. 게이 남성은 성욕이 넘칠 거라는 기대나 흔히 "레즈비언의 죽어버린 잠자리"*라고 부르는 문제에 대한 레즈비언 여성의 걱정으로 강제적 섹슈얼리티가 표출된다. 많은 경우 성적 끌림의 부재는 끌림이 향했을 대상이 누구든 간에 문제가 된다. 유럽에서 성장해 플로리다에 사는 트랜스 남성 지 밀러는 강제적 이성애나 순결 문화를 상대할 필요가 없었다. 그러나 자신이 무성애자라고 어머니에게 말하자 어머니는 가족이 프랑

* lesbian bed death. 장기 연애 중인 레즈비언이 섹스를 아예 안 하거나 아주 드물게 하는 상태를 이르는 말로 부정적인 뉘앙스를 띤다.

스에 남았다면 아들이 달랐으리라 생각하며 미국을 탓했다. 프랑스였다면 지가 미국의 청교도적 가치와 몸을 불편하게 느끼는 태도 대신 소위 건강하고 개방적인 섹슈얼리티에 노출되었을 거라고. 어머니는 미국식 가치에 아들이 억압되었다고 생각했다. 미국이 자식을 이상하게 만든 것이었다.

강제적 섹슈얼리티가 뚜렷하게 나타나는 사례 하나는 섹스하지 않는 인구에 대한 두려움이다. 도덕이 문란해 걱정이라며 사람들이 바들대는 와중에도 미국인이 과거보다 섹스를 적게 한다는 건 엄청난 모순이다. 미국 질병통제예방센터에 따르면 2015년에는 고등학생 41%가 섹스 경험이 있다고 했는데 이건 1991년의 54%에서 줄어든 수치였다.[3] 2010년대에 미국 성인은 사반세기 전과 비교해 연간 섹스를 약 9회 적게 하고 있었다.[4]

이런 결과로 '섹스 불황'[5](불황은 당연히 좋은 게 아니다)을 논하는 표지 기사, 섹스 불황이 경제 불황으로 이어질 수 있다는[6] 기사, 젊은 세대가 일을 그르치고 있으며 재미도 모르고 산다고 전전긍긍하는 의견이 튀어나왔다. 경제적 근심[7]을 탓할 수도 있었고, 모호한 데이트 규범을 둘러싼 불안감 혹은 넷플릭스와 소셜 미디어의 인기[8]를 탓할 수도 있었다. 몇몇 연구자는 미국인이 성기 자극의 쾌락을 소셜 미디어에서 받는 '좋아요'와 〈더 그레이트 브리티시 베이킹 쇼〉 정주행의 쾌락으로 바꿨다고 봤다. 섹스 감소를 다룬 《워싱턴 포스트》의 기사는 "여러 화면, 그러니까 과제와 유튜브 영상, 비디오 게임 화면을 동시에 켜놓고" 앉아 있는 모습으로 18세를 묘사했다. 이런 사람에게는 데이트나 하룻밤 잠자리를 위해 이 자리를 떠나는 게 "낭비로 비친"다.[9]

이런 프레임에는 대개 이런 질문이 내포되어 있다. 사람들이 섹스를 덜 하고 하룻밤 잠자리가 이제 낭비로 여겨지다니 '안타깝지' 않나? 성적 쾌락을 느끼는 대신 비디오 게임을 하는 게 '애처롭지' 않나? 사람들이 섹스에 신경을 안 쓴다니 우려할 일 아닌가? 진짜 정열을 아는 사람에게는 섹스(를 하려 하고 또 직접 하는 것)가 영화와 책, 게임보다 언제나 더 낫다. 요즘 찌질이는 컴퓨터 화면만 세 개씩 띄워놓을 뿐 성적 충동이라고는 없다.

이런 기사는 섹스가 정상이며 환상적이라는 믿음은 물론이고 섹스가 흥미진진한 체험의 주된 원천이라는 생각까지 함축한다. 기자 레이철 힐스Rachel Hills가 동명의 저서에서 '섹스 신화the sex myth'라고 부른 것이다. 강제적 섹슈얼리티의 연장인 섹스 신화는 두 부분으로 구성된다. 하나는 뻔하다. 섹스는 어디에나 있고, 노래 가사부터 텔레비전 프로그램을 지나 립스틱이 발린 채 햄버거를 먹는 여자들의 입과 그 목을 타고 흐르는 육즙을 클로즈업한 이미지에 이르기까지 우리는 거기에 푹 절어 있다는 것. 두 번째는 "섹스가 더 특별하고 더 중요하며, 인간이 하는 어떤 행위보다도 더 강력한 짜릿함과 완벽한 쾌락을 선사한다는"[10] 믿음이다. 섹스하지 않는 건 쾌락도, 혹은 쾌락을 즐길 능력도 없다는 뜻이다.

이렇게 해서 충분히 성적이지 않거나 올바른 방식으로

성적이지 않은 사람은 모자란 사람이 된다. '무성애자' 이름 표는 가치중립적이어야 한다. 단지 성적 지향을 나타내는 데 그쳐야 한다. 그러나 '무성애자'는 조롱거리이자 부정적인 속성을 의미한다. 정열이 없다, 뻣뻣하다, 지루하다, 로봇 같다, 차갑다, 내숭 떤다, 불감증이다, 결핍이 있다, 망가졌다 같은 속성. 이런 속성들, 특히 '망가졌다'는 남들이 우리를 보는 인식과 우리 스스로 품게 되는 느낌을 설명할 때 무성애자들이 몇 번이고 사용하는 단어다.

무성애에서 이런 관념들을 연상하게 된 연원을 거슬러 올라가다 보면 어느 정도는 성 상품화로 이어진다. 성은 잘 팔리고, 다른 걸 잘 팔리게 한다. 이런 변화를 일으킨 원인으로 흔히 휴 헤프너Hugh Hefner가 창간한 《플레이보이》가 꼽히는데, 이 잡지는 헐벗은 여자 사진만 보여준 게 아니었다. 《플레이보이》는 좋은 삶의 비전을, 진짜 남자가 시간과 돈을 어디에 쓰는지를 제시했고, 이 비전이란 자신의 구매력으로 화려한 모델의 관심을 사고 섹스 파티에 가는 것 따위였다.[11] 성이 상품이 될 때, 섹스를 하고 그걸로 우쭐대는 건 과시적 소비의 한 형태가 된다. 우리가 정열 없고 뻣뻣하고 지루하고 로봇 같은 사람이 아니라, 힙하고 재미있게 살면서 높은 지위와 멀티오르가슴을 누릴 수 있는 금전적·사회적 자본을 가지고 있음을 소비로 드러내는 것이다.

무성애자는 여기에 순응하지 않기 때문에 묵살당하며 우리 경험은 우울감이나 망상 혹은 유아적 순진함이라는 말을, 제대로 놀 줄 모른다는 말을 듣는다. 우리는 어딘가 어긋

낮고 그다지 가치 있는 사람이 아니다. 인간 형상을 하고 있으나 배선에 결함이 있으며 무언가가 빠져 있다. 좋은 삶의 근본을 이루는 무언가가.

헌터의 인생을 지배한 종교적 내러티브는 그에게 결혼까지 기다리라고 경고했으나 그 메시지에는 간단하고 세속적인 다른 메시지가 늘 나란히 붙어 다녔다. 섹스는 멋지다는 것. 섹스를 하면 멋있는 사람이 '된다'는 것. 강제적 섹슈얼리티에 따르면 헌터에게는 자연스러운 욕정이 있을 터였다. 나아가 《플레이보이》와 〈아메리칸 파이〉* 같은 문화적 유산은 헌터에게 섹스를 하면 자기가 충분히 남자다운지 걱정하지 않게 될 거라고 가르쳤다. 헌터의 말이다. "(〈아메리칸 파이〉를) 봤더니 이런 생각이 들었어요. '오호, 저 찌질한 애가 영화 주인공이 됐는데 그 기폭제가 섹스였단 말이지.' 그게 내가 원하는 거였어요. '지적'인 차원에서 섹스를 원했죠. 섹스가 가져다준다는 걸 전부 원했어요." 이성애자 백인 남성이라는 전형적인 특권층에 해당하면서도 헌터는 현 상태에서 달라져야 한다는 막대한 압력을 느꼈다. 젠더 기대와 종교적 가르침이 강제적 섹슈얼리티와 교차한 게 헌터가 느낀 고통 대부분의 원천이 되었다. 헌터의 신앙은 강했지만, 진짜 남자는 성적으로 공격적이라는 메시지는 신앙 규범으

* American Pie. 1999년 개봉한 청소년 성장 영화 시리즈. 청소년의 성에 대한 관심을 그려낸 섹스 코미디이다.

로도 지워지지 않았다.

　무성애자 공동체 조사에서는 여성이 무성애자로 정체화하는 경우가 남성보다 훨씬 많은 것으로(최신 수치에 따르면 약 63%와 11%다[12]) 드러나는데, 여기에는 무성애가 남성 성 고정관념에 더 큰 걸림돌이 된다는 이유가 어느 정도는 작용할 것이다. 남성은 가능한 한 많은 여자와 잘 능력이 없으면 '남자'가 아니며, 따라서 존경을 받거나 지위를 얻을 수 없다고 학습한다. (여자도 섹스 이야기는 하지만 관계와 감정을 논하도록 사회화되는 반면 남자들의 대화 초점은 성적인 부분에 더 날카롭게 꽂힌다.)

　인디애나 대학 소속 연구자 앨런 D. 디샌티스Alan D. De-Santis는 『대학 사교 클럽 들여다보기: 남학생과 여학생 사교 클럽, 쾌락·권력·특권의 추구Inside Greek U.: Fraternities, Sororities, and the Pursuit of Pleasure, Power, and Prestige』에서 이런 역학의 과장된 사례로 남성 섹슈얼리티의 최초 모형을 관찰했다. 디샌티스는 "'키스했다고 떠드는', 더 적절하게 표현하자면 '떡치고 떠벌리는' 형제의 전통에 가담해" 낄낄대고 하이파이브를 주고받으며 정복담을 늘어놓는 사교 클럽 형제들을 자세히 묘사했다. 가십거리를 씹고 즐기는 이런 의례는 "모두가 은밀한 이야기를 다 털어놓을 때까지 10분은 더 이어지"고, 디샌티스가 쓰듯 우리는 "사교 클럽 형제들에게만큼은 과잉 성욕과 활발한 성생활 그리고 이성애가 곧 이상적 남성성"[13]임을 알게 된다.

　남학생 사교 클럽 소속이 아닌 남자도 많지만, 이 장면은 남성성과 여성성에 대한 태도를 추적한 2017년 퓨 리서치 조사 결과와 일치한다. 조사에 따르면 다른 사람들이 성적으로 여자 이야기를 할 때 끼어야 한다는 압박을 느끼는 밀레니얼 남성은 60% 가까이 되었다.[14] "친구들이 전부 섹스 이야기를 꺼내는데 혼자만 동정 딱지를 못 뗀 상태면 어떻게 되겠습니까?" 사회학자 콜비 플레밍Colby Fleming이 《멜 매거진》 인터뷰에서 질문을 던진다. "동정을 못 뗀 남자는 사실상 배제되거나 대놓고 창피를 당할 수 있죠."[15] 섹슈얼리티를 연기하면 성장기에 친구를 사귀고 존중받을 길이 열린다. 이건 개인적이라기보다는 사회적인 것에 더 가깝다. 적절한 종류의 성적 행동이 부족하면 유대 형성에 어려움이 생기므로 섹슈얼리티에 대한 남성의 말과 행동은 섹스보다는 오히려 친구를 원하는 것에 대한 문제일 수 있다.

진짜 남자는 섹스를 많이 한다는 가르침은 겉보기에는 정반대인 두 집단의 경험을 형성한다. 한 집단은 물론 무성애자 남성이다. 다른 집단은 인셀incel*이다. 자기랑 섹스를 안 해준다고 여자들에게 분노를 표출하는 여성혐오자이자 대개 이성애자인 남자들.

대개 자발적으로 성관계를 하지 않는 무성애자 남성은 정말로 흥미가 없어서 섹스 이야기에 공감하기를 어려워한다. 젠더학 교수 프리지빌로는 무성애와 남성성에 관해 학

---

\* involuntary celibate. '비자발적 독신주의자'를 줄인 말로, 섹스를 원하면서도 자기 의지와 다르게 성관계를 못 하는 온라인 서브컬처 커뮤니티의 젊은 남성들을 일컫는다.

술 논문을 쓰려고 무성애자 남성을 몇 명 인터뷰했다.[16] 놀랍지도 않겠지만, 전원이 젠더 기대와 자신이 실제로 원하는 것 사이에서 갈등한 적이 있었다. 이들은 여자에게 반한 척을 해서 남성 친구들과 "장단을 맞추"거나 파트너와 원치 않는 이성애 섹스를 했다. 인터뷰 대상자 중 한 명인 빌리는 남자가 섹스를 원하지 않는 걸 "도통 이해하지 못하는 사람들"이 있다고 했다. "어떤 사람은 '그걸 어떻게 안 좋아해?' 같은 식으로 반응해요. 알면 나도 좋게요. 이 세상 최고의 느낌인가 보던데, 나도 그걸 음미할 수 있으면 좋겠네요." 빌리는 프리지빌로에게 이렇게 말하며, 무성애자가 아니라 동성애자면 소외감이 덜할지 궁금하다는 말을 덧붙였다.[17]

동성애자 남성 역시 성적이어야 한다는 압박을 극심하게 느낀다. 크레이그라는 남자가 《GQ》에 말했다. "싱글 게이 남성이라면 당연히 섹스를 한다고 생각하는 것 같아요. 외모와 범주 나누기, 젊음 같은 데 몰두하는 게 우리 공동체의 데이트와 섹스에 영향을 미치죠."[18] 스물두 살 게이인데 섹스를 많이 하지 않는다는 건 크레이그에게 창피한 일이다. 무성애자이며 동성로맨틱인 남자들은 게이 공동체의 강제적 섹슈얼리티 때문에 이중으로 배척당하는 느낌이 든다는 이야기를 내게 들려준다.

남성의 섹슈얼리티는 게걸스러울 정도로 왕성하다는 믿음이 어찌나 강력한지 무성애자 남성은 자기 젠더 정체성을 의심하게 되기도 한다. 내가 인터뷰한 무성애자 남성 한 명은 여자 쪽이 섹스에 관심이 없어야 한다고 알아서 처음에는 자기가 트랜스인지 고민했다고 말했다. 프리지빌로와 이야기한 앤터니는 남성이라는 젠더 이름표를 달고 정체화할수록 나가 놀면서 섹스할 여자를 만나야 한다는 압박을 더 많이 느끼게 된다고 했다.[19]

트랜스 무성애자 남성에게는 젠더와 섹슈얼리티의 교차점 역시 혼란스러울 수 있다. 플로리다에 사는 트랜스 남성 지의 말이다. "난 트랜스젠더인 것과 무성애자인 걸 연결했어요. 내가 무성애자이기 '때문에' 트랜스젠더인가 하는 생각이 간간이 들더군요. 사춘기에 이르러 2차 성징이 나타난 이후로 그런 특징이 편한 적이 없었어요. 그런 건 없애버리고 싶었죠." 내분비내과에서 첫 진료를 받을 때 지는 특별히 뭐가 되고 싶은 것도 아니지만(차라리 '중성'인 게 낫겠다고 생각했다) 여자로 있고 싶은 건 더더욱 아니라고 했다. 여자로 존재한다는 게 제모를 하고 특정 옷을 입고 남자들이 껄떡댈 대상이 된다는 의미라면.

현 위치의 지는 여성으로 자신을 내보였을 때와 지금 자신이 받는 대우에서 중요한 차이점을 인식한다. 여자는 원래 주저하는 거니, 전에는 지가 섹스에 관심이 부족해도 그 모습이 자연스럽게 비쳤다. "그런데 남자일 때는 '좀 나가 놀고 그런 생각은 버려'라는 말을 듣게 되더군요."

반면 인셀은 섹스가 간절해 죽을 지경이다. 인셀 역시 여자와 섹스를 해야 진짜 남자라는 가르침을 흡수한 상태지만 남성성의 의식에 참여할 때 필요한 성적 기술이 없다. 여기에는 동정심을 느낀다. 배제와 사회적 거부는 괴로운 일이다. 사실 최초의 인셀 웹사이트를 개설한 사람은 외로운 이들을 지지하는 공동체를 만들고 싶었던 한 여성이었다.[20]

하지만 인셀은 단지 외로워하는 데 그치지 않는다. 인셀은 자기들이 대접받아야 한다고도 생각하며, 여기서 내 연민은 끝난다. 인셀은 성적 정복을 우선시하는 남성성의 내러티브에 의문을 제기하는 대신 거기에 한껏 기대고, 진화심리학을 오용해 자기 자신을 더 비참하게 하면서 유전 적합도를 논하고 남성의 목적은 여성을 최대한 많이 임신시키는 거라고 하는 환원주의적 이론에 빠져든다.

'자기 길을 가는 남자들'* 같은 집단은 여자와 관계 맺는 걸 아예 기피한다.[21] 다른 여러 사례에서는 증오가 처참한 결과를 가져왔다. '인셀' 서브레딧†은 4만 명 정도 되는 구독자를 모았다가 폭력 행위를 조장해 정지당했다.[22] 이 서브레딧은 엘리엇 로저 같은 사람들과 연계되었는데, 로저는 여자들이 자기랑 섹스를 안 해준다는 이유로 2014년 캘리포니아에 있는 한 대학에서 여섯 명을 살해했다.[23] 4년 후에는 스물다섯 살 알렉 미내시언이 토론토에서 승합차로 난동을 피워 열 명이 숨졌다. 광란의 살인극에 앞서 미내시언은 페이스북에 엘리엇 로저를 칭송하는 게시물을 여럿 올리고 "인셀

---

* Men Going Their Own Way. 여성과 절연을 선언한 안티페미니스트 남성 모임.

† subreddit. 주제별 게시판에서 정보와 의견을 나누는 커뮤니티 사이트 레딧(Reddit)에서 이용자가 개설한 게시판을 부르는 이름.

의 반란은 이미 시작되었다."라고 주장했다.[24] 이 모든 분노와 폭력이 섹스를 못 해서라니.

하지만 문제는 사실 섹스가 아니다. 온라인 극단주의 단체를 연구하는 팀 스퀴럴Tim Squirrell은 내게 이렇게 말했다. "그냥 성적 전율의 문제라면 날로 정성스러워지는 자위라는 방안을 인셀이 왜 안 쓰겠습니까?" 문제가 욕구 불만뿐이면 인셀에게는 돈을 내고 섹스하는 방법도 있다. 그런데도 인셀 다수는 성노동자를 찾는 '밑바닥까지 가기'는 싫다고 한다. 스퀴럴의 설명에 의하면 인셀은 금발에 가슴도 큰 스테이시, 여성성을 강조하지 않는다는 젠더 범죄를 저지르는 수수한 여자 베키로 여성을 나눈다. 인셀은 베키를 비웃고, 오로지 스테이시로만 점수를 올리려 한다. 오직 스테이시만이 존경을 자아내는 성적 화폐로 통하기 때문이다. 문제는 위계다.

인셀을 두둔할 생각은 전혀 없다. 자신이 매력 없고 데이트 상대가 못 된다고 느끼면서도 남들이 자기와 섹스를 해줘야만 한다고 믿지 않고 살인이라는 수단을 쓰지도 않는 사람도 많다. 그러나 인셀의 분노가 남성과 섹스를 둘러싼 문화적 기대와 연관된다는 것은, 동일한 이야기가 무성애자 남성의 소외에도 적용된다는 것은 부정할 수 없다. 욕망이라는 측면에서 너무도 다른 이 집단들은 모두 같은 성 규범의 제약을 받는다. 남성 사회에 받아들여질 전제 조건으로 성경험을 덜 중요시하면 (그리고 집단에 받아들이고 사회적 지위를 재는 일반적인 요건으로도 이걸 덜 따진다면) 두 집단에 모두 도움이 될 것이다.

하지만 지금은 남성의 성 고정관념이 너무나 굳건히 남아 있는 나머지 자발적으로 성관계를 하지 않는 무성애자가 인셀과 종종 뭉뚱그려지고 만다. 무성애자 남성들은 모든 젠더의 사람들이 자기를 가짜 정체성 뒤에 몰래 숨은 인셀로 본다고 말했다. 이런 게 함정이다. 남자는 섹스를 원치 않을 때조차 섹스하려는 욕망 때문에 사람을 죽이는 남자와 한 덩어리로 묶인다. 남자가 그냥 관심이 없을 수는 없다고. 반드시 다른 요소의 영향을 받고 있을 거라고.

신앙의 약속이 멋있는 사람이 되려는 유혹을 이겼기에 헌터와 여자친구는 예방책을 모두 지켰다. 방문 닫고 있지 않기, 시시덕거리지 않기, 섹스하지 않기, 헌터가 스물다섯이 되어 결혼할 때까지.

섹스는 헌터의 기대와 달라도 너무 달랐다. 헌터의 말이다. "사람들은 맨날 이랬거든요. '아, 일단 하나를 하면 다음으로 이어져.' 근데 아니더라고요." 섹스는 "억지스럽고 부자연스러운" 일로 느껴졌다. 합의하지 않았다는 의미의 억지가 아니라 억지로 이끌어야 했다는 의미의 억지에 가깝다. 불편하다는 의미의 부자연스러움보다는 직관적이지 않아 순간순간의 동작에 한껏 주의를 집중해야 했다는 의미의 부자연스러움이다. 자전거 타는 법을 배울 때와 비슷했지만 팔다리가 적절히 협응하지 못했다는 점이 달랐다. 헌터는 눈을 튕기며 수년을 살아왔기에 그럭저럭 괜찮지만 굉장하지는 않은 이 행위를 준비할 수 없었고, 본인부터가 이렇게 무심할 것도 예상하지 못했다. 이후 특별하고 우월한 관계는 실현되지 않았다.

경험 부족이 명백한 원인이었으나 이 설명은 해가 갈수록 타당성을 잃었다. 나이가 다음 희생양이 되어, 헌터는 스물다섯 살이 될 때까지 기다린 바람에 섹스를 즐길 모종의 생리적 도화선을 놓쳐버린 것이 아닐까 생각했다. 『모든 남자의 참을 수 없는 유혹』 탓일지도, 아니면 더 크게 봐서 자신이 종교적으로 양육되었다는 게 문제일지도 몰랐다. 어쩌면 누구도 그에게 섹스 이야기를 하지 않았다는 사실이 헌터를 억압했을 수도 있다. "거의 손수 전환 치료*를 한 수준이었죠. 못 하게 막은 게 이성애 규범적 섹스이기는 했지만."

헌터의 기독교인 친구들이 나중에 결혼해 섹스에 죽고 못 살면서 결혼에서 제일 좋은 부분이 섹스라고 말하는 이유는 무엇으로도 설명되지 않았다. 헌터는 직장 동료들이 "굶었다"며 한번 하고 싶다고 농담하는 데 공감하지는 못했으나 그런 이야기를 듣는 건 크게 개의치 않았기에 억압받은 건 아닌 듯싶었다. 학대당한 적 없었다. 발기 부전도 없었다. "저기 아래"에 아무 문제가 없는지 물어보려고 의사를 찾았더니 테스토스테론 수치는 외려 평균 범위에서 높은 축이었다.

---

\* 성 정체성이나 지향을 '고칠' 수 있다고 주장하는 치료로 폭력을 사용하기도 한다.

진료는 헌터에게 남은 최후의 방책이었다. 사라질 줄 모르는 질문에 대해서는 이걸로도 답을 얻지 못했다. 헌터의 결혼은 법적으로 공인받았고 아내가 불평한 적도 없었으나 (아내는 바빴고 어차피 성적 충동이 높지 않았다) 이번에도 도덕적 압력은 헌터 본인에게서 생겨났다. 헌터는 말한다. "섹스의 스위치가 켜진 적이 없었으니 내가 아직 유아기에 있다는 느낌이 항상 있었어요." 헌터는 진정으로 결혼한 것이 아니었고 진정한 성인이 아니었으며 진정한 남자가 아니었다.

섹스가 신이 주신 선물이고 전부 제대로 했을 때 그렇게 환상적이라면, 전부 제대로 하고도 섹스에 실망만 거듭하는 건 무슨 의미인가? 그런 사람은 어떻게 되나? 헌터는 말한다. "나를 제일 컴컴한 곳으로 끌고 간 건 그거죠. 그 대단한 걸 나는 한 번도 경험하지 못했고 그 이유를 몰랐다는 거요. 의문은 몇 년이 지나도록 풀리지 않았어요."

결혼하고 9년째가 되었을 때 헌터는 페이스북에서 무성애에 관한 기사를 봤다. 거기서 말하는 무성애는 의학적 문제 같았는데, 의사에게 진료를 받으며 그 이론은 진작 깨졌으니 헌터는 창을 닫고 다른 일로 넘어갔다. 몇 달이 지나 공장에서 야간 근무를 서던 헌터의 눈에 한 인스타그램 바이오에 적힌 '회색무성애자'라는 단어가 걸렸다. 헌터는 좀 더 알아보려고 가벼운 마음으로 이 단어를 구글에 검색했다. 밤이 끝날 무렵 그 관심은 더 이상 가볍지 않았다. 무성애가 질병의 문제가 아니라고 하면, 억눌려서라거나 호르몬이 맞이

가서라거나 종교 때문이라거나 하는 추측으로 풀리지 않던 게 풀릴지도 몰랐다. 자신을 받아들일 방법이 생길지도 몰랐다.

왜 무성애자들은 섹스 생각이 없는 걸로 법석을 떠느냐 묻고 무성애를 조롱하는 사람들에게 헌터의 이야기는 하나의 답이 된다. 헌터는 인스타그램 바이오에서 비로소 무성애를 알게 되기 전까지 뭐가 잘못되었는지 고민하느라 인생에서 수년을 허비했다. 그런데도 무성애 운동이 성가신 앵앵거림이나 우스갯소리로 여겨지는 일은 드물지 않다.

한 예로 2012년 폭스 채널에서 방영한 무성애 관련 코너는 게스트로 출연한 비영리 조직 '로페어 프로젝트'의 설립자 브룩 골드스틴Brooke Goldstein에게 무성애가 타당한 성적 지향이라 생각하는지 묻는 진행자의 말로 시작한다. 골드스틴은 대답한다. "아, 그렇게 생각하죠. 무성애는 아주 오랜 시간 존재했어요. 여자로 살면 3주 반마다 한 번씩 그렇게 되거든요. 의무에서 발을 뺄 훌륭한 핑계예요."[25]

이런 너스레에 진행자는 웃음을 터뜨린다. 섹스에서 벗어나려고 정체성을 만들어내야 한다면 '그거야말로' 더 큰 문제라는 사실을 짚는 사람은 없다. 누군가를 거절하려고 "나 파트너 있어요."라고 꼭 말해야 하는 건 사회의 결함이며, 싫다는 말로는 통하지 않아서 원치 않는 섹스를 피하려고 성적 지향을 꼭 대야 하는 것도 사회의 결함이다.

골드스틴은 이어서 "초성애화된 사회"에서는 무성애자가 "정상이라 무성애 지향이란 걸 지어내야 했다."[26]라고까

지 말한다. 그러나 이 의견이 더 다뤄지지는 않는다. 골드스
틴은 그 초성애화된 사회에 있을 수 있는 부정적인 면과 어
느 정도의 섹스가 필수이며 발을 빼도 되는 건 언제고 너무
오래 미루려 하면 어떻게 되는지를 놓고 현재 존재하는 기
대 사항을 논의하지 않는다. 대신 진행자는 무성애자가 섹
슈얼리티를 결여한 상태니 "문둥이*로 취급"될 거라고 말하
고, 다른 게스트인 폭스 채널 논객 빌 슐츠Bill Schulz는 무성애
자가 차별을 맞닥뜨린다는 게 믿기지가 않는다며 "뭘 인정
하는 것 좀 관두면" 안 되겠냐고 한다. 슐츠는 묻는다. "(무성
애자가) 인구에서 차지하는 비중이 얼마 되지도 않는데 내가
꼭 당신들을 인정해야겠어요? 이런 거잖아요. 나 원숭이 털
모자 썼으니까 알아줘요! 알겠는데, 원숭이 털모자 쓴 사람
이 두엇 있다고 내가 당신을 인정할 필요는 없어요. 그래요,
당신 존재합니다. 넘어가자고요."[27]

소 뒷걸음질에 쥐 잡은 격이지만, 자기는 무성애자를 안
믿는다는 진행자의 말로 끝난 이 경멸적인 코너는 내가 무
성애자의 유토피아가 되리라 믿는 세상을 그렸다. 인정받을
필요가 없는 세상. 원숭이 털모자를 쓰지 말라는 압력이 별
로 없으니 누구도 원숭이 털모자를 알아볼 필요가 없다. 의
사는 그런 사람더러 아프다고 하지 않을 것이다. 결혼 관계
를 입증해야 하니 원숭이 털모자를 안 쓰는 때도 있다는 걸

---

    *  leper. 한센병 환자를 차별해 온 역사가 녹아 있는 비하 표현.
한센병 환자(person with leprosy)라고 하는 것이 좋다.

증명하라고 이주 변호사가 요구하지 않을 것이다. 텔레비전 프로그램에서 원숭이 털모자 쓰는 사람을 수시로 놀리지 않을 것이다. 이렇든 저렇든 원숭이 털모자는 사회의 중심이 아니다.

지금 사회의 중심에는 분명 섹슈얼리티가 있다. 오늘날 서구에서 섹슈얼리티는 정체성의 필수 요소로 생각된다. 섹슈얼리티는 단순히 내가 무엇을 하는지뿐 아니라 내가 누구인지의 일부이자 내 진실의 일부다. 철학자 미셸 푸코Michel Foucault가 『성의 역사History of Sexuality』에서 주장하듯 섹슈얼리티가 사회적으로 강조되는 건 역사적·정치적 힘이 작동한 결과다.[28] 나는 늘 이래야 한다고는 생각하지 않는다.

무성애 운동은 여러 면에서 섹슈얼리티가 정체성과 존재의 주춧돌이라는 생각에 반기를 들며 자라났다. 비록 무성애가 그 자체로 하나의 성적 정체성이 되었기는 하지만, 이건 그저 개인의 섹슈얼리티에 신경 쓰기를 거부하는 삶의 양식으로도 이해될 수 있다. 『보이지 않는 지향: 무성애 입문 The Invisible Orientation: An Introduction to Asexuality』의 저자 줄리 손드라 데커Julie Sondra Decker도 내게 이렇게 말했다. "우리는 그 '동력'만 없을 뿐 온전한 사람입니다. 어떤 사람들이 '공예'를 동력으로 삼지 않는 걸 이해할 수 있는 거랑 마찬가지로 이것도 이해할 수 있는 일이에요." (아니면 '원숭이 털모자 안 쓰기'가 동력이 아닌 것과 마찬가지거나.) "내가 '비공예인'은 아니잖아요. 내가 무성애자인 건 단지 그런 단어가 있기 때문이고 또 내가 섹스를 안 하고 싶어 한다는 데 사람들이 반감을 품기 때문이에요. 사람들이 그러지 않았으면 내가 그 이야기를 하느라 인생을 그렇게 많이 소모할 일도 없었겠죠."

정체성으로서의 섹슈얼리티가 반드시 나쁘다는 건 아니다. 나쁜 건 강제적 섹슈얼리티다. 줄리와 같은 삶의 방식에 가해지는 반감의 뿌리에는 강제적 섹슈얼리티가 있으며, 이는 무성애자가 우리 자신을 규정할 때 맞서는 힘이다. 강제적 섹슈얼리티가 없으면 지지를 위한 공동체가 무성애자에게 필요하지도 않을 것이다. 서로를 발견하고 우리가 괜찮다는 것을 깨닫는 일이 무성애자에게 그렇게 큰 의미를 지니지도 않을 것이다. 어떻게 보면 우리가 보유한 일말의 가시성은, 강제적 섹슈얼리티가 존재하며 그게 단지 우리에게만 영향을 미치지 않는다는 점, 기대되는 섹슈얼리티에서 이탈하는 듯한 사람은 누구나 가혹한 벌을 받는다는 점을 상기시킨다. 무성애자가 무성애자라는 사실을 별스러운 일로 떠들고 남들에게 인정받기를 요구하는 건, 우리만의 모임을 만들어온 건 성적 압력에서 자유로운 장소를 원하기 때문이다. 우리가 가시성과 변화를 위해 싸우는 건 다른 이들을 누르는 압력도 사라지기를 바라기 때문이다.

헌터는 근 10년 동안 치료제를 찾아 헤매다 무성애 공동체에서 자기 모습 그대로 존재해도 된다는 승인을 받았다. 아내에게 모든 걸 설명하려고 여섯 장짜리 편지를 쓰면서 헌터는 필요한 배경을 설명하는 데만도 초안을 세 번, 서두를 다섯 번 갈아엎었다. 그 세월 동안 자기 머릿속에서 무슨 일이 벌어지고 있었는지, 왜 아내 눈에 자기가 늘 섹스에 사로잡힌 것처럼 보였는지, 늘 섹스 이야기를 하고 그걸 주도하는 것처럼 보였는지를 아내가 이해하는 게 중요했다. 그동안은 섹스를 단상에 올려놓고 그걸 좋아하지 않는 자신이 잘못되었다고 생각해 왔으나 앞으로는 그럴 생각이 없다는 점을 아내가 알아야 했다. 헌터가 말을 더한다. "그간의 내 행동에 대한 사과이기도 했죠. 좌절감을 피하고 싶어서 더 서먹하게 군 적도 있었거든요."

함께하는 삶이 꼭 달라져야 하는 건 아니라고 헌터는 썼다. 행동은 계속 같을 수도 있었다. 이제 헌터가 주도하지는 않겠지만 아내가 섹스를 원하면 언제든 그에게 말해주면 되었고 헌터는 기꺼이 아내를 만족시킬 것이었다. 헌터의 말이다. "섹스라는 행위 자체는 그렇게 싫지 않아요. 내가 왜 망가졌는지 모른다는 불확실함과 그 묘한 긴장감이 나빴던 거죠." 나빴던 건 불안감 때문에 섹스한다는 사실이었다. 약속된 행위로 꿈꾸어 왔던 섹스와 실제로 드러난 섹스 사이의 간극이었다.

행위성이 새롭게 제시되었고, 무성애를 받아들이자 헌터에게는 다른 것도 명료해졌다. 헌터는 무성애자로 정체화하기 전부터 이미 퀴어 앨라이*였는데, 무성애를 알고 나니 그들이 성적 지향을 강조하는 건 그 사람들 삶에서는 성적

* ally. 퀴어 당사자가 아니어도 이들을 지지하는 사람.

끌림이 활발히 작용하는 힘이었기 때문임을 더 수월하게 이해할 수 있었다. 남성의 젠더 역할도 더 비판적으로 보게 되었다. 사회적 프로그래밍의 한 형태를 거부하니 다른 모든 것에 의문을 제기하기가 쉬워졌다.

헌터의 말이다. "이런 거죠. 아, 그래, 남자는 이렇다는 둥, 어떤 걸 하고 좋아하고 원해야 한다는 둥 하는 기대는 문화적으로 주어졌던 거지 꼭 기본값인 게 아니군. 이걸 평생 경험하면서도 의식한 적이 없었는데, (무성애 덕에) 모든 게 뒤집혔어요. 이제 그 모든 내러티브를 훨씬 더 많이 의심하게 되었습니다. 내가 유아적이라는 느낌도 이제 없어요. 끝까지 성인이 못 되었다는 생각 말이에요. 서른넷에 비로소 성인이 되어 더 자유롭다는 느낌을 받네요. 늦은 감이야 있지만, 뭐 어때요."

2부

# 교차

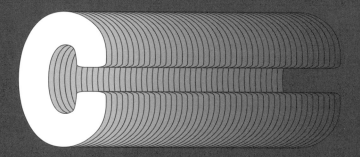

## 4. 페미니즘의 이름으로 널 해방할게

스물두 살이 되고 2주가 지났을 때 나는 친구들더러 술집에 나를 좀 데려가 사람 꼬시는 걸 도와달라고 했다. 전에 없던 부탁이었다. 나는 술을 안 마셨고 술집에도 안 갔으며 사람 손 잡는 것조차 꺼렸으니까. 게다가 헨리에 대해서, 그리고 헨리와 여름에 만나기로 한 일에 대해서도 떠벌려 놓은 차였다. 때는 4월이었고 그 만남까지는 고작 몇 달밖에 남지 않았으니 기다리지 않는 건 바보짓 같았다.

하지만 내가 느끼는 불안감은 친구들에게 말하지 않았다. 사랑이 동반된 섹스만 원하는 내가 너무 구식이고 퇴행적으로 느껴진다는 말도 하지 않았다. 헨리와 내가 개방 연애를 할 예정이라는 건 친구들도 알았지만 나는 이 상황이 얼마나 두려운지를 솔직히 드러내지 않았다. 인간관계에 대한 역사적 사실들도, 남자와 여자가 친구가 될 수 있다는 증언도 내 되새김질을 달래주지 못하기는 매한가지였다. 사랑 없이 하는 섹스는 흔하다고, 자기는 감정적으로 얽히지 않고도 다른 사람과 섹스할 수 있다고 하는 헨리의 말이 거짓이라는 의심은 무엇으로도 멎지 않았다. 의심뿐 아니라 의심한다는 죄책감까지 잔뜩 차오른 나는 애착 없는 섹스가 가능하다고 직접 증명해 보자고, 가능하면 자유연애를 받아들일 수 있는 사람이 되어보자고 마음먹었다. 스스로 세운 목표에 부응해야만 했다. 고리타분하지 않은 현대인이, 신념을 실천하는 훌륭한 페미니스트가 되는 것, 그리고 억압당하지 말자는 것.

'억압'은 '해방'의 반대말이다. 욕이다. 문화적으로 리버럴한 집단에서는 성적으로 보수적인 여자를 대개 성적으로 억압된 여자로 간주하고, 성적으로 억압된 여자를 자유 이전 시대의 상징으로 본다. 이 여자는 뻣뻣하고, 스스로를 부인하는 상태이며, 손마디에 피가 안 통할 정도로 긴장한 채 일생을 산다. 반대편에 있는 해방된 여자는 자기 신체를 속속들이 알고 세상 속에서 자기가 있을 자리를 확실히 알지만, 외모를 완벽하게 단장한 50년대 가정주부로 대표되는 억압된 여자에게는 이런 편안함이 없다. 성적으로 억압된 여자는 동정의 대상이자 진보의 중요성을 일깨워주는 사람이다. 창피하기 짝이 없다.

섹스를 포용하지 않는 여자에 대해 단단히 박혀 있는 이런 관념을 나는 모두 믿었다. 내숭이나 떠는 고지식한 여자라고, 수치심을 떨쳐내는 해방을 제대로 이루지 못했다고, 정치 성향도 보수적일 거라고.

어느 하나 내 목표와는 맞지 않았다. 섹스 안 하는 여자를 묘사하는 데 쓰는 단어(비성관계, 금욕, 순수, 순결)에서는 내가 경멸하는 쪽으로 건조하거나 도덕주의적인 느낌이 났다. 섹스하는 여자를 묘사하는 데 쓰는 단어(자유, 역능, 대담)는 마음에 들었고 나 자신에게도 붙이고 싶었다. 나는 그런 이야기가 진짜인지, 그 이야기에 함의된 섹스와 정치와 권력의 관계는 어떠한지를 더 비판적으로 생각해 보지 않았다. 그저 억압된 여자, 해방된 여자라는 그 전형과 매끈한 클리셰를 흡수했다. 그런 전형과 클리셰를 지금 내가 다시 사용하는 것은 여기서 이런 메시지가 전해 내려온 양상이 나타나기 때문이다. 성적으로 보수적인 여자가 보릿자루 같은 인간이라고 대놓고 말하는 사람은 거의 없지만 그런 함의는 대중문화에서 분명하게 드러났고, 그래서 나는 섹스를 적극적으로 원하는 여자가 그러지 않는 여자보다 더 재미있고 페미니스트답다는 흐릿한 느낌을 의심 없이 품고 있었다. 아마 내 태도를 가장 잘 요약하는 건 강간 퇴치 활동가 알렉산드라 브로드스키Alexandra Brodsky가 기자 리베카 트레이스터 Rebecca Traister에게 한 말일 것이다. "미치게 흥분되고 미치게 적극적인 성생활을 누리지 않는 건 어떤 면에서는 정치적 실패"[1]라고 생각하는 여성들의 이야기가 들린다고. 그런 여자 중 한 명이 나일 가능성은 다분했다.

내가 억압의 굴욕감과 해방된 섹슈얼리티에 그런 의미를 부여한 데는 이유가 있었다. 여성은 오래도록 성적 욕구를 부인하고 남성의 욕구에 봉사하는 것이 장려되었다. 우리 가치는 성에 묶여 있다. 우리는 나이가 너무 많이 들기 전까지 계속 성애화되고, 그러면서도 스스로 성적인 모습을 보이면 수치를 당하고 단속 대상이 되며, 우리가 무엇을 욕망하며 어떤 욕망이 허락되어 있는지 탐구하지 못하게 저지당한다. 문제의 여자가 이성애자가 아니면 이런 이야기는 두 배로 적용된다.

성 정치학은 1970년대와 1980년대 미국 페미니즘 담론의 중심이 되었다. 이 시기에는 활동가 캐서린 매키넌Catharine MacKinnon과 앤드리아 드워킨Andrea Dworkin이 훗날 성 부정 페미니즘으로 알려질 운동을 이끌었다. 매키넌과 드워킨 스스로는 성에 부정적이라고 생각하지 않았을 수 있지만, 그렇다고 이들이 오르가슴의 해방적 가능성에 주목한 것은 분명 아니었다. 『일하는 여성의 성적 괴롭힘Sexual Harassment of Working Women』, 『여성을 혐오하기Woman Hating』 같은 제목을 단 이들의 저술은 섹스의 쾌락보다는 섹슈얼리티가 위해를 가하는 데 이용되는 방식에 더 주안점을 뒀다.

이성애 섹스는 불균형한 권력 역학 안에서 이루어지며 그렇지 않을 때가 없기에 섹스에 대해 진정한 동의를 이루기란 거의 불가능하다는 것이 기본 논지다. 이들의 구조 분석은 가부장제 아래의 섹스란 어쩔 수 없이 손상되며 자유롭지 않다는 결론으로 이어졌다. 이런 전통에서 등장한 활동 단체는 포르노그래피와 사도마조히즘, 성 노동에 반대했고 이 모두를 남성이 여성을 비하하고 상처 입히는 착취의 방식으로 봤다.

1982년 바너드 대학 연간 섹슈얼리티 총회에서 주제를 '쾌락과 위험'으로 결정하자 '포르노그래피에 반대하는 여성들Women Against Pornography'이라는 단체 회원들이 한쪽에는 "페미니스트 섹슈얼리티를 위하여", 다른 쪽에는 "S/M 반대”라고 적힌 티셔츠를 입고 항의에 나섰다.[2] 이듬해 매키넌과 드워킨은 미니애폴리스에서 포르노를 금지하는 법을 통과시키려 했다. 그 노력이 수포로 돌아간 뒤 인디애나폴리스에서 비슷한 조례가 발의되었는데 이걸 지지한 사람은 보수주의자이자 반페미니스트임을 공공연히 드러낸 변호사 필리스 슐래플리Phyllis Schlafly였다.

뉴욕 대학교 교수 리사 두건Lisa Duggan은 『성 전쟁: 성적 반대와 정치적 문화Sex Wars: Sexual Dissent and Political Cultures』에서 이 시기를 회고하며 매키넌과 드워킨은 조합이 좋은 팀이었다고 쓴다. 두건이 말하기로 예일 대학교 로스쿨 학위 소지자인 매키넌은 단정하고 고상하며 이성적인 쪽이었고, 드워킨은 지지자들에게 “시 의회를 마주해야 한다는 생각에 치미는 욕지기를 삼키고 이 법을 제자리에 들여놓읍시다.”라고 말하는 맹렬한 연사였다. 드워킨의 말은 기억에 남을 정도로 인상적이었고, 드워킨은 극단적인 사람으로 비치는 걸 두려워하지 않았다. 드워킨은 말했다. “여자들의 침묵을 끝내고, 우리가 더는 등을 대고 다리를 벌린 채 누워 있지 않게 합시다.”[3]

인디애나폴리스의 반포르노 조례는 제정되었다. 로스앤젤레스와 뉴욕, 매사추세츠 케임브리지 같은 지역에서는 유사한 조례가 제안되었(다가 아슬아슬하게 좌절되었)다. 이 조례에 맞서는 움직임은 끝내 대법원까지 올라갔고 최종적으로는 이런 포르노 금지 조치가 위헌이라는 생각에 힘을 실어줬다.[4]

페미니스트끼리 서로 완전히 동의하는 경우는 절대 없고 섹스를 대하는 페미니스트의 관점은 한순간도 고정된 적이 없었다. 엘런 윌리스Ellen Willis와 수지 브라이트Susie Bright 같은 페미니스트가 보기에 매키넌·드워킨식 접근은 여성에게 도움이 안 되는 성 보수주의를 조장했다. 1981년의 기념비적 에세이 「욕망의 지평: 여성운동은 섹스를 옹호하나?Lust Horizons: Is the Women's Movement Pro-Sex?」에서 윌리스는 본인이 표현하기로 "전통적 여성성의 다른 면, 즉 남성이 순결한 희생양을 유린하는 욕정에 찬 짐승이라고 고발하도록 부추기는, 악에 받쳐 있고 독선적 분노에 가까운" 태도에 반격을 가한다. 악에 받친 분개심은 해결책이 되지 않았으며, 죽상을 하고 성 부정에 과도하게 초점을 맞추는 것은 "허울 좋은 도덕적 우위를 성적 쾌락의 대체물로, 남성의 성적 자유를 제한하는 것을 진짜 권력의 대체물로 받아들이도록" 여성을 압박하는 일이었다. 윌리스는 여기에 더해 말을 잇는다. "여전히 여성이 남성보다 덜 성적이라고 여겨지는 이 문화에서 성적 적극성이 남성에게 그런 것만큼이나 성적 소극성은 '정상' 여성 정체성에 필수적이다. 대개 여성에게 자신이 '여성스럽지 않고' 자격 없다는 느낌을 안기는 건 '과도한' 성기 욕구다."[5] 매키넌과 드워킨은 성이 얼마나 복잡한 문제인지를 더 잘 인지하도록 여성을 도왔을 수는 있겠으나 더 나은 섹스를 즐기게 하는 쪽으로는 거의 돕지 못했다.

윌리스와 브라이트 같은 성 긍정 페미니스트는 포르노가 무조건 모욕적이라고는 생각하지 않았다. 포르노를 금지하겠다는 보수 측의 맹세에도, (너무나 많은 경우 남자인) 정치인에게 여성의 섹슈얼리티를 통제할 힘을 그렇게 많이 부여하는 것에도 찬성하지 않았다. 중요한 건 수치심의 사회적 조건화를 허무는 것이었다. 가부장제하에서도 쾌락은 존재할 수 있다. 여성은 행위성을 지니며, 그렇게 쉽게 망가지는 연약한 존재가 아니었다.

섹스하는 건 멋지고, 섹스를 안 하는 건 그보다 못하다. 섹스는 남성만 사는 재화가 아니다. 이제 여성도 섹스의 과시적 소비에 참여해 자신을 뽐낼 뿐 아니라 남성과 동일한 권리를 갖는 데 힘을 사용하고 있으니 이런 소비는 역능을 강화한다고까지 할 수 있다. 여성의 꼴림은 장려할 일이다. 일부러 적나라하게 쓴 게 아니다. 이런 공감대가 은연중에 형성되어 있기 때문에 '내숭 떤다'는 말이 특정 젠더에 붙는 멸칭이 되고, 또 무성애자가 우리는 섹스를 재단하지 않는다고 황급히 알리게 된다.

초대형 드라마 〈섹스 앤 더 시티〉에서 킴 캐트럴이 연기한 서맨사 존스는 성 긍정적 현대 여성을 대변하는 아이콘이다. 영향력이 어마어마한 사업가로 야심만만, 자신만만하며 드라마에서 손꼽게 웃기고 탁월한 대사를 들려주는 인물이다. 당당한 성 자유주의자인 서맨사는 수많은 만남을 한껏 과시하고, 뭐든 한번은 해보겠다는 의미로 '시도성애자'를 자칭한다. 움짤로 만들어져 인터넷을 도배했던 잊지 못할 장면에서 서맨사는 이렇게 말한다. "너든 사회든 날 재단할 수는 없어. 난 입고 싶은 걸 입고 빨고 싶은 사람을 빨 거야. 폐랑 무릎에 탈이 나기 전까지는."

〈섹스 앤 더 시티〉가 첫선을 보이고 20년이 지나 HBO는 청소년 드라마 〈유포리아Euphoria〉를 세상에 내놓았다. 드라마에 재현된 가상의 요즘 청소년들은 호텔 방에서 은밀히 만나고 남의 집에서 혹업을 하는 등 섹스를 호기롭게 다룬다. 한 초반 회차에서는 캣 에르난데스라는 캐릭터가 섹스 경험이 없다고 고백했다가 이런 말을 듣는다. "미친년, 지금이 80년대인 줄 알아? 아무 좆이나 좀 잡아라!" 캣은 그렇게 했고, 동정을 뗀 뒤 '여캠'을 하며 자신감을 얻는다.

현실에서도 마찬가지로, 섹스 이야기를 하는 여자는 특정한 문화적 인장을 형성한다. 《코스모폴리탄》은 독자들에게 섹스 팁을 계속 제공하고, 다른 출판물 기사들은 "여자들은 꼴림을 장난 아니게 느낀다."[6]라고 표명하며 성적으로 조신한 여자라는 정형화된 이미지에 대항하고, 여성 잡지 《더 컷》은 일주일 치 내용을 꼴림에 헌정했다.[7] 지난 12월 《뉴욕 타임스》는 2019년을 "여자들이 '꼴린' 해"[8]로 선포했다. '쿨걸' 가수 토베 로는 옷을 다 적셨다고 노래하고, 가수 찰리 XCX는 호텔에서 섹스하는 게 좋지만 거기 별다른 의미는 없고 자신은 "천사가 아니"라고 강조한다. 래퍼 브룩 캔디는 〈그게 나Das Me〉라는 노래에서 이제 "창녀"가 "마음대로 휘두르고 자신만만하며 끝내주게 섹시한 여자"라는 칭찬이라고 한다. 아리아나 그란데, 카디 비, 니키 미나즈 같은 톱스타는 대중에게 보여주는 모습과 노래 양쪽 모두에서 성과 성적 기량을 뽐낸다.

니키 미나즈의 〈날 느껴Feeling Myself〉에는 애인이 이렇게 말해줬다고 자랑하는 가사가 있다. "자기 죽이네, 이렇게 작은데 그 봉을 제대로 받다니." 어느 날 차에서 노래를 듣던 내 친구는 이 가사 때문에 속수무책으로 혼란에 빠졌다. 친구는 생각했다. 난폭한 섹스를 할 능력이 랩으로 쓸 만한 칭찬이라는 게, 봉(과격한 비유)을 받는다(여자가 참여하는 게 아니라 수용하는 것으로 보임)고 묘사되는 게, 박힐 수 있다는 걸 니키가 자랑하려 드는 게, 니키가 왜 자랑하는지를 그걸 듣는 자신이 직관적으로 이해하고 또 그 노래를 좋아한다는 게 얼마나 괴상한지. 전부 엉망진창으로 범벅된 느낌이었다.

섹스가 그저 멋진 것이기만 했으면 나도 섹스에 그리 신경 쓰지 않았을 것이다. 하지만 섹스는 멋진 일인 동시에 '페미니즘적'인 것이 되었고, 페미니즘에는 나도 신경을 많이 썼다. '고요 속의 외침' 게임처럼 은근하게 이어지는 비틀기를 거치며 리버럴한 여성에게 섹스는 우리 자신의 즐거움을 만끽하는 방식, 우리가 매력적이라는 걸 증명하는 방식 이상의 무언가가 되었다. 섹스의 과시적 소비는 페미니스트 정치를 수행하는 한 가지 방식이 되었다.

우선, 대부분의 여성이 성적으로 소극적이게 조건화되었다는 중요한 메시지는 미묘한 의미가 누락된 채 전달되었다. 오스트레일리아에 있는 무성애자 정책 활동가 조는 이렇게 말한다. "'우리 섹슈얼리티를 해방했으니 이제 우리는 이걸 기념하며 우리가 원하는 만큼 섹스하겠다'라는 메시지 같은데, '원하는 만큼 하는 섹스'라는 말은 언제나 섹스를 많이 한다는 뜻이지 섹스를 안 한다는 게 아니에요. 안 하면 억압받고 억눌려 있는 거죠. 진정한 자신으로 살지 않고 있거나, 타인과 맺는 관계 속의 섹슈얼리티라는 자신의 중대한 측면을 아직 발견하지 못했거나, 아니면 아직 제대로 성장하지 못했거나 깨어나지 못한 거예요."

조 혼자만 이런 느낌을 받은 게 아니다. 급진 내숭러라는 이름으로 글을 쓰는 무성애자 블로거 프램부아스는 대학에서 성 긍정 페미니즘에 막대한 영향을 받았고, "페미니스트 친구들이랑 억압을 벗어던지는 일과 욕망에 관해 끝없이 이야기했"[9]다. 성 긍정 페미니즘에 따르면 남성은 여성이 섹스를 못 하도록 통제하고 수치심을 주므로 반드시 억압을 벗어던져야 한다. 수치심은 자연스럽게 느껴질 정도로 깊이 배어 있을 수 있으므로 망설임을 극복하려는 적극적인 노력이 요구된다. 사회적 실천으로 섹스를 즐기는 데 필요한 건 뭐든 시도해 보라고 여성을 북돋는다. 이 모든 게 틀리진 않았다. 하지만 조건화된 성적 소극성이 "'정상' 여성 정체성의 필수 요소"라는 엘런 윌리스의 주장이 자칫 너무 나가면, 여성이 섹스를 원하지 않는 이유는 오직 성적 소극성 때문이라는 믿음이 된다.

이제 강인하고 용감한 여성은 수치심을 비판적으로 고찰하고 가부장제를 탈피해 쾌락을 탈환한다. 섹스를 즐기는 건 자기 해방을 마쳤다는 증거인 반면, 홀로 집에 박혀 있는 건 여성에게 더 신나는 다른 선택지를 제시하려고 애쓰는 활동가들을 실망시키는 일로 느껴진다. 프램부아스가 섹스에 대한 자신의 양가감정을 이야기하자 다른 페미니스트들은 이 억압을 소화하고 탐구해 무찌를 수 있도록 자위를 시도하거나 더 킹크스러운 섹스를 해보면 어떻겠냐는 식으로 반응했다. 확실히, 어떤 '다른' 선택지가 제시되는 경우는 드물었다. "(나는) '뭐, 넌 그냥 섹스를 원하지 않는 거지. 그것도 괜찮아' 같은 말을 들은 적이 한 번도 없다"고 프램부아스는 쓴다. "성 긍정에서 욕망 없음을 긍정하는 건 거의 혹은 아예 눈에 띄지 않았고 자신을 어떻게 '고칠'지에 관한 제안은 잔뜩"[10] 있었다. 방법만 찾으면 모든 여자가 섹스를 좋아하리라는 생각이 당연시되었다.

섹스가 해방이라면, 더 킹크스럽고 위반적인 섹스는 개인적으로나 정치적으로나 한층 더 해방적일 것이다. 이런 믿음은 인류학자 게일 루빈Gayle Rubin이 1984년의 논문 「성을 사유하기: 급진적 섹슈얼리티 정치 이론을 위한 노트Thinking Sex: Notes for a Radical Theory of the Politics of Sexuality」[11]에서 고안한 '특권 집단charmed circle' 개념을 역전시킨 것이다. 특권 집단은 성적 행위의 위계가 존재함을 보인다. 특권 집단의 원 안에 있는 것은 모두 사회적으로 용인되는 행위다. 전통적으로는 한 명의 파트너와 혼인 관계에서 바닐라*로 이성 간에 사적

---

\* vanilla. S/M 성향이 없는 것. 킹크의 반대말로 이해할 수도 있다.

공간에서 하는 섹스를 의미한다. 이 경계 밖에 있는 건 이를 테면 파트너를 여럿 두고 하는 섹스, 집단 섹스 등이 되겠다. 특권 집단은 보수적이고 엄격한 현 상태를 나타낸다.

리버럴은 특권 집단의 존재 자체가 문제임을 인식하는 대신 이를 그저 뒤집기만 했다. 과거 바깥에 있던 것 대부분 이 이제 특권적인 것으로 승격되었다. 미주리 대학 젠더학 교수 엘리사 글릭Elisa Glick이 쓰듯 남성 폭력에서 자유로운 페미니스트 섹슈얼리티의 탐구는 "표준적인 행위를 위반하는, 정치적으로 올바르지 않은 섹슈얼리티를 탐구하는 것으로 대체"[12]되었다. 다시 말해 행위는 '위반적'일수록 낡은 규범과 낡은 정치에서 본질적으로 더 해방된 것, 더 좋은 것이 되며 그렇게 해야 사람도 더 해방된다. 새로운 규칙이 세워졌다.

마침내 이런 성 해방의 비전이 페미니즘 연단을 지배하자 섹스를 안 하는 것(혹은 바닐라 섹스만 원하거나 일대일 이성애 관계라는 틀 안에서만 섹스하는 것)은 퇴행적이고 보수적인 정치 신념을 지지한다는 표지가 되었다. 섹슈얼리티는 그러지 않아도 섹스가 성년기로 이어진다는 성숙 내러티브인데 이제 사고와 실천의 발전이라는 '정치적' 성숙의 내러티브까지 되고 만다. 성적이고 정치적인 두 가지 면에서 모두 '미성숙'부터 '완전한 실현'까지 가상의 선이 그려진다.

한쪽 끝에는 우리의 오랜 친구, 성적으로 억압된 여성이 있다. 이성애자고 어쩌면 공화당 지지자에 와스프[†]일 수도 있겠다. 금발이고, 집에서 아이들을 돌보고, 충격을 받으면 진주 목걸이에 손을 얹고 호들갑을 떨든 십자가를 부여잡든 한다. 반대쪽 끝에는 스리섬, 폴리아모리‡, 킹크, 섹스 클럽 등 뭐든 안 가리는 여자가 있다. 멀티오르가슴을 느끼고 파트너가 여럿이며 이민세관집행국이 폐지되기를 바란다.

이 모든 것 때문에 페미니스트는 불감증 있는 보수파에서 욕정 가득한 리버럴로 그 선을 따라 이동해 우리 자신의 기존 믿음을 떨쳐버려야 한다는 압박을 느낀다. "래디컬 퀴어 집단과 다수의 좌파 집단, 그러니까 내가 활동하는 세계에서는 정치적 급진주의가 그 사람의 성적 실천에 결부될 수 있다는 생각이 통용된다."라고 활동가 야스민 나이르Yasmin Nair는 쓴다.[13] "보통 아주 어린 나이에 커밍아웃해 래디컬 퀴어 공동체에 들어왔다가 폴리아모리나 난교 관계에 진입하지 않는 한 충분히 급진적인 게 아니라는 말을 듣는 사람들 이야기를 너무 자주 접한다. 특히 어리고 취약한 신규 활동가라면 더 그랬는데, 특정 유형의 성적 존재가 되어야 한다는 압박을 느꼈고 특정 섹스 장면을 자기 것으로 만들지 못했다는 단순한 이유로 덜 정치적이라는 느낌을 받아야만 했다는 사람이 너무 많았다."

얼핏 보면 정치적 급진주의와 섹슈얼리티의 연관성은 말이 되는 것도 같다. 정치적으로 보수적이면 최소한 공적 모습으로는 대개 성적으로도 보수적이다. 동성애자나 트랜스

---

† WASP. 앵글로색슨계 개신교 백인.

‡ polyamory. 여러 상대에게 동시에 끌림을 느끼는 성향 또는 여러 사람과 동시에 연애를 하는 관계이다. 다자연애라고도 한다.

젠더는 자기 권리에 반하는 보수 정치인을 지지할 가능성이 낮고, 연상의 힘은 강력하다. 다시 말하지만 단지 두 가지가 자주 짝지어진다고 해서 그게 반드시 짝을 이루는 것은 아니다. 그런데도 새로운 종류의 성 규범성은 생겨났다. 정치적으로 올바른(보수파에게는 정치적으로 '올바르지 않은') 여성 섹슈얼리티의 그림과 일치하지 않으면 선호는 재단당한다. 위반적 섹스는 가부장제에 맞서는 정치적 행위가, 그 반대는 가부장제에 굴복하는 행위가 된다. 무성애는 존재하지 않고 다만 남성의 압제로 생긴 부산물일 뿐이다. 성 긍정 페미니스트는 이 모든 결과를 전혀 바라지 않았다. 그들이 이런 변화를, 성이 상품화되고 페미니즘이 상품과 텔레비전 프로그램과 개인 브랜드를 팔기 위한 유행어가 되어버린 변화를 좋게 보았을지 의심스럽다. 훌륭한 생각은 멋대로 취사선택되어 여성을 조종하기 위한 소재로 변모했다.

작가 로런 잰카우스키Lauren Jankowski는 이런 이야기를 잘 안다. 로런은 판타지 작가이자 입양아이며 페미니스트다. 현재는 '에이섹슈얼 아티스트Asexual Artists'라는 웹사이트를 운영하며 섹스를 원하지 않아도 행복한 삶을 누릴 수 있다고 결의를 불태우고 있지만, 한때는 이런 신념 때문에 혹독한 자기 의심에 빠진 적도 있었다.

로런은 고등학교를 졸업하고 동네에 있는 2년제 대학에 다녔다. 하지만 실은 소설가가 되고 싶었고, 그래서 로런의 아버지는 옆집 이웃 크리스에게 글쓰기 지도를 부탁했다.

크리스는 기자였고 크리스 부부는 로런 가족과 사이가 좋았
으며 로런이 크리스 부부의 아들을 돌봐주기도 했으니 어느
모로 보나 아귀가 맞을 듯했다. 두 사람은 크리스네 집 식탁
에서 일요일마다 몇 시간씩 함께 있었다. 자꾸 새가 날아와
부딪친다고 창문 청소를 중단한 탓에 식탁이 있는 방은 언제
가도 어두컴컴했다. 다른 벽은 책이 꽉꽉 들어찬 책장으로
덮여 있었고 한 책장에는 어항이 있었다. 로런은 거기 갇혀
헤엄치는 색색의 물고기를 바라보며 물고기들의 심정이 어
떤지 알겠다고 생각하곤 했다.

로런은 크리스에게 진작 커밍아웃했는데, 그게 무성애
자 캐릭터를 쓰고 싶은 이유를 설명할 가장 쉬운 방법이기
때문이었다. 로런에게는 무성애자로 정체화한 것만으로도
이미 큰 성과였다. 고등학교 시절 로런은 자신이 섹스에 무
관심한 원인이 암이나 뇌종양이라고 확신해 이 불가사의한
상태를 진단해 줄 혈액 검사를 요청하기까지 했다. 로런은
자신과 똑같은 불안과 불확실성으로 고생하는 사람이 주위
에 아무도 없다는 사실만 알고 있었다.

로런의 말을 들은 크리스의 첫 대답은 무성애가 실재하
지 않는다는 것이었다. 그건 여성혐오에 찌든 남자들이 여
성의 성적 해방을 막으려고 지어낸 생각이라고. 크리스는
세상살이에 능통한 전문가이자 예술가 이름을 줄줄이 읊을
수 있고 프로이트 이야기를 즐겨 늘어놓는 작가였기에 이를
알았다. 로런은 수줍음도 걱정도 많은 이웃이자 크리스를
우러러보고 훈련이 필요한 주의력 결핍 장애를 지닌 십 대였

다. 여기서 로런의 의견은 중요하지 않았다.

크리스는 로런에게 꿈 일기를 쓰게 했고, 꿈 해석자 역할을 자처해 로런과 같이 내용을 살펴보며 꿈이 전부 섹스를 원하는 욕망이 승화된 거라고 주장했다. 퀴어 여성의 살인 미스터리 판타지였던 로런의 첫 소설을 크리스가 고쳐놓자 주인공은 더 이상 무성애자가 아니게 되었다. 크리스는 무성애자면서 무로맨틱인 다른 인물을 악당으로 바꿨다. 사악한 게 아니고서야 여자가 연애를 원하지 않을 이유가 있겠는가. 로런은 말한다. "내가 아끼던 무언가가 더럽혀진 느낌이었어요. 왜 그런 느낌이 드는지도 이해하지 못했고 한참이 지나도록 깨닫지 못했지만요. 그래도 그 대사를 훑어보면서 이렇게 생각한 건 기억해요. '내가 쓴 것 같지 않은데. 그래도 크리스 아저씨가 흡족해하니 괜찮은 거겠지. 나도 괜찮고.'"

곧 그 모임에서는 거의 매번 무성애의 나쁜 면에 대한 이야기가 나왔다. 주의력 결핍 장애 약물이 문제고 로런은 진짜 무성애자가 아니다, 그렇지 않고 로런이 정말 무성애자라면 그건 비참하기 짝이 없는 일이다. 크리스의 일장 연설은 현란했고, 로런의 야심 찬 꿈이 무성애 때문에 (막을 도리도 없이) 쫄딱 무너지리란 점을 조목조목 짚었다. 무성애자라는 건 격정이 없다는 의미라고 크리스는 말했다. 격정이 없으면 글을 쓸 수 없다. 그러므로 섹스를 안 하면 작가가 될 수 없다. 무성애자로 정체화했다는 건 가부장제에 세뇌당했다는 뜻이고 거기에 대항하도록 더 열심히 노력해야만 한다. 그러지 않으면 페미니스트가 될 수 없고, 예술가는 확실히 못 된다.

크리스가 너무 써먹기 좋은 사례라는 건 인정해야겠다. 크리스는 강제적 섹슈얼리티의 목소리 그 자체이자 왜곡된 믿음을 토해내는 완벽한 아바타다. 어떤 면에서 크리스는 새로울 게 없다. 남자는 여성을 통제하는 데 오랜 세월 수치심을 사용했다. 크리스는 나이 많은 남성 권위자로서의 힘을 휘둘러서 로런을 조종하려 한 게 아니었다. 크리스는 페미니스트 정치와 정체감, 작가가 되겠다는 꿈과 로런이 인생에서 이해하고 싶을 만한 것에 로런의 무성애 지향을 직접 연결하는 식으로 전술을 짰다. 크리스는 여성 성 해방의 언어를 비틀어 제 목적에 맞게 갖다 붙였다. 그 목적이 드러난 건 크리스가 로런과 사랑에 빠졌다고 고백했을 때였다. 로런이 호응하지 않자 크리스는 로런더러 게으르고 재능 없는 실패자라고 하며 지도를 관뒀다. 크리스는 여자가 자유롭게 섹스할 수 있어야 한다는 생각을 가져다 여자는 섹스를 안 하면, 자기랑 안 해주면 자유롭지 않다는 것으로 둔갑시켰다. 새로운 생각 몇 가지로 무장한 남성의 낡은 특권 의식이 남자의 리비도에 봉사하도록 탈취된 모양새다. 〈흐릿한 선Blurred Lines〉을 부르는 로빈 시크 같다. '내가 널 해방할게.' 크리스는, 프램부아스가 대학에서 알고 지낸 페미니스트들은, 그리고 스물두 살의 나는 모두 틀렸다.

한 번 더 말하는데, 섹스는 정치적이다. 쾌락을 즐길 자격이 누구에게 있는지, 무엇이 관습을 위반한다고 여겨지는

지, 그리고 섹스의 정의가 무엇인지를 묻는 건 정치적이다. 섹스와 페미니즘과 해방의 의미는 빈곤 여성과 유색인 여성, 장애 여성, 신앙이 있는 여성에게 모두 다르다. 예컨대 부유하면서 파트너가 많은 여성은 해방된 사람으로 여겨질 가능성이 크겠지만 노동 계급이고 파트너가 많은 여성은 추잡한 사람으로 여겨질 가능성이 크다. 퀴어 여성은 호모포비아, 과잉 성욕자라는 낙인, 페티시화를 상대해야 한다. 트랜스 여성은 폄하되고 이들의 젠더 정체성은 부인된다. 이 모든 것 때문에 여성은 섹슈얼리티를 표현한다는 것 자체가 어려울 수 있다.

그렇다고 성적으로 무관심한 여성이 모두 억압된 것은 아니다. 여성이 섹스를 즐기지 못하는 건 가부장적 통제 탓일 때가 많다. 하지만 항상 그 탓인 것만은 아니다. 성적 자유에 젠더 불평등이 있다는 진실과 여성이 자신의 성적 욕망을 존중하게 하는 교육의 중요성은 왜곡되어 여성의 성 해방이 단 한 가지 형태로만 나타날 수 있다는 믿음으로 변했다. 그 해방의 양상은 여성들이 이전에 살아온 모습과는 정반대다. 과잉 교정으로는 문제가 해결되지 않는다. 수치심과 낙인을 다시 분배할 뿐이다.

크리스의 말을, 그리고 여성이 성적으로 무감동한 원인이 모두 억압이라는 수사를 믿는 것은 여성이 섹스를 원하고 행하는 방식은 언제나 다양했다는 사실을 무시한다. 인류학자 루빈이 "섹스에 관한 유달리 끈질긴 생각"이라고 칭한, "그걸 하는 최고의 방법은 단 한 가지이며 모두가 그 방식으로 해야 한다는"[14] 생각의 희생양이 된다. 일대일 관계인 이성 파트너와 하는 섹스만이 유일하게 수용된다면 이 믿음은 잘못되었다. 일대일 관계인 이성 파트너와 하는 섹스만이 유일하게 수용되지 않는 세상의 믿음도 잘못되었다.

사람들은 자기가 특정 행위를 즐긴다는 건 인식하겠지만, 이미 존재하는 욕망을 다루는 일(혹은 좋아할 수도 있는 것을 찾아보는 일)과 거기 '틀림없이' 있다고 생각되는 걸 찾는 일에는 차이가 있다. 많은 여성이 성적으로 억압되어 있고 아직 성을 모를 수도 있다는 건 사실이다. 스리섬을 시도할 생각이 없는 모두의 내면에 깃발을 휘날리지 못해 안달인 괴짜가 있다는 건 사실이 아니다. 깃발 같은 건 아예 없을지도 모른다.

어디에나 왕성한 리비도가 있다는 가정 앞에 성적 변주*의 현실은 외면당한다. 해방해야 할 은밀한 성적 자아가 반드시 존재한다는 생각은 마음 깊은 곳에서 우리가 모두 똑같다고 믿을 때나 말이 된다. 모두가 같은 걸 원하고, 채찍을 맞으면 흥분된다는 걸 우리 중 일부는 아직 모를 뿐이라고. 성적 변주가 존재하기에 해방된 섹슈얼리티의 보편적인 그림은 없다. 개인적인 것이 정치적인 것이라고 하지만, 사람마다 최선은 모두 다를 수 있다. 해방된 섹슈얼리티, 그러니까 사회의 폄하에서 자유로운 섹슈얼리티는 활발한 성생활

---

＊ sexual variation. 특정 사회나 문화권에서 정상으로 간주되는 범위 밖에 있는 성적 욕망과 행동.

로 나타날 수도, 비성관계로 나타날 수도 있다. 해방된 섹슈얼리티가 여러 형태로 존재하므로 성적 보수성이 반드시 성적으로 억압되었다는 의미일 이유도, 성적 보수성이 개인의 정치적 급진성을 반드시 막을 이유도 없다.

사적 해방에 집중하느라 정치적 조직화의 진정한 힘에 관심을 두지 못하게 되는 것도 곤란하다. 위반적인 섹스를 하는 게 개인적으로는 강력할 수 있다. 하지만 그걸로 다른 이들의 대안적 생활 방식과 섹스를 폄하하는 (그리고 다른 퇴행적 규범을 강화하는) 거대한 정치와 법, 문화 구조가 바뀌는 경우는 거의 없다. 사적이고 위반적인 섹슈얼리티를 강조하면 "가령 퀴어함은 재평가되겠으나 그 평가 절하의 원인인 정치·경제적 조건에는 여전히 문제가 제기되지 않는"[15] 상황에 이를 수 있다고 미주리 대학 연구자 글릭은 쓴다.

섹슈얼리티를 근거로 정치의 문을 단속하면 섹스를 우선시하지 않는 페미니스트도 소외된다. 무슬림 변호사이자 활동가인 러피아 저카리아Rafia Zakaria도 그런 페미니스트로, 대학원 세미나에서 성 긍정 페미니즘을 처음 알게 되었다. 저카리아는 《뉴 리퍼블릭》[16]에 실린 에세이에 이렇게 썼다. "같이 수업을 들은 사람들은 대학원 세미나에서 길러지는 경쟁심의 발로로 스리섬 이야기와 감정적으로 질척대는 애인(이런 사람을 만날 시간이 어딨다고?)을 냅다 차버리고 뿌듯해하는 이야기를, 전반적으로 섹스 이야기를 차고 넘치게 늘어놓았다. 코에는 피어싱을 뚫고 머리는 헝클어뜨린 채

여행지에서 구한 많은 스카프와 장신구를 주렁주렁 걸치고 거들먹대던 교수는 그 모든 상황을 장려했다. 성 해방이 언제 어떻게 해방의 중심 위치를 차지하는 걸 넘어 해방 전반의 총합이 되었냐는 질문은 끝까지 나오지 않았다."

저카리아는 자신에게 내숭 떤다는 딱지가 붙으리란 걸 알았기에 대학원 동기들과 잘 어울리지 못했다. "구원해야 할, 성 해방의 가능성을 가르쳐야 할 무슬림 여성"[17]이라는 딱지. 구원이나 가르침이 필요한 게 아니었던 저카리아는 대신 자유연애의 정신이 모든 여성에게 무엇보다 큰 만족을 주리라는 생각을, 두 가지를 하나이자 같은 것으로 취급하며 성 해방이 반드시 여성 해방의 쐐기돌이 되어야 한다는 생각을 거부했다. 어떤 어리석은 사람들이 양립할 수 없는 정체성이라 생각하는 무슬림 페미니스트로서, 저카리아는 성적 쾌락에 반대하는 게 아니라 그 쾌락이 구성되는 방식과 학습된 섹스 이야기, 더 많은 섹스가 더 해방적이라며 다른 사안을 덮어버리는 공허한 사례에 반대하는 거라고 설명하는 데 어려움을 느꼈다. 저카리아가 기술한 성 긍정의 공간이 상류층 백인 여성의 영역일 때가 많은 건 우연이 아니다. 이들은 논의에 불을 붙인 페미니스트 다수와 인구학적으로 유사하며, 대체로 방에서 목소리를 제일 크게 내는 사람들이다. 인종주의와 계급주의의 영향을 덜 받은 백인 상류층 여성은 페미니즘이 그런 문제를 강조하며 폭넓은 그림을 그려야 한다고 인식할 가능성이 낮고, 그래서 성 해방이 곧 여성 해방이라는 편협한 그림을 중심에 놓을 가능성이 많다.

섹스는 저카리아가 생각하는 페미니즘의 중심이 아니었다. 섹스는 내가 생각하는 페미니즘의 중심도 아니며, 이걸 빌미로 내 페미니즘에 의구심을 품는 사람을 상대해 줄 시간도 없다. 나는 미치게 흥분되는 성생활을 하는 데 더 이상 관심이 없다. 모두가 내 성생활을 질투하게 하는 데 온 힘을 쏟아도 그건 대체로 나 혼자만 좋은 일이다. 쾌락 추구가 환상적일 수도 있지만 미치게 흥분되는 성생활을 하지 않는다고 해서 정치적 낙오자가 되는 것도 아니다. 폭력과 경제, 교육을 비롯한 여러 사안에서 해야 할 다른 일이 너무나 많으니까. 어떤 여자가 섹스를 싫어하고 어쩌면 성적으로 억압되었을지도 모르지만 포괄적 성교육을 지지하며 동일임금법을 통과시키도록 입법처를 압박한다면 정치적으로 성공한 사람이다. 남자를 이용한다고 떠벌리면서도 더 강력한 정책의 필요성에서 눈 돌리는 여자는 덜 그렇다.

나이르의 글을 빌려보자. "(우리 모두에게 도움이 되는) 혁명은 공유 주거 공간 바닥에서 일곱 파트너와 느끼는 멀티오르가슴의 파도에서 오지 않는다. 압제와 착취의 체제를 파괴할 실제 계획이 있어야만 혁명이 일어난다."[18] 모든 종류의 성적 다양성은 중요하고, 개인의 사적 섹슈얼리티는 이들의 정치적 행동주의를 어느 방향으로도 한계 짓지 않는다.

오만하고 무모했던, 그리고 겁먹었던 스물두 살의 나는 주류 페미니즘의 강제적 섹슈얼리티에 이의를 제기하지 않았다. 여기에 엮인 페미니즘적 가치의 돌연변이도 붙들고 있었다. 남자의 행위로 여겨지는 걸 여자도 할 수 있다는 수준을 넘어, 여자는 남자의 행위를 할 수 있을 때 더 '우월하다'는 것. 섹스의 영역에서 이건 오직 육체적 쾌락만을 위한 섹스와 훅업을 말한다. 나는 이런 (오도된) 버전의 성 해방이 필수라고 느꼈고, 왜 그렇게 보수적이고 변화가 안 되냐며 나 자신을 나무랐다. 『윤리적 창녀The Ethical Slut』와 '폴리아모리에 들어서는 비결'을 알려주겠다고 장담하는 여러 블로그 포스트를 읽었고, '내 질투의 지도를 그리는' 연습 문제 칸을 채우며 그걸 억누르거나 가능하다면 없애버리려고 했다. 일대일 관계를 원하는 내 욕망과 가벼운 섹스를 향한 무관심은 존중할 만한 선호가 아니라 반드시 극복해야 할 정치적·도덕적 결함이라고 믿었다. 내가 나약하고 어리석다고 생각했다.

그래서 샌디에이고의 퍼시픽비치라는 동네에서 친구들과 작은 술집에 갔다. 네온 조명 여러 개와 스포츠 방송이 나오는 텔레비전 한 대, 남자는 다 합쳐 네 명쯤 있었다. 나는 어느 한 명에게도 다가가지 못했고, 결국 '지금 당장' 여기서 나가자고, 그래도 망친 저녁은 보상해야 하니 차로 돌아가는 길에 멕시코식으로 구운 소고기를 얹은 감자튀김이라도 사자고 우기는 꼴을 보였다.

다음 날 아침 나는 데이트 사이트 '오케이큐피드'에 로그인해, 내 프로필을 주기적으로 확인하고 그럭저럭 괜찮아 보이는 사람에게 메시지를 보냈다. 그 사람 아이디가 뭐였는지는 이제 기억도 안 난다. 진짜 이름이 뭐였는지도 기억

안 난다. 사실 스물여덟 살에 머리카락이 갈색이었고 내가 원하는 걸 설명하면 기꺼이 따라줬다는 것 말고는 아무 기억이 없다.

한 시간 후 우리 두 사람은 내가 사는 곳 근처 쇼핑몰의 야외석에 앉아 있었다. 그 남자는 식료품 보관용 투명 플라스틱 통에 담아온 초밥을 먹었다. 나는 아무것도 안 먹었다. 남자는 자기가 기술을 좋아하고 《와이어드》 인턴 자리에 지원할까 종종 생각한다고 했다. 나도 같은 자리에 지원하는 걸 생각해 봤다고 말했다. 우리는 각자 차를 운전해 그 남자 집으로 갔다.

앞으로도 선명히 남아 있을 시시콜콜한 기억은 그 남자나 섹스하고 전혀 관계가 없었다. 내 기억에 또렷한 자국을 남긴 건 그 사람 집에 들어갔을 때 마주친, 와글거리며 모여 있던 아이들이다. 아마도 친척이었을 아이 중 적어도 넷이 거대한 소파에 몸을 포개고 앉아 금발을 길게 늘어뜨린 공주가 나오는 애니메이션을 보고 있었다. (일주일 뒤에 무슨 영화였는지 찾아봤다. 디즈니의 〈라푼젤〉이었다.) 내 쪽을 흘긋대는 사람은 아무도 없었는데 이건 지금까지도 고맙게 생각하는 작은 행운이다.

섹스는 아프고 형식적이었으며 빠르게 끝났다. 나는 옷을 입고 득의양양하게 자리를 떴다. 감정적으로는 아무것도 느끼지 못했는데, 결국은 핵심은 이거였다. 헨리가 내세운 주장은 겁낼 게 아니었던 거다! 감정 없는 섹스는 가능했다. 그렇다면 나 자신을 향한 두려움도 마찬가지로 잘못된 거였다. 나는 억압된 사람도 찰거머리도 아니었다. 내가 체화하고 싶었던 단어들은 모두 내 속성이었다. 강인하고 개인주의적이고 대담하며, 감히 말하건대 내 무감동으로 역능을 얻은 사람이었다.

섹스 전에 정서적 헌신부터 원한다는 식의 전형적 여성상과 맞아떨어지는 걸 패배로 느꼈으니, 내 인생 유일한 혹업은 정치적 성장을 위한 일이었고 쾌락과는 거리가 멀어도 너무 멀었다. 내가 놀면서 '남자처럼' 섹스함으로써 나는 진정한 사랑을 기다리는 감수성 풍부한 처녀라는 우스꽝스러운 캐리커처가 될 가능성을 끝장냈다. 그런 자신감을 위해서라면 하룻밤 잠자리(솔직히 하루 오후 잠자리)라는 대가는 약소했다. 나는 비로소 충분히 진보적인 사람이 되었다.

헨리에게 이야기하자 헨리는 축하한다며, 자기가 다 기쁘다고 했다. 그런데 그 여름이 더 지난 어느 컴컴한 밤, 헨리는 마음 한구석에서 모든 게 이상하게 느껴진다고 말했다. 내 행동이 어떤 면에서는 일종의 벌이자 불신의 신호라는 직감이 들었다고. 헨리는 정확하게 짚었다. 헨리의 기분이 이상했던 건 자기가 내게 1순위가 되고 싶다는 마음이 어쩌면 아주 작게나마 있었기 때문이었다.

내가 페미니즘이라고 부른 건 연기의 탈을 쓴 앙심과 두려움이었다. 남들이 말하던 사랑과 별개인 섹스의 가능성을 나 자신에게 입증해 보이는 일이기도 했다. (하지만 이 남자에게 실제로 끌린 건 아니었으니 다른 사람에게 성적으로 끌린다는 게 무슨 의미냐는 두려움은 끝까지 달래지지 않았다.) 통제, 거리, 자아, 정치, 불안에 관한 일이기도 했다.

나는 첫 잠자리 상대가 헨리이기를 원하지 않았다. 헨리와 너무 격렬한 사랑에 빠지는 게 겁나서 그걸 감당할 수 있으리라는 확신이 없었다. 섹스를 헨리와 하지 않는 건 힘을 행사하는 한 가지 방식, 내가 줄 수 있는 무언가이자 사람들이 아껴둬야 한다고 생각하는 듯한 무언가를 빼앗는 방식이었다. 헨리에게 상처를 주고 내가 느꼈던 불편함을 조금이나마 맛보여 줄 수 있다던 한 가지 방법이었다.

내 행동은 성적 순결의 중요성을 우스꽝스럽게 뒤집어 놓은 결과였다. 나는 사랑을 기다린다는 구시대적 견해를 거부하는 나 자신이 페미니스트라 생각했으나, 구시대적 견해를 반박하려는 게 동기였다는 면에서 그런 기대가 계속해서 내게 영향력을 행사한다는 점이 드러났다. 뭐든 거꾸로 하려는 아이들의 심리를 이용해 본 사람이라면 알겠지만 그게 현상이라는 이유만으로 현상에 반해 행동하면 손쉽게 조종할 수 있는 대상이 된다. 특권 집단도 그랬듯, 역전시켜도 힘은 유지된다. 과거 덕성을 갖춘 여자는 자신의 순결을 증명하기 위해 눈에 불을 켜고 처녀성을 사수했다. 이제는 순결을 신봉하지 않는다고 증명하기 위해 첫눈에 순결을 던져버리는 게 더 매력적으로 보인다. 과거 여자는 자기가 무리에 속한다는 걸 증명하려고 젠더 고정관념을 따랐다. 지금 여자는 남자들에게 전형적인 방식으로 섹스하는지에 따라 가치가 매겨진다. 어쩌면 여자들이 한다는 방식으로 섹스하는 남자가 많아져야 하는 걸지도 모르는데.

성격 결함이라는 중대한 요인을 두고 내 결정의 책임을 페미니즘에 묻는 건 솔직하지 않다. 동시에 내 선택이 성 긍정 페미니즘의 특정 계통과 아무 상관이 없다고 생각하는 건 순진하다. 내가 그런 방식으로 첫 성관계를 한 걸 후회하지 않는다. 나한테 해가 되지 않았고 거의 생각도 안 나니까. 내가 치른 진짜 대가는 이 만남에서 생긴 상처가 아니라 내가 무성애라는 주제를 그렇게 어색하게 느꼈다는 사실, 다수가 무성애를 어떻게 생각하고 그 연장으로 나를 어떻게 생각할지 아는 탓에 나 자신의 방어적 태도를 쉬지 않고 관리했다는 사실이었다. 이 새로운 종류의 성 규범성에 따르는 위험은 젊은 여자가 일면식도 없는 사람이랑 첫 경험을 할지도 모른다는 게 아니라(난 여기에는 신경 안 쓴다) 여자에게 들이미는 존재 방식의 규칙이 적어지기는커녕 더 많아진다는 것이다. 내게 영향을 미친 건 하룻밤 잠자리가 아니라 애당초 하룻밤 잠자리로 나를 이끈 그 가정들이었다.

내 얘기든 다른 사람 얘기든 대화 중에 무성애 지향이 거론되면 조건이 안 붙는 법이 없다. "난 무성애자야."라고 말하고 그 자체로 내버려 두면 안 되는 것처럼. 나는 오해 방지용 설명을 속사포처럼 줄줄이 덧붙이려는 충동과 항상 싸워야 한다.


하나: 무성애는 비성관계랑 다른 거야!
둘: 나는 무성애자지만 변태이기도 하다고!

셋: 연애하는 무성애자 많아!

넷: 나 지저분한 개그 좋아해. 뭘 멋대로 재단하지도 않고!

이런 설명이, 그리고 이런 설명을 붙이려는 유혹을 느낀다는 사실이 다 싫다. "난 X가 아니라 Y야."라는 말은 예외없이 자기가 살려고 누군가를 제물 삼는 소리다. "난 여자지만 쿨한 여자야."라는 말은 여자는 쿨하지 않다는 견해를 기본값으로 부각한다. "난 무성애자지만 변태고 성관계도 해."라는 말은 바닐라 성향이거나 성관계를 하지 않는 사람에게 욕이다. "나는 무성애자지만 네가 생각하는 것처럼 고루한 무성애자는 아니야."라는 말도 학습된 불감증의 의미를 미묘하게 강화하는 화살이다. 자제란 아래에 욕구가 두둑하게 깔렸다는 암시라며 비성관계가 에로틱하게 이해되기도 한다. 어쨌든 사과를 베어 문 여자는 이브였다고. 스스로는 부인하지만 사실은 왕성한 욕구를 지닌 욕정 넘치는 여자인 건 재미있다. 욕구 자체가 없는 건 재미없다. 그건 그냥 아무것도 없는 거다.

성 긍정 페미니스트가 이룬 훌륭한 업적을 깎아내리려는 건 전혀 아니다. 여자가 성적 평등을 누려야 마땅하다는 가르침은 예나 지금이나 옹호할 가치가 있다. 이런 활동가들이 있었기에 성교육은 더 포괄적으로 변했고 LGBTQ+와 대안 가족이 더 쉽게 수용될 수 있었다.[19] 성 긍정 운동은《등을 대고On Our Backs》(포르노그래피에 반대하는 잡지《등을 떼고

Off Our Backs》를 패러디한 이름이다)처럼 레즈비언이 만드는 야한 잡지와 여성 소유의 전설적인 성인용품점 '굿 바이브레이션스'를 우리에게 선사했다. 섹스가 긍정의 원천이 될 수 있음은 명백하고, 교묘한 권력 역학이 작동할 때조차 여성에게는 행위성이 있다.

고생 끝에 소득을 얻었다고 성적 불평등에 맞서는 싸움이 끝난 것은 아니다. 세계 곳곳의 리버럴한 동네 밖에서, 심지어 그런 동네 안에서도 낡은 생각은 버티고 있다. 꼴림을 느끼는 여자는 여전히 공포의 대상이며 드러내놓고 말하는 여자에게는 갖은 반격이 날아든다. '섹스 불황'을 탐구한 기사는 새로운 성적 자유로 환호가 터져 나오는 중에도 젊은 층이 아직 불안을 느끼며 어떻게 진행하는 게 최선인지 확신하지 못한다고 강조했다.[20] 내 친구 중에서도 특히 강성 페미니스트인 데다가 누구보다 성적인 친구들마저 폄하받을 만한 일을 하나도 안 했다는 걸 스스로 알면서도 본능적으로 자신에게 슬럿 셰이밍을 가한 경험을 내게 들려줬다.

노래 〈날 느껴〉와 드라마 〈유포리아〉를 비롯해 앞서 나열한 모든 사례는 가치 있다. 누구나 입고 싶은 걸 입고 (상대도 원한다면) 빨고 싶은 사람을 빨아야 한다는 〈섹스 앤 더 시티〉 서맨사의 말에 동의한다. 문제는 욕망을 이야기하는 노골적인 가사와 콘텐츠가 아니라 이런 유형의 콘텐츠가 단독으로 군림하거나 어리고 리버럴한 퀴어 공간에 막무가내로 디밀고 들어오는 것이다. 무엇이 되었든 한 가지 생각이 군림하면 해악이 생긴다. 가르침이 삐딱하게 왜곡될 수 있다.

그래서 다른 면에도 관심을 기울여야 한다. 매키넌과 드워킨의 발자취를 똑같이 밟을 필요는 없으나(나는 포르노나 BDSM*, 성 노동에 관해서는 이들의 견해를 공유하지 않는다) 섹스를 대하는 한층 비판적인 자세는 되새겨 볼 가치가 있다. 사실 전환은 이미 시작되었는지도 모른다.

2015년 《뉴욕 타임스 매거진》에는 「성 전쟁의 귀환The Return of the Sex Wars」이라는 제목의 기사가 실렸다. 대학 내 성폭행에 어떻게 대처할 것인지를 둘러싼 페미니스트의 논쟁을 다룬 기사였다.[21] 2년 후 진행된 미투 운동은 누구는 운동이 너무 멀리 갔다고, 또 누구는 충분히 나아가지 못했다고 주장하는 와중에도 섹스와 성적 공격성의 위험을 더 분석할 자극제가 되어줬다. 한때 여자들이 자기는 페미니스트지만 "저 여자랑은 다르다"고 할 때 언급되던 인물인 앤드리아 드워킨은 최근 새롭게 가치를 인정받았다. 2019년에는 드워킨의 에세이 선집이 재출간되었다.

이제 중요한 건 애리조나 주립대학 젠더학 연구자 브리앤 파스Breanne Fahs가 쓰듯 이런 관점을 통합하는 것이다. 이 관점들은 철학자 아이제이아 벌린Isaiah Berlin이 말한 두 가지 종류의 자유, 즉 적극적 자유와 소극적 자유 혹은 '할 자유'와 '하지 않을 자유'를 대변한다.[22] 성 긍정 페미니스트는 무엇

---

* 구속(Bondage)과 훈육(Discipline), 지배(Dominance)와 복종(Submission), 가학(Sadism)과 피학(Masochism)의 약자로 합의하에 이뤄지는 이런 성향의 성적 행동과 선호를 아울러 이르는 말.

을 할 자유에 주목했다. 섹스할 자유, 즐길 자유, 이중 잣대가 초래하는 부당한 억제 없이 남자가 하는 걸 할 자유. 이들은 옳았다. 성 부정 페미니스트의 관심은 무엇을 하지 않을 자유에 있었다. 성적 대상으로 취급되지 않을 자유, 우리가 쿨하다는 걸 드러내려고 섹스해야만 한다는 의무감을 느끼지 않을 자유, 섹스는 기본적으로 좋다고 생각하지 않을 자유. 규범을 위반하는 사적 섹슈얼리티가 급진적인 공간에 진입할 때 치러야 할 대가가 되어서는 안 되며 성 해방이 여성 해방의 총합이 되어서도 안 된다는 것. 이들도 옳았으나, 주목은 적게 받았다.

이런 관점은 모두 숙고할 만하다. 나로 말하자면 섹스를 옹호하지 않는다. 성 긍정도 성 부정도 아니다. 나는 쾌락을 옹호하며, 여기에 섹스는 아예 없어도 된다. 또 나는 성적 선택을 옹호한다. 진정한 선택 말이다. 모두 자기가 원하는 것만 하면 된다는 말로는 충분하지 않다. 이런 건 누구나 앵무새처럼 따라 할 수 있는 진부한 글귀이고 특정한 무언가를 원하도록 사회가 우리를 압박하는 방식을 외면한다. 물러나라. 섹스에 무관심한 걸 숨기지 않고 그 판단이 확고하며 남들의 시도 때도 없는 태클에 시달리지 않는 강하고 선망할 만한 여성의 사례를 우리에게 보여달라. 폴리아모리가 일대일 관계보다 더 발전한 거란 말로 새로운 특권 집단을 강화하지도, 바닐라 섹스를 낮추보지도 말자. 성적 행동이 정치적 신념과 연관되었으리라고 넘겨짚는 것도, 꼴림이 흥미로운 개성이라고 생각하는 것도 그만두자. 이러면 내가 말하는 진정한 선택에 더 가까워진다.

나는 섹슈얼리티 연구자 리사 다우닝Lisa Downing이 말한 '성 비판자sex-critical'[23]에 해당한다. 여성 개인의 행위성과 사회의 지속적인 불평등 양쪽을 모두 인식하고 있다. 다른 사람에게 이런저런 실험을 해보라고 권하면서도 그 사람이 섹스가 자신에게 별 영향을 주지 않는다고 할 때 그 말을 믿는 건 가능한 일이다. 성적 행위가 아주 킹크스럽다고 혹은 파트너의 숫자가 아주 적다고 누군가를 칭찬해서는 안 된다. 누구든 각자 능력이 닿는 한 최대한으로 압력에서 자유로운 자기만의 선택을 한다면, 더불어 다른 이들도 모두 그런 성적 자유와 다른 여러 자유를 누릴 수 있도록 사회와 정치 구조를 바꾸려 노력한다면 그게 언제나 칭찬할 일이다.

내가 이 모든 걸 스물두 살에 알았더라면 좋았을 것이다. 불안으로 절절매며 나에 대한 확신이 없던, 특권 집단에 끼고 싶어 안달복달하며 취약함을 겁내던 시절. 그 하룻밤 잠자리를 마치자마자 나는 곧장 일기를 썼다. '내가 원하던 그대로 됐어. 처음부터 끝까지 주도권은 나한테 있었고, 여전히 내게는 헨리가 있지. 사랑해 마지않는 헨리.' 그때야 원하던 대로 되었지만, 당연하게도 몇 년이 지난 지금 그 결정은 다르게 보인다. 지금 생각으로는 다른 무언가를 원했으면 좋았겠다 싶다. 시종일관 주도권을 쥐는 게 아닌, 헨리를 밀어내는 게 아닌, 나 자신을 증명하려고 섹스를 써먹는 게 아닌 무언가를.

## 5. 인종의 편견 아래

포럼 초기 회원들이 무성애자의 정의와 정체성에 관해 질문을 던지며 논의하기 시작하고 10년이 넘게 흐른 2014년, 통계 교육을 받은 자원봉사자들이 모여 연간 '무성애자 공동체 조사'를 개시했다.[1] 완벽과는 거리가 먼 조사다. 애초에 이 설문을 발견할 정도로 무성애를 아는 사람만 조사에 응했으니까. 무성애 지향인 사람 전반을 대표한다기보다는 무성애자 온라인 커뮤니티의 스냅 사진에 가까운 조사지만, 무성애자로 정체화하는 사람을 이해해 보고자 하는 사람에게는 여전히 귀중한 자료다.

몇 가지 경향이 두드러진다. 시스젠더 남성보다는 시스젠더 여성이 무성애자로 훨씬 많이 정체화하며, 구성원 다수는 트랜스나 젠더 비순응자이다. 무성애자 중에는 신경다양인*이 적지 않다. 절대다수가 젊다. 구할 수 있는 가장 최근 자료인 2016년 조사에서 나온 수치에 의하면 응답자의 평균 연령은 23세, 유성애자에게 커밍아웃한 평균 연령은 20세이며 응답자 3분의 1이 무성애를 텀블러에서 처음 알게

---

\* neurodivergent. 소위 '일반적'이라고 하는 형태를 벗어나는 신경 발달 과정을 거친 사람.

된 것[2]으로 나타난다.

그리고 많은 무성애자가 백인이다. 무성애 공동체의 백인성(전 세계를 대상으로 한 2016년 조사에 응답한 사람 83% 이상이 백인 단일 계통인 것으로 확인되었다[3])은 눈이 시릴 정도지만, 그렇다고 놀랍지는 않다. 백인은 보통 유색인보다 경제적·정치적·문화적 권력을 더 많이 누린다. 대개 대의를 지지할 때 인정을 더 많이 받고 그걸 대표하는 얼굴이 될 가능성이 크다.

무성애 운동은 지금까지 이런 패턴을 따랐다. 데이비드 제이처럼 가시성이 제일 컸던 초기 활동가들은 백인이었다. 오늘날에도 텀블러와 게시판을 비롯한 여러 온라인 공간에는 뭐라 꼬집을 수는 없으나 다들 수긍하는 백인적인 느낌이 있다. 흑인 무성애자 작가로 웹사이트 '에브리데이 페미니즘 Everyday Feminism'과 잡지 《에보니Ebony》에 기고하는 켄드라는 이렇게 말한다. "온라인 무성애 문화는 묘한 방식으로 심하게 백인적이죠. 그 공동체에 발을 담글수록 확실히 유색인을 더 찾게 되는 것 같더군요. 백인적인 게 너무 많다는 이유 하나만으로요." 켄드라는 무성애자 공동체의 상징(신입을 환영한다는 케이크 이모티콘과 검은색, 회색, 보라색)에 매력을 못 느꼈다. "말장난도 나한테는 재미없던데요. 케이크는 또 누가 뽑은 거예요? 그 색은 누가 골랐고요?" 켄드라가 농담을 날린다. "고구마 파이로 하면 안 된대요?"

초창기에 운동을 대표한 인물은 백인이 많았고, 그래서 공동체 안에서 백인 문화가 백인적 상징과 함께 발전했다.

백인이 이 공동체를 제일 편안하게 느끼고 들어오니 공동체는 더 백인적이 되어간다. 그러나 무성애가 백인성에 결부되는 건 단지 얼굴이 팔린 대표 인물들 때문만은 아니다. 무성애가 백인성에 결부되는 건 섹슈얼리티 자체가 인종과 교차하는 복잡한 방식 때문이기도 하다.

베이 지역의 사무 환경 컨설턴트인 설리나는 고등학교 때까지 스스로 성적 충동이 강한 이성애자 남성이라고 생각했다. 친밀성과 로맨스를 갈망했고 동아시아 남자가 정력이 달리고 성적 행위도 안 한다는 고정관념을 싫어했다. 설리나의 말이다. "트랜스로 정체화하기 전에는 '섹스하기를 원하는' 모습으로 그 고정관념이랑 싸우는 게 중요했어요. 어쩌면 실제로 원했던 것 이상으로요."

그러나 성적 충동의 구체적인 사항들은 설리나의 우선순위 목록에서 여전히 아래에 있었다. 설리나가 가졌던 더 전반적인 의문은 성적 지향과 자기표현, 그리고 하나가 다른 하나를 제약하는 방식에 관한 것이었다. 설리나는 여성용이라고 나온 티셔츠와 원피스, 치마를 입고 싶었고, 그러려면 어떤 규칙을 반드시 지켜야만 한다고 믿었다. "이런 생각이었죠. '난 이 옷을 입고 싶은데 이 옷을 입으려면 게이여야만 해.' 게이의 조건에는 남자하고만 데이트하는 게 들어갔지만 그런 대가는 감수할 수 있다고 생각했어요."

고등학교에 다니던 11학년 시절 트랜스로 정체화한 뒤로는 "트랜스인 게 게이인 걸 대체"했고, 설리나는 원피스를 입고 싶다는 이유로 데이트 상대를 제한할 필요는 없다고 판단했다. 그러나 끌림은 사회·심리적인 요소에 영향을 받기에 정체성이 변하자 끌림의 경험도 덩달아 변했다. 오랜 동아시아인 친구들 중 다수는 설리나의 트랜지션* 이후 설리나와 거리를 뒀고, 그래서 설리나가 데이트 상대로 고려하는 사람, 어울리는 사람, 어떤 식으로든 매력을 느끼는 상대도 달라졌다. 설리나가 머리를 늘어뜨리고 화장을 하기 시작하면서부터는 섹스 안 하는 아시아 남자라는 고정관념에 맞설 필요가 없어졌다. 그런 고정관념은 더 이상 따라붙지 않았다. 그러나 한 가지 제약이 사라지자 다른 제약이 그 자리를 차지했다. 이제 설리나는 아시아인 여성이라는 새로운 모습에 갑자기 관심을 보이는 페티시 보유자를 거르려고 섹스를 덜 하기를 바라게 되었다.

인종과 엮인 성 고정관념은 설리나가 다른 사람에게 품는 욕망과 다른 사람들이 설리나에게 품는 욕망에 영향을 줬다. 자신이 경험한 성적 끌림을 정체성의 다른 측면과 떼어놓을 수 없다고 설리나는 말한다. 트랜스이자 아시아인이라는 점을 빼놓고 무성애자인 걸 말할 수 없는 것이다.

1970년대에 있었던 흑인 레즈비언 페미니스트 단체 '컴바히강 집단Combahee River Collective'이라면 설리나의 표현을 이해했을 것이다. 이들은 그 유명한 「컴바히강 집단 선언

---

\* transition. 성별 정체성에 맞는 성별로 살아가기 위한 전환 과정으로, 의료적 조치뿐 아니라 정신적인 변화 과정까지 포괄한다.

문」에서 '정체성 정치identity politics'라는 용어를 고안해 냈고 복수의 정체성이 어떻게 중첩되는지 논의했다. 컴바히강 집단 회원들은 이후 많은 이들이 그랬듯 "억압의 주요 체계는 맞물린다"는 견해를 내놓았다. 인종적 억압은 계급 억압에서 분리하기도, 젠더 혹은 성적 억압과 분리하기도 어려운데 이런 것들은 동시에 경험되며 "이 억압의 종합이 우리 삶의 조건을 형성"하기 때문이다. 그 결과로 생기는 것은 이를테면 "오로지 인종적인 것만도 오로지 성적인 것만도 아닌 인종적·성적 억압"[4]이다. 아시아인 남성과 아시아인 여성은 인종을 공유하지만 젠더는 다른데 섹슈얼리티는 양쪽 모두에 의해 조정된다. 그러니 나 같은 사람과 내 남자 사촌이 경험하는 정체성과 성은 무척 다를 수 있다. 연구자 킴벌리 크렌쇼Kimberlé Crenshaw는 1989년 차별금지법의 중대한 약점을 꼬집는 법학 논문에서 '교차성intersectionality'이라는 용어를 고안해 이 현상을 다뤘다. 그 법이 단 하나의 억압의 축만 인정한다는 것이었다.[5]

앞서 보았듯 강제적 섹슈얼리티는 백인 이성애자 남성에게도 존재한다. 그러나 더 취약한 공동체 출신으로 더 많은 층위에서 사회적 조건에 짓눌리는 사람들은 무성애 지향이 인간에게 나타나는 차이인지 외부에서 부과된 특성인지 파악하려 할 때 더덕더덕 붙은 문화적·역사적 짐을 져야 한다.

섹슈얼리티의 통제는 남성이 여성에게, 백인이 유색인에게, 비장애인이 장애인에게 사용하는 대표적인 지배 도구다. 늘어나려는 목록을 짧게 줄이면, 힘 있는 쪽에서 힘이 없는 쪽에 사용하는 도구라고 할 수 있다. 이런 지배는 정치적 정복 형태로 행해지는 강간이나 노예주가 노예들을 이리저리 결혼시켜 가족을 찢어놓는 것 등 다양한 방식으로 표현될 수 있다. 여성에게만 순결 규칙을 강요하기, 인종적 성 고정관념을 영속화하기, 혹은 어떤 집단에는 성적 욕망이 아예 없다고 가정하기와 같은 양상을 띠기도 한다.

소수자와 힘없는 사람에게 삶은 끊임없는 탈학습의 과정이다. 이런 집단, 여성, 유색인, 그리고 다음 장에서 다룰 장애인에게는 무성애자라고 주장하는 것이 무척 어렵게 느껴질 수 있다. 무성애가 성차별주의와 인종주의, 비장애중심주의와 다른 여러 형태의 폭력이 낳은 산물과 너무나 닮아 보이는 탓이다. 이런 폭력의 유산으로 통제당해 온 집단에 속하는 사람들은 우리가 '여전히' 통제당하는 선이 어디까지인지를 알아내는 데 추가로 힘을 써야 한다.

이걸 주제 변주라 부르자. 주제는 억압이다. 변주는 그 억압이 현현하고 무성애 정체성에 영향을 미치는 바로 그 방식이다. 누가 무성애자가 되고, 누가 착각에 빠졌거나 순진하다고 여겨지는지를 다루는 질문에는 구체적인 개별 공동체의 경계를 넘어선 의의가 있다. 어떤 집단이 무성애를 받아들이기가 혹은 무성애자로 받아들여지기가 더 어려운 이유를 세부적으로 들여다보면 성과 권력과 역사가 결합해 온 윤곽이 드러난다.

인종에 관련해 무성애 공동체는 너무나 다양하고 복잡한

가닥에서 하얗게 유지되었다. 무성애는 이상화되면서도 부인되어 왔다. 양쪽 다 문제다. 무성애가 백인성과 연관되는 건 백인(특히 백인 여성[6])은 성적으로 '순수'하다고 가정될 때가 많은 반면 흑인과 라틴계는 성욕이 과도하다고 여겨질 때가 많기 때문이다. 그리고 이렇게 인종화된 성 고정관념은 그 자체로 통제의 한 형태다. '게다가' 무성애는 매미*나 차이나 돌†처럼 유색인을 다시금 멀찍이 떨어뜨리는 인종적 장치와 수상할 정도로 비슷해 보인다.

백인성을 중립적인 배경, 하얀 벽이라고 상상하자. 하얀 벽을 하늘색으로 칠하는 게 진녹색 벽을 하늘색으로 칠하는 것보다 쉽다. 주류 매체에는 다양한 유형의 백인 이미지가 가득하다. 대체로 백인에게는 원하는 어떤 것이라도 될 자유가 있다. 유색인은 우리가 '정말로' 무성애자인지 판단하기에 앞서 (인종적 고정관념과 기대라는) 그 진녹색을 문질러 없애야 한다. 우리는 우리 섹슈얼리티가 구체적으로 어때야 하고 어떤 바람을 보여야 하는지를 알기에 의식을 한 꺼풀 더 짊어지고 다닌다. 인종 고정관념과 그 고정관념에 통제되고 싶지 않다는 욕망으로 인해 자기 인식이라는 과제는 복잡하게 꼬이고 만다.

---

\*　mammy. 백인 가정에서 일하며 아이들을 돌보던 흑인 유모라는 정형화된 상징. 미국 남부에서 사용하던 말로 경멸적인 어조가 있다.
†　china doll. 순종적이고 연약한 아시아인 여성이라는 고정관념의 상징.

인종 고정관념은 복합적이며 동시에 여러 갈래로 존재한다. 아시아인 여성은 셜리나가 알게 되었듯 페티시화되고 때로는 성욕이 과도하다고 여겨지기도 한다. 다른 맥락에서 아시아인 여성은 게이샤나 차이나 돌으로 묘사되어 탈성화된다. 나긋나긋하고 굴종적이며 고분고분한 존재. 오늘날 미국에서 동아시아인은 행실 바른 모범 소수자로 여겨져 극우 백인 우월주의자가 아시아인 여성과 사귀는 걸 좋아하는 것처럼 보일[7] 정도다.

행실 바른 아시아 여자, 욕망도 별로 없고 자기 생각도 별로 없는 여자라는 고정관념은 젠더퀴어이자 여자로 사회화된 중국계 캐나다인 모델 서배스천의 인생 초기에 그 무엇보다 만연했다. 무성애자로 정체화하는 건 의미 없는 일 같았다. 서배스천은 묻는다. "이미 그렇게 추정되는데 뭐 하러 굳이 주장까지 하죠?" 서배스천은 무성애를 인정하면 인종차별적 고정관념에 순응하고 그걸로 아시아인 모두에게 피해를 줄 것이라고 느꼈다. 그러나 시간이 지나면서 서배스천은 다른 사람들의 생각 때문에 어떤 이름표를 피하는 것 또한 복종의 한 형태라고 판단했다. 이제 서배스천은 남들에게 놀라울 게 '없다'는 이유로 어떤 이름표를 쓰는 일을 망설이지 않는다.

서배스천과 같이 나도 중국계이다. 서배스천과 다르게 나는 '무성애자'라는 단어를 쓰는 데 거리낌이 없었다. 내가 무성애자라고 판단한 그 순간부터 나는 내가 그 단어를 쓰게 되리라 확신했다. 하지만 무성애자라는 게 기쁘지는 않았다. 여자이자 아시아인인 것에 무성애자인 게 없혔으니 더 더욱.

인종이 내게 어떤 식으로든 부정적 영향을 줬다는 생각을 거부하던 때가 있었다. 나는 어린 나이에 중국을 떠나 아시아인이 많은 캘리포니아 실리콘밸리에 이르렀다. 지금까지 나를 칭크*라고 부르거나, 날 흉내 낸답시고 눈꼬리를 당겨 올리거나, 내가 먹는 음식을 비웃는 사람은 아무도 없었다. 출생지와 가풍, 중국어 능력과 얼굴이 모두 내가 아시아인이라는 영구적인 표식이었으나 내가 기회를 박탈당한다는 생각은 안 들었다.

하지만 인종이 내 의식의 일부가 되지 않고 남들이 나를 어떻게 보는지를 의식하지 않으며 사는 게 어떤 느낌인지도 결코 알지 못했다. 내가 대사 역할을 한다는 압박, 사람이 아니라 하나의 상징이라는 압박을 자주 느꼈다. 초등학생 시절 캘리포니아에 철도를 놓은 중국인 노동자 이야기를 할 때면 나를 보는 시선들이 느껴졌다. 내가 미국에 온 지 겨우 5년밖에 안 되었다는 건 아무렴 어떠랴. 일본계인 친구는 역사 시간에 진주만이 나올 때마다 사람들이 자기를 돌아본다고 싫어했다. 그렇지 않았다면 어땠을지, 우리가 어디서든 재현되는 백인이라 수업 중에 백인들이 한 이야기가 나올 때마다 돌아보는 사람이 없으면 어땠을지 우리는 알지 못했다.

* chink. 가느다란 틈새를 뜻하는 단어로 주로 중국인을 비하하는 멸칭.

2부 교차

내게 영향을 미친 건 욕설이 아니라 비전의 부재와 의지에 반해서 익혔던 지긋지긋한 전형성이었다. 아시아인은 창의적이거나 재미있지 않다, 전부 엔지니어다, 소심하다 같은 것들. 그 와중에 이런 기대들은 가족이 내게 바란다고 내가 생각한 모습과 일치했다. 규칙을 잘 따르고 유순하며, 엔지니어인 엄마 아빠처럼 엔지니어로 자랄 사람. 나는 피아노와 바이올린 교습을 받았고, 수학을 썩 잘하지 못해 좌절했으며, 함부로 나서지 말라는 말을 들었다.

기대가 외부에서만 주어지는 건 아니지만, 소수자의 맥락에서 이런 기대는 다른 의미를 띤다. 우리가 전부 중국에 살았어도 엄마 아빠가 같은 충고를 했을 수도 있겠으나 거기서라면 미국에서 아시아인으로 사는 게 의미하는 구체적인 이미지를, 그 백인 중심적 시선의 산물을 내가 내면화하지는 않았을 것이다. 고분고분한 아시아인 여자라는 고정관념에 맞서려고 안간힘을 썼을 가능성도 낮다. 미국에서는 유명인이든 아니든 나와 비슷한 사람을, 다른 방식으로 존재할 본보기가 되어주는 사람을 많이 마주치지 못했다. 나는 내 태도에 의문을 제기하기 시작하고서야 비로소 이런 고정관념의 존재를 인식했고, 내 믿음과 행동의 많은 부분에 이런 말이 그림자처럼 숨어 도사리고 있다는 점을 이해했다.

아시아인은 지루한 엔지니어고 여자는 약하며 남자만 못하다는 것, 특히 섹스를 좋아하는 모습을 보여서 가부장제의 경계를 공공연히 깨지 않으면 더욱 그렇게 여겨지는 것만 해도 충분히 답답한 이야기였다. 이제 내게는 '무성애자'까지 생겼다. 딱딱하게 들리고 단세포 생물이 떠오르는 이름표. 나는 안 그래도 내성적이고 술 마시는 데 흥미가 없는 사람이었는데, 무성애자라고 하면 폭포처럼 쏟아지는 고정관념을 강화해 내가 주목할 가치가 없는 사람이라는 표시를 더하는 것만 같았다. 내가 시들하고 모자란다는 사실이 또 한번 드러나는 지점이었다.

일반적으로 무성애자가 대중문화에서 거의 묘사되지 않는다는 점도 문제다. 유색인 무성애자라면 선택지는 더 제한된다. 대중문화를 소비하는 우리는 모두 특정 집단이 어떠하다는 메시지를 흡수한다. 그 메시지가 편향적이고 잘못되었어도, 또 그게 편향적이고 잘못되었다는 걸 알면서도. 우리는 그걸 배우고 편향성을 키운다. 한정된 재현은 거의 모든 영역에서 보이는 문제지만, 무성애는 그렇지 않아도 가시성이 없다시피 해 영향이 가중된다.

영화는 아예 포기하자. 베스트셀러 도서라고 나을 것도 없다. 텔레비전에서 처음으로 묘사된 무성애자는 아마 코미디언 크레이그 킬번이 2003년 CBS 〈레이트 레이트 쇼The Late Late Show〉의 한 코너에서 보여준 '대장 무성애자 서배스천'일 것이다. 흑백으로 찍힌 서배스천의 짧은 영상은 무성애의 단면을 위험하게 묘사한다. 사람들이 더 찾아보지 않고도 뭔지 알겠다고 생각할 수 있을 딱 그만큼의 논리를 갖췄다는 말이다. 평론가 세라 갈럽Sara Ghaleb은 텔레비전 속 무성애자 재현을 돌아보며 이렇게 썼다. "성적이지 않다는 걸 웃음 포인트로 삼았다니, 그 캐릭터에서는 작가진이 무성애를 실재하는 지향으로 생각하지 않았다는 점이 명백하게 드러난다."[8]

안경을 쓰고 콧소리를 내며 스카프를 두른 서배스천은 남자답지 못하다고 여겨지는 사람의 전형을 조롱한다. 서배스천은 고등학교 시절 "이 아이의 사타구니는 말라붙은 불모지"라고 밝히는 의사 진단서를 받아 체육 시간에 빠졌다. "거기를 만지"고 싶다는 충동이 일면 자기를 몽둥이로 후려친다. 성기는 됐고 찻잔을 하나 더 들기 편하도록 세 번째 새끼손가락이 나오는 꿈을 꾼다. '나무'[*]라는 단어에 불편함을 느끼고, "리비도를 여는 열쇠"를 잃어버렸으며, 담당 상담사는 총으로 자살했다.[9]

온 세상의 무성애자에게는 천만다행으로 서배스천은 거의 알려지지 않았다. 대중문화에 유의미한 방식으로 영향을 미치면서도 무성애자라고 명시된 캐릭터는 소수에 불과해 다음 두 단락에서 대부분을 언급할 수 있을 정도다. 한 명은 드라마 〈왕좌의 게임Game of Thrones〉에 나오는 바리스였다. 바리스는 판타지 세계에 사는 환관이라 실제 무성애자와는 다르지만 최소한 웃음거리는 아니다. 바리스는 기민하고 선하며, 욕망 때문에 사람들과 정치 형세가 어떻게 되는지를 보고서는 "거기에 관여하지 않아 참 기쁘다"[10]는 말로

* wood는 남성의 발기를 뜻하는 은어로도 쓰인다.

무성애의 장점을 간단하게 선전한다. 무성애자라고 명시된 또 다른 캐릭터로는 극적인 청소년 드라마 〈새도우 헌터스 Shadowhunters〉를 빛내는 라파엘 산티아고가 있다. 라파엘은 청년의 외모를 한 칠십 대 뱀파이어로 (역시 실제 무성애자와는 다르지만) 최소한 재치 있고 핫하다.

제일 중요한 인물은 동물들이 사람처럼 하고 다니는 세계를 배경으로 한 애니메이션 〈보잭 홀스맨BoJack Horseman〉의 토드 차베즈다. (토드는 인간이다.) 네 번째 시즌에서 토드는 자신이 무성애자일지도 모른다고 생각해 무성애자 모임에 참석한다. 대사에는 힘이 좀 많이 들어갔지만("무성애자라는 건 그냥 섹스에 흥미가 없다는 거고, 무로맨틱이기도 한 무성애자도 있지만 남들이랑 다를 것 없이 연애하는 사람도 있어!"[11]) 그 회차가 사실상 교육용 특별편을 겸한다는 걸 생각하면 어쩔 수 없는 일이다. 작가진이 무성애를 제대로 다룬 걸 보고 놀라우리만치 감동했다. 무성애자를 구체적으로(모임 자리에는 무성애 상징색이 나온다) 형상화하고 세부 요소에 신경을 썼다는 건 존중의 표시였다. 토드는 이따금 우왕좌왕하고 우스꽝스러운 행동도 하지만 심성이 나쁘지 않고 주변인에게 사랑받는다. 토드의 무성애 지향은 모호하지 않았다. 조롱 없이 묘사되었다. 그리고 재현이 중요한 이유를 증명하듯, 토드의 존재만으로도 전 세계 무성애자의 수가 증가했다.

다르게 말해보자. "무성애자가 재현된 사례가 더 많았더라면 내가 무성애자라는 걸 훨씬 일찍 깨달았을 거예요." 스물일곱 살 무성애자 블로거인 코이가 몇 년 전 내게 이런 말을 했다. 〈보잭 홀스맨〉에서 토드가 커밍아웃하기 전이었다. 코이의 말은 무성애자가 몇 명이나 되냐는 질문을 받을 때 내가 어물대는 이유이기도 하다. 제일 흔히 쓰이는 2004년 연구 통계[12]에 따르면 인구의 1%라고 한다. 그러나 성적 끌림을 경험하지 않는다는 말의 의미를 오해하는 경우가 너무 많고 대중문화에서 무성애자가 긍정적으로 나오는 사례는 너무 적으니 실제 숫자는 훨씬 더 크지 않을까 하는 의심이 있다. 보이지 않는 것이 될 수는 없는 법인데, 다행히 일반 대중이 보는 가시성 측면에서 토드가 많은 걸 이뤘다.《스포츠 일러스트레이티드》의 기자 줄리 클리그먼Julie Kliegman은 무성애자 공동체가 토드에게 보인 반응을 기사화하면서 자신이 무성애자인 걸 깨달았다고 내게 말했다. 다른 친구는 남성 소꿉친구가 스스로 무성애자인지 고민을 시작했다는 말을 내게 전했다. 나는 그 소꿉친구가 이 단어를 알았다는 사실이 놀라웠는데, 알고 보니 〈보잭 홀스맨〉에서 접했다고 한다. 재현은 현실을 반영할 뿐 아니라 실제로 변화시킨다.

　토드는 소중한 존재지만 완벽한 해결책은 아니다. 〈보잭 홀스맨〉만 해도 종영했고 〈왕좌의 게임〉과 〈새도우 헌터스〉도 마찬가지다. 텔레비전 속 퀴어 캐릭터를 추적하며 몇 년 전부터 무성애자도 대상에 포함한 글래드GLAAD 미디어 연구소에 따르면 이제 텔레비전 황금 시간대에 등장하는 무성애자 캐릭터는 한 명도 없다.[13]

　더 중요한 건 어떤 지향이 되었든 캐릭터 하나가 그걸 대표하는 얼굴이 될 수는 없고 되어서도 안 된다는 사실이다. 토드와 바리스, 라파엘이 시청자에게 가르침을 주고 일부에게는 무성애자임을 자각하는 데 도움을 주기도 했으나 무성애자 절대다수는 여전히 자기 모습을 묘사하는 캐릭터를 만나지 못한 상태다. 서배스천과 바리스는 백인이고 라파엘은 라틴계이며 토드 차베즈가 백인인지 아닌지는 수수께끼로 남았다. (성우는 백인 배우 에런 폴이 맡았고, 〈보잭 홀스맨〉의 제작자 래피얼 밥왁스버그는 토드가 라틴계일 수 있다는 생각을 해본 적이 없다고 "인정하려니 창피"하다고 말했다.[14]) 이 무리에는 때때로 무성애자로 해석되기도 하는 인기 텔레비전 프로그램 캐릭터가 한 줌 더해지기도 한다. 여자친구가 있었으나 처음에는 성적 흥미를 거의 느끼지 못한 〈덱스터 Dexter〉의 연쇄 살인범 덱스터 모건과 대체로 로맨틱한 플롯이 붙지 않는 셜록 홈스와 닥터 후.* 이들 모두 (최소한 아주 최근의 닥터가 나오기 전까지는) 남성이다. 대부분 내성적이라는 특징을 공유하고 신기할 정도로 이성적이며, 살인자든 닥터 후에서처럼 말 그대로 인간이 아니든 온전한 인간이라기에는 어딘가 모자라게 묘사된다. 그 누구도 흑인이나 트랜스, 아시아인이 아니다. 나나 서배스천, 켄드라와 다른 무성애자가 무엇이 될 수 있는지 혹은 되기를 바라는지 보여주는 그림은 없다시피 하다.

---

\* Doctor Who. 1963년 시작된 영국의 SF 드라마 〈닥터 후〉의 주인공으로 외계인이다. 2017년 백인 여성, 2023년 흑인 남성이 이 역할을 맡기 전까지 열세 명의 백인 남성이 연기했다.

서배스천(텔레비전 캐릭터 말고 무성애자 모델)과 내가 자신이 고정관념과 너무 매끄럽게 맞아떨어지는지를 고민할 때 다른 누군가는 본인의 무성애 지향이 기대받는 모습과 너무 동떨어져 보인다는 이유로 고심한다. 라틴계 무성애자는 무성애자 정체성의 신빙성을 떨어뜨리는 '화끈한 라틴계'나 '이국적인 라틴계 애인'이라는 공식이 껄끄럽다고 한다. 시카고에 사는 스물아홉 살 상담사 캐시는 자기 몸이 남들에게 어떤 신호를 보내는지 직설적으로 이야기한다. "나는 가슴도 크고 엉덩이도 큰 시스젠더 흑인 여성으로 인식되죠. 사회적으로 말해서 내가 섹스 로봇이 '아닐' 가능성은 죽었다 깨도 없어요."

미국 백인은 오랜 세월 흑인 여성을 성적으로 문란한 제저벨[†]로, 순결하고 바른 백인 여성의 대척점으로, 다른 인종 간의 결합을 우려하는 인종차별의 표적으로 삼아왔다. '제저벨'이라는 단어가 케케묵은 듯 보일 수 있겠으나 어쨌든 흑인 여성은 여전히 과잉 성애화되며 흑인 여자아이들은 백인 아이들에 비해 성을 더 많이 알 것으로 인식되고 있다.[15] 보스턴 대학 영문학 교수 아이어나 호킨스 오언Ianna Hawkins Owen이 말했듯 이와 상반된 고정관념도 존재한다. 섹스도 안 하고 성적으로도 매력 없는 매미, 백인 주인을 유혹하지 않을 것이므로 안전하게 부릴 수 있는 흑인 유모라는 미국 남

---

† Jezebel. 성경에 나오는 이교도 왕비 이세벨에서 유래한 표현으로 타락한 여자를 의미한다.

부의 인종차별적 전형[16] 말이다. 에세이 작가 셔론다 J. 브라운Sherronda J. Brown은 이렇게 쓴다. "무성애자 흑인 여성이면 매미의 그림자 안에서 산다는 느낌을 자주 받는다. 주변 사람 모두를 돌보라는 기대를 받는다는 이유 하나로 무성애자라고 구상되는 캐리커처 말이다. 매미는 인종화된 과잉 성애화를 면제받을 수 있는데 이는 오직 그렇게 해야만 끝나지 않는 임무를 수행할 시간과 기력, 여유가 확보되기 때문이다. 매미의 관심은 오롯이 가사와 감정 노동에 집중되어야 하므로 매미에게는 욕망하는 것도 욕망의 대상이 되는 것도 성적 쾌락과 친밀성을 추구하는 것도 허락되지 않는다."[17]

캐시에게는 남들이 자기에게 냉큼 갖다 붙이는 '쉬운' 섹슈얼리티라는 가정이 문제다. 캐시는 섹스 로봇이라는 말은 농담으로 넘겼지만, 한 친구가 캐시에게 네가 무성애자일지도 모른다는 말을 건넸을 때는 그 친구가 못되게 군다고 생각했다. 일리노이 시골에서 캐시 남매는 그 학군의 유일한 흑인 학생일 때가 많았다. 이미 과하게 눈에 띄고 있었고 자기를 방어하는 데 익숙해진 캐시는 이상한 것과 엮이고 싶지 않았다. 무성애? 안 되지. 당장 거부해야만 했다.

캐시가 옛날에 들은 말을 다시 생각해 보게 된 건 대학에서 BDSM 모임에 가입한 뒤였다. 무성애자로 정체화한 그 모임의 회장이 캐시에게 성과 관련된 경험을 물었을 때 캐시는 모든 젠더에 미적 끌림은 느끼지만 "누구하고든 섹스는 안 해도 괜찮을 것 같아요. 그냥 좀 징그러워서요."라고 설명했다. '어라.'

섹스는 캐시의 연애에서 당연하지 않다. 이걸 슬슬 깨달은 상대방은 자기가 학습한 흑인 신체의 과잉 성애화와 현실이 달라서, 캐시가 '공짜 섹스'를 선사하거나 자기들의 '섹시한 흑인 누나'가 되어주지 않아서 실망한다. 캐시의 거절은 그 자체로 실망스러운 데서 끝나지 않는다. 대중 매체의 이미지로 조건화된, 캐시가 흑인이 아니었으면 생기지 않았을 당혹감이 뒤에 따라붙는다.

고정관념을 확증하는 건 힘들고 고정관념을 위반하는 것도 힘들며 단지 그걸 너무나 싫어한다는 이유로 고정관념을 위반한다는 생각이 들어도 힘들다. 교사가 되려고 공부하고 있는 흑인 대학생 메이는 어쩌다 보니 세 번째 상황에 놓였다. 성적 끌림을 느낀다고 생각하지는 않았으나 동기가 정확한지 확신할 수 없어 무성애자라고 하기가 망설여졌다.

메이는 양쪽 세계의 가장 나쁜 면을 봐왔다. '흑인 남자는 전부 섹스를 원하'니 흑인 무성애자 남성은 존재하지 않는다는 사람들. 무성애는 백인 우월주의의 도구라고, 흑인 무성애자는 혼란을 겪는 거라고, 흑인 여성은 인생에서 분명 남자를 원한다(분명 '필요로 한다')고, 아이를 낳아 흑인 가족을 부양하지 않으려 하면 이기적인 거라는 사람들. 메이의 말이다. "내가 성장한 환경에서는 이성애가 아닌 건 전부 '백인이 지어냈다'는 소리를 들었어요. 아프리카계 미국인들이 '유럽인이 오기 전까지 아프리카에는 동성애가 없었다'고 얘기하는 것도 들었죠."

난해하게 섞였다. 무성애 공동체에도 인종차별은 있을 수 있다. 익명으로 남기를 요구한 한 흑인 여성은 몇 년 전에 이른 게시물에서 다가오는 콘퍼런스에 유색인 무성애자를 위한 안전 공간이 있어야 할지 논의했던 이야기를 했다. 그 타래에서는 백인 무성애자도 질문에 답할 수 있었는데, 그 중 일부는 안전 공간이 공동체를 쪼갠다며 반대했다. 이 질문의 답을 백인이 결정하면 안 된다고 이 여성이 항의하자 다른 사람들은 그 여성이 적대적으로 행동하며 분열을 조장한다고 비난했다. "(그 공동체가) 유색인을 위한 안전 공간이라는 느낌은 지금도 그다지 없어요. 이제 티끌만큼은 안전해졌으려나요."

흑인 공동체도 선입견에서 자유롭지 않다. 백인이 흑인의 섹슈얼리티를 지배해 온 긴 역사에서 기인한 합리적 의심이 섞인 퀴어 혐오가 있을 수 있다. 이러니 머릿속이 뒤죽박죽되지 않을 수가 없고, 메이는 뭘 믿어야 할지 확신이 없었다. "나 자신을 많이 의심하느라 고생했죠. 맞서고 싶은 고정관념 때문에 내가 무성애자라고 생각한 걸까요, 아니면 정말 그렇게 느낀 걸까요?"

자신의 성적 지향이 사실 인종주의에 대한 반발이 아닌지 의심하면 혼돈 속에 내던져진 기분이 든다. 거짓말, 짐짝, 배신의 느낌. 스스로 이런 질문을 던지는 건 꼭 필요한 일인 듯하지만, 주위를 둘러봤을 때 비슷한 사람이 보였다면 필요하지 않았을 심리적 노력이 추가로 들어간다. 억압되었다는 인식과 씨름하는 백인 여성 무성애자는 적지 않은 백인 여성 무성애자에게 도움을 구하고 의지할 수 있다. 유색인 무성애자는 더 심하게 고립된다.

메이의 두려움은 흑인 무성애자 블로거 베스퍼의 글을 발견했을 때 누그러졌다. 베스퍼가 흑인 무성애자여서 힘든 점을 글로 쓴 덕분에 메이도 더 편안하게 무성애자로 정체화할 수 있었다.

메이와 마찬가지로 베스퍼도 자신의 무성애 지향으로 (혹은 무성애가 백인적으로 여겨진다는 이유로) 백인과 흑인 공동체 양쪽에서 소외된 느낌을 받았다고 말한다. 내가 속한 인구 집단 안팎에서 아시아인인 내게 뭔가를 기대한다는 점을 알아차렸던 것처럼, 베스퍼는 미국 백인과 미국 흑인 문화 양쪽에서 흑인이 성애화된다는 점을 지적한다. 지배적인 이미지는 소수자 집단에 쉽사리 내면화되고 수많은 방식으로 확산한다.

라스베이거스에서 자랐고 일본에서 영어 교사로 수년간 일한 베스퍼는 흑인이라면 극도로 성적이어야 하며 잠자리 기술도 좋아야 한다는 생각을 오래전에 흡수했다. 이제 베스퍼는 이런 생각을 똑같이 품고 있는, 혹은 무성애가 백인의 통제 도구라고 생각하는 다른 흑인이 자기 정체성을 평가할 거라고 두려워했다. "백인하고 있을 때보다 흑인이랑 있을 때 더 취약해지는 기분이에요. 흑인을 만나면 그 사람이 내게 어딘가 다른 면이 있다는 걸 알아챌까 봐, 무의식 수준에서 백인성과 연관될 만한 면이 있다는 걸 알아챌까 봐 겁나거든요." 자신의 취미와 "비욘세 팬은 아닌데"라는 말 때문에 흑인답지 못한 사람으로 찍힐까 봐 베스퍼는 오랜 시간 타인의 시선을 의식해 왔다. "섹슈얼리티와 관련된 뭔가로 입을 벙긋하기도 전에 이미 그런 바탕이 깔려 있는 거죠."

"이런 말을 자주 들었어요. '네가 무성애자라고? 무성애 자는 백인밖에 못 봤는데.' (텔레비전에서 백인 퀴어 캐릭터 만 봐서) 흑인이 그럴 수 있다는 생각조차 못 했을 때 느꼈던 단절감과 같았죠." 베스퍼는 말을 잇는다. "충격이 컸어요. 성적 끌림을 경험하지 않는다는 게 남들이 나더러 백인화 whitewash되었다고 말할 구실이 되다뇨. 말 그대로, 내 섹슈얼 리티마저 백인화된 면이라는 거였죠." 백인과 아시아인 무 성애자는 내숭 떠는 사람으로 인식된다며 불평하지만, 베스 퍼는 다른 말을 듣는다. 내숭 떤다는 비난은 없고, 흑인 무성 애자가 존재한다는 사실 자체에 놀랄 뿐이다. 확실히 텔레 비전에 베스퍼 같은 사람은 아무도 없고, 사람들의 상상력 은 빈약하다.

이렇게 해서 낡은 고정관념과 권력 구조가 고착하고 한 가지 유형의 무성애 경험이 다른 경험보다 강조된다. 여러 사람을 받아들이려 노력하는 무성애자도 많지만, 어떤 집단 을 진정한 다양성이 존재하는 곳으로 꾸리기란 어려운 일이 다. 하지만 희망적인 징조도 있다. 메이가 베스퍼의 글에서 도움을 받았다는 이야기를 전하자 베스퍼는 아주 기뻐했다. 그렇게 가시성을 확보하고 타인의 인종주의와 자기 자신의 내면화된 인종주의에 동시에 맞서는 데는 노력이 들어간다. 메이 같은 사람들에게 도움이 되었다는 소식은 그 모든 고생이 무용하지 않았다는 의미다. 베스퍼는 흑인이 자신의 것이라 이야기할 수 있는 경험을 확장해 왔다.

설리나는 이제 젠더와 섹슈얼리티의 균형으로 걱정하지 않고, 자신이 원피스를 입고 싶어 한다는 이유로 게이 남성이라고 생각하지도 않는다. 설리나는 무성애자이자 트랜스이자 아시아인이고, 이 모든 존재일 수는 있으나 본인의 이런 면을 다 분리해서 이야기할 수는 없다. 많은 고민과 질문과 대화로 설리나가 무성애 스펙트럼에 있다는 건 확인되었지만 자신이 무성애자라는 사실을 얼마나 안정적으로 느끼는지(그리고 무성애가 선입견에 대한 반발이 아님을 얼마나 확신하는지)는 본인의 다른 정체성을 얼마나 안정적으로 느끼는지와 이어지는 일이다. 설리나는 말한다. "힘과 자신감을 모든 정체성에서 얻지 않고, 한 가지 정체성에서만 얻는 건 불가능해요."

한때 남이 자기를 어떻게 인식하는지 늘 신경 쓰고 불안해하던 시절에는 아시아인 남자나 아시아인 여자라서 받는 성적 가정이 설리나가 경험하는 끌림에 강력한 영향을 미쳤다. 진짜배기 무성애자라고 느끼는 비결은 최선을 다해 이런 고정관념을 머릿속에서 치워버리고 그런 고정관념을 믿는 사람들을 멀리하는 거라고 요즘 설리나는 말한다. 인종과 젠더와 섹슈얼리티는 교차하며, 모든 영역의 가능성을 지지함으로써 각 요소가 제약을 가하는 식으로 교차하지 않게 할 수 있다.

설리나는 자칫 문화적 보금자리가 없다는 느낌을 받기 쉽다. 아시아인이라기에는 너무 트랜스라던가 트랜스이기에는 너무 아시아인이라며 두 정체성을 모두 깎아내리는 식으로. 설리나의 젠더나 인종을 존중하지 않는 사람, '트랜스'고 '아시아인'인 걸 보고 트랜스이자 아시아인인 사람은 어떠할 거라고 즉각 생각해 버리는 사람과 같이 있으면 설리나의 정체성은 그저 고정관념의 합금에 지나지 않는 것으로 느껴진다. '무성애자'라는 게 여기에 또 한 꺼풀을 더하면 설리나는 그 모든 고정관념이 딱딱 들어맞아 혹은 팽팽한 긴장을 형성해 상자에 갇힌 듯한 느낌을 받을 것이다. 트랜스인 사람이 성적 끌림을 안 느끼면 이상한 거냐는 식으로. (트랜스젠더라고 하면 많은 경우 과잉 성욕을 연상한다.) 설리나는 말한다. "잘 모르는 사람들하고 있을 때면 내 섹슈얼리티 자체가 각본을 따라가는 것처럼 느껴져요. 내 정체성은 어떨 거라는 '그 사람들의' 생각을 '내가' 생각한 걸 바탕으로 해서요. 그러면 진짜 어지러워지죠."

설리나가 아시아인이고 트랜스라는 사실이 캐리커처 이상으로 긍정되면, 성격과 행동을 예측할 수단이 아니라 고유한 정체성의 일부로 존중과 함께 대우받으면 설리나의 무성애자 정체성 역시 더 유의미해진다. 무성애자임은 인종이나 젠더에 따른 기대를 반드시 입증하거나 위반하는 무언가가 아니라 설리나의 또 다른 일부가 된다. 특정 인종이나 젠더가 어떠해야 한다는 가정이 없으면 애초에 입증하거나 위반할 게 아무것도 없다.

요즘 설리나는 정력이 모자라는 동아시아 남자로 비치기는커녕 반대 방향으로 재단질을 당한다. "솔직히 내가 시선을 많이 끄는 스타일로 옷을 입기는 해요." 설리나의 말인데, 사실 이렇게 따로 밝힐 필요도 없다. 설리나의 인스타그램 피드는 치장에 바치는 헌사이며, 이건 좋은 뜻에서 하는 말이다. 늘 전신에 검정을 두르고 포즈를 취한 설리나의 모습이 사진마다 이어진다. 목이 긴 부츠와 짧은 상의에 네모진 까만 안경. 가죽 레깅스. 안쪽은 밀고 가슴까지 늘어뜨린 까만 생머리에 이따금 세룰리안블루 같은 밝은색으로 브릿지도 넣는다. 망사 상의에 짙은 립스틱. 이만하면 느낌이 오리라 본다.

우리가 뉴욕에서 같이 논 날 설리나는 몸에 딱 붙는 인조 가죽 바지를 입고 무릎까지 오는 외투를 걸쳤다. 6월 중순이었고, 설리나 기준에서는 얌전하게 입은 차림이었을 것이다. 설리나의 말이다. "내 모든 건 극도로 눈에 띄는데 이게 좀 복잡해요. 욕망되기를 원하는 사람처럼 나 자신을 보여주니까 내가 성욕이 넘칠 거라고 짐작하는 사람이 많거든요. 사람들은 내가 자기랑 섹스를 하고 싶어 하고 또 실제로 할 거라고 자주 넘겨짚고, 내가 '싫다'라고 하면 그걸 그렇게들 못 받아들이더군요. 이제 이런 식인 거죠. '무성애자라면서 왜 그렇게 입고 왜 그렇게 말해?'"

영국 모델 야스민 베누아Yasmin Benoit를 겨냥한 의견도 같은 유형이다. 무로맨틱이기도 한 야스민은 백인 동네에서 '흑인, 고스족, 무성애자'로 성장했다. 성적 끌림을 경험하지 않는다는 걸 아홉 살에 깨달았고 이건 지금껏 달라지지 않았다. 물론 무성애 지향에 의문을 던지기도 했지만("불안이나 어색함 때문에 그런 건가 고민했는데, 나이가 좀 들고 나니 불안하지 않고 그렇게 어색하지도 않더군요.") 시간이 충분히 흐른 덕에 의구심의 많은 부분이 날아갔다. 무성애가 백인적 지향으로 인식된다는 건 야스민에게도 분명하고, 그래서 야스민은 유색인 무성애자 여성이자 모델로서 자기 역할을 하려고 노력해 왔다.

패션에 관심이 있고 도발적인 사진을 올리는데 어떻게 무성애자일 수 있냐며 모르는 사람들에게서 메시지를 받는 일도 그런 노력의 결과 중 하나다. 야스민은 말한다. "아직도 남을 위해 옷을 입고, 여자가 꾸미면 누굴 유혹하려 한다고 생각하는 거죠." 이런 반응에 질린 야스민은 무성애자의 스타일이 하나가 아니라는 걸 보여주고자 '무성애자는이렇게생겼다#ThisIsWhatAsexualLooksLike'라는 해시태그를 만들었다. 그런데도 사람들은 야스민이 모델로 더 잘나가고 싶어서 무성애자인 척을 한다고 계속 우긴다. 사실이 아니다. 이건 야스민 자신을 위한 일이다.

야스민은 그런 사람이고 설리나는 그런 사람이니, 의심의 눈길을 보낼 이유는 없어야 한다. "사람들이 나를 주목하는 게 좋아요! 재미있는 사람인 게 좋죠! 그런데 이런 게 우리 사회의 내러티브에서는 죄다 섹스와 결부돼요." 설리나는 말한다. 유성애자는 너무 자연스럽게 행동을 섹스로 설명하기 때문에 창의적으로 옷을 입는 것이나 눈에 띄는 것

그 자체를 원한다는 이유를 이해하기 어려울 수 있다. "네가 날 눈여겨보면 좋겠지만 네가 나랑 섹스했으면 하는 게 아니다, 둘은 상관없는 거다, 이런 거예요." 설리나가 말을 잇는다. "그러면 유성애자들은 진짜 웃기게 나오죠. '둘은 전적으로 상관있다'고 냅다 우긴다니까요."

설리나와 야스민을 대표로 내세우려니 갈등이 된다. 뭔가를 대표하는 사람은 더 이상 그 자신으로만 남을 수 없고, 개인에게 그런 압박을 주는 건 무례한 일일 수 있다. 그러나 이들이 보여주는 무성애(유색인 무성애자 여성이 관심을 요구할 수 있고 욕망되기를 욕망한다고 말할 수 있는 것)가 강력한 모습이라는 점을 부인하고 싶지는 않다. 무성애자의 재현형은 기대를 부술 때만 가치 있다는 암묵적 메시지가 불편하기는 하지만, 인생을 살면서 이들 같은 사람을 더 많이 알았더라면 나 자신이 무성애에 느낀 저항감과 다른 많은 무성애자의 저항감이 상당 부분 개선되었으리라는 점을 짚고 싶다.

판타지 세계의 환관도, 과학을 좋아하고 감정을 피하는 내성적인 백인 남자도 아니다. 두 사람은 실재하는 온전한 사람으로, 멋을 부릴 줄 알고 패션에 빠삭하며 재미있고 다름을 두려워하지 않는다. 이들의 존재에, 특히 유색인 여자라는 데 누군가가 놀랄 때마다, 섹스의 의미와 그걸 욕망하고 욕망하지 않는 사람이 누구인지에 관한 고정관념과 거짓이 또 한 번 탄로 난다. 나는 이들의 존재에 놀라지는 않지만, 이들이 보여주는 태도를 접하면 내가 실시간으로 변하는 느낌이 든다.

설리나와 야스민과 대화를 나누자 내 상상력의 결함이 두드러졌다. 문화를 창조하는 사람들의 편협함으로 빚어진 결함일 수도 있지만, 어느 정도는 내가 자초한 일이기도 하다. 나는 수동적인 사람으로 비치는 걸 겁내면서도 남들이 (무성애자와 여성, 아시아인에 대해) 생각하는 걸 수동적으로 흡수하고 수용해, 각본을 뒤집거나 나만의 각본을 만드는 대신 불편한 채로 남았다. 다른 이야기도 가능했다. 남들과 달리 무언가에 휘둘리지 않게 해주는 힘의 한 형태나 흥미로운 차이점으로 무성애를 바라볼 수도 있었다. 러시아 소설과 호러 영화를 좋아한다는 사실처럼 대수롭지 않게 뱉는, 좋지도 나쁘지도 않은 자잘한 정보로 대할 수도 있었고, 여자들이 자기를 성적으로 욕망한다며 자랑하는 남자들을 이걸로 비꼬아 줄 수도 있었다.

야스민은 무성애자라 창피하다고 생각한 적이 한 번도 없었다. 야스민의 말이다. "난 어차피 고분고분 순응하는 사람이 아니었으니 이건 그냥 내 이상한 성격 특징의 긴긴 목록에 더할 또 다른 이상한 점 하나였어요. 게다가 친구들이 남자애 일로, 아니면 남자애가 없다는 일로 한탄하는 걸 보면 내가 즐거운 뭔가를 놓친다는 생각도 안 들었죠. 내 인생의 모든 걸 제쳐놓고 여기 집중하고 싶지 않았어요. 존재 측면에서 보면 그냥 추가적인 고생 같은걸요."

야스민의 관점에서는 무성애자인 게 기본값이다. 이외의 모든 것이 추가적인 고생이다. 반면 나는 그냥 찜찜했다. 내 관점에서는 유성애자인 게 기본값이었다. 그 밖의 모든 건 어쩐지 열등하게 느껴졌고 좌절할 이유 같았다. 있는 그대로 부르자. 아시아인이고 여자고 무성애자라서 느낀 그 많은 양가감정에 대해 내가 해온 모든 말, 그건 내면화된 인종주의와 여성혐오, 자기혐오였다. 백인 중심적 시선에, 남성 중심적 시선에, 유성애 중심적 시선에 맞춰 행동하려고 항상 안달하고, 나를 이해할 리 없고 억누를 게 뻔한 사람들의 인정에 지나치게 신경을 쓴 것이었다.

정체성과 씨름하는 시간이 길어질수록 아슬아슬한 줄타기를 해야 한다는 점을 점점 깨닫는다. 지배 권력이 당연시하는 생각을 인정하는 것과 자신을 중심에 두는 일 사이에서, 우리가 백인 유성애 중심적 시각을 의식한다는 데 솔직해지는 것과 그런 검열에서 의식적으로 등을 돌리는 시간을 갖는 것 사이에서. 그런 이중(삼중? 다중?) 의식으로 고군분투하면서, 노골적인 경멸까지는 아니라도 당혹감을 내비치는, 일반화된 타자라는 다른 준거 집단과 늘 비교되어 존재하는 게 너무 자연스럽다. 내 게으른 마조히즘에서 물러나는 데는 오랜 시간이, 어쩌면 지나치게 오랜 시간이 걸렸다. 진작에 그런 인정에 연연하지 않기로 한 사람도 있지만, 나는 아직 노력하는 중이다.

이야기의 힘이라면 남 부럽지 않게 아는 흑인 소설가 토니 모리슨Toni Morrison은 본인 관점에서는 오직 흑인만 존재한다고 공언한 적이 있다. 모리슨의 말이다. "나는 경계에, 가장자리에 서서 그곳이 중심이라 주장했다. 그곳을 중심으로 놓고 내가 있는 곳으로 나머지 세계가 넘어오도록 했다."[18] 이 말을 처음 들었을 때 나는 아주 오래도록 곱씹었다. 토니 모리슨은 흑인이라면 어떠해야 한다는 백인의 사고와 인종주의를 물론 잘 알았다. 그게 대수일까. 흑인 작가가 흑인을 중심에 놓고 백인 중심적 시선에 맞추지 않은 글을 쓰는 건 그렇게 비범한 일이 아니어야 하는데, 실제로는 그렇게 느껴졌다.

무성애자도 이렇게 할 수 있다. 우리 정체성의 다른 모든 부분이 그런 식으로 취급될 때, 층층이 쌓인 고정관념에 으스러지는 기분일 때 무성애는 정말이지 짐처럼 느껴진다. 내가 그런 인종주의와 여성혐오를 내면화하지 않았더라면 무성애자라는 게 아시아인이고 여자라는 데 추가로 얹힌 부담으로 느껴지지 않았을 것이다.

우리의 정체성을 그토록 편협하게 평가하는 시선을 무성애자가 거부하면 무성애가 짐이라는 느낌도 덜 수 있다. 설령 그 시선이 우리 자신의 것이라 해도(그럴수록 더더욱). 우리는 인종주의든 다른 방면에서든 고정관념과 싸울 수 있고, 셜리나가 말했듯 우리를 온전하게 봐주는 사람들과 시간을 보내려 할 수 있다. 마조히즘에서 물러나고, 우리 자신의 머릿속에서 그런 생각에 그토록 많은 당위성을 부여하지 않으려 노력하고, 우리의 창의력과 자존감이라는 자원을 끌어모아 이야기를 새로 쓸 수도 있다. 무성애자는 우리 자신의 모습을 하고 우리 자신으로 존재할 수 있다. 시선을 끌고 패션에 빠삭하고 순응을 거부하는 모습과 어색해하며 쑥스러워하는 모습, 그리고 그 사이의 모든 모습으로. 무성애자가 우리 식으로 성적인 세계를 누비는 데 성적 끌림을 경험할 필요는 없다.

이 처방에는 내재적 모순이 존재한다. 이 책은 어떤 면에서는 유성애자에게 무성애를 설명하려는 시도이고, 많은 무성애자가 내게 고마움을 표하며 이런 게 꼭 필요했다고 말했다. 나는 이 설명이 마땅한 청중에게 가닿기를 바란다. 동시에, 시간이 갈수록 우리가 어떤 설명도 필요하지 않다고 느끼는 쪽에 가까워지기를, 남들에게 이해받고자 하는 욕구를 떨쳐버릴 수 있기를 바란다. 남들은 원하는 대로 생각하게 두자. 최소한 우리 자신의 관심만큼은 우리 자신에게로 더 강력하게 돌릴 수 있지 않은가. 고정관념은 저 밖에 존재한다. 우리 머릿속에서라면 시작하는 재료가 똑같더라도 자신의 내러티브를 다양하게 풀어낼 수 있다.

## 6. 아플 때나 건강할 때나

휠체어는 숨길 수 없다. 뇌성마비가 있는 스물여덟 살 장애 활동가 카라 리보위츠Cara Liebowitz에게 휠체어는 뚜렷한 차이의 표지다. 삶에서 일찍부터 나타난 수많은 대조점 중 하나다. 개인 맞춤형 교육 과정. '깔리지 않게 5분 일찍' 교실에서 나서기. 물리 치료를 받으러 가느라 수업에서 수차례 불려 나가기. 마찬가지로 섹슈얼리티도 카라에게는 비장애인 동급생과 달랐다. "어차피 내가 성적으로 매력적이라 생각하는 사람은 아무도 없었죠." 카라가 내게 말하기로 아무도 휠체어를 타는 장애 여성이 섹스에 관심이 있을 거라고 생각하지 않았다.

섹슈얼리티와 건강이 상호 작용하는 방식을 이해하는 데 철통처럼 완벽한 공식은 존재하지 않으나, 그래도 사람들은 똑떨어지지만 잘못된 다음 진술을 믿는다. 섹스를 원하지 않는 사람은 아픈 것이며, 아픈(다시 말해 정신적으로든 신체적으로든 장애가 있거나 어떤 식으로든 다른) 사람은 섹스를 원하지 않는다는 것.

외부인에게, 무성애자로 정체화한 카라는 이런 잘못된 믿음을 확증하는 사람으로 보인다. 그러나 장애인과 무성애자 공동체 내부인에게 카라는 모순이다. 카라는 자신의 정체성 탓에 양쪽 집단에서 모두 삐걱거린다. 섹스에 관해서라면 각기 다른 방식으로 주변화되는 그 공동체들. 장애인 공동체는 장애인이 무성애자라는, 혹은 무성애자여야 한다는 생각과 싸우는 데 긴 시간을 들였다. 무성애자 공동체는 존재해 온 시간 내내 무성애가 장애와 무관하다는 걸 증명하려고 고군분투했다.

무성애자 장애 여성은 이 두 가지 정치적 의제를 모두 헝클어뜨리는데, 정당성과 내집단 충성도에 관한 물음이 가장 날카로워지는 건 아마 이런 상황에서일 것이다. 두 공동체 모두 나쁜 의도는 없지만 "사람을 뜨거운 감자처럼 다른 쪽으로 던져댄다."라고 카라는 말한다. 카라는 나와 스카이프로 통화하는 동안 뜨개질을 했고 '동정은 집어치우셔'라고 쓰인 검은 티셔츠를 입고 있었다. "그러면 자기가 속하는 곳을 찾을 수가 없죠."

복잡한 영역이니, 우선 섹스를 원하지 않으면 아픈 사람이라는 인식부터 풀어보자. 서구의 의사들은 못해도 13세기부터 성적 욕구가 낮다는 '문제'로 고민했고, 교황 그레고리오 9세는 이때 '냉감증' 문제를 글로 썼다. 연구자이자 『냉감증: 지성사Frigidity: An Intellectual History』의 공저자인 앨리슨 다우넘 무어Alison Downham Moore는 한 인터뷰에서 그 옛날의 '냉감증'이 발기 부전과 유사한 남성의 문제로 여겨졌다고 말한다. 냉감증이 여성 중심의 심리적 욕구 문제에 가깝게 바뀐 건 19세기나 되어서였으며 그런 변화가 일어난 이유는

"다소 수수께끼 같다"고 무어는 덧붙인다.

오늘날 약한 성적 욕구가 의학적 기능 이상의 한 형태라고 주장하는 사람들에게는 미국에서 정신 질환 진단의 경전으로 통하는 '정신 질환 진단 및 통계 편람DSM-5'이라는 편리한 동맹군이 있다. 한때 '성욕 억제 장애'라고 하던 진단명이 1980년부터 이 편람에 포함되었는데, 몇 차례 이름이 바뀌어 현재는 흔히 저활동성 성욕 장애 혹은 HSDDhypoactive sexual desire disorder[1]로 불린다. (DSM-5에서 이 장애는 남성형과 여성형으로 쪼개지지만, 너무 복잡해지지 않게 일반적인 저활동성 성욕 장애만 다루도록 하자.)[2] 저활동성 성욕 장애를 나타내는 생물학적 지표가 없다 보니 기본적인 기준은 수 세기 전 냉감증을 걱정하던 시절에 썼을 법한 기준과 꽤 비슷해 보인다. 성적 환상과 성적 흥미의 지속적인 결여.[3] 듣기로는 무성애 같다.

이런 진단이 기록으로 존재하니 무성애가 치료해야 할 병이라고 널리 생각되는 건 놀랍지 않은 일이다. 생식기에 와인을 문지른다거나 하는[4] 먼 옛날의 '냉감증' 치료법은 이제 우습게 보일지 몰라도 DSM은 현대 의학의 권위와 현대기성 과학계의 영향력을 누리고 있다. 내일 DSM이 사라진다고 해도 약한 성적 욕구를 둘러싼 우려는 여전히 존재하겠으나, 저활동성 성욕 장애라는 진단명이 존재하기에 이런 우려는 정당화되고 증폭된다. DSM의 공식적 성격은 남들이 무성애자에게, 그리고 무성애자가 우리 스스로에게 아프지 않은 게 '확실'하냐고, 치료받지 않아도 되는 게 '확실'하냐고 질문하도록 부추긴다.

제약회사는 또 우리에게 얼마나 치료제를 팔고 싶어 하는가. 저활동성 성욕 장애 증상은 드물지 않고 특히 여성에게는 더욱 그렇다. 주로 진단을 받는 것도 여성이다. 여성 31,000명을 대상으로 한 2008년 연구에서는 10%가 진단 기준에 부합할 수 있다는 사실이 발견되었다.[5]

여기에 관계를 유지하려는 걱정과(섹스는 건강한 삶에 필수적[6]이라는 메시지와 건강은 개인의 도덕적 의무[7]라는 메시지는 말할 것도 없다) 치료제를 가진 회사를 더하면 부를 쌓는 회사가 나온다.

여성의 리비도를 증진할 도구를 만들어내려고 철저하고도 영리한 시도들이 줄줄이 이어졌다. (남성 대상 요법에 관해서는 별다른 말이 없는데, 성 고정관념 탓에 남성의 욕구를 증진한다는 생각이 이만큼 편안하게 여겨지지 않는다는 게 한 가지 이유다.) 여러 회사가 호르몬을 겨냥해 보려 했다. 프록터앤드갬블은 여성의 낮은 성적 욕구를 치료할 테스토스테론 패치를 만들었으나 미국 식품의약국이 안전성 우려로 승인을 거부했다.[8] 여러 회사가 생식기를 겨냥해 보려 하면서 음핵 치료 기기 '에로스' 같은 제품을 개발했다. 에로스는 음핵과 외음부로 가는 혈류를 개선하도록 디자인된 진동기 같은 장비[9]다. 여전히 나오기는 하지만 인기를 얻은 적은 없다. 그리고 여러 회사가 뇌를 겨냥해 보려 했다. 비아그라 제조사 화이자는 남자의 강직도를 높여주는 것과 같은 약이 여자가 섹스를 원하도록 만들 수 있는지 판단하고자 8년을 들여 여성 3,000명을 연구했다. 그렇지 않다는 결과가 나왔고, 당시 화이자의 성 연구 팀장이었던 미트라 부렐Mitra Boolel은 여성에게는 뇌가 결정적인 성적 기관이기 때문에 여성 생식기가 아닌 다른 쪽으로 연구진의 초점을 옮기는 중이라고《뉴욕 타임스》에 전했다.[10]

미국 식품의약국은 지난 5년 동안 뇌에 작용하는 새로운 여성용 리비도 증진 약물을 두 번 승인했다. 2015년 식품의약국은 '핑크 비아그라'로 다시 포장되고 마케팅된[11] 실패작 항우울제[12] 애디Addyi에 긍정의 답을 줬다. 애디는 제약계가 자금을 댄 캠페인 '해준 만큼 받기Even the Score'의 지원을 받았는데, 이건 효과가 의심스러운 제품을 판매하는 데 페미니즘을 써먹은 더없이 적절한 예다. '해준 만큼 받기' 캠페인은 이 약이 여성의 쾌락에 주목하므로 이걸 승인하는 게 페미니즘적인 일이라고 주장했다. 온갖 문제점은 알 바가 아니었다. 여자들은 매일 알약을 복용해야 했고 복용하는 동안에는 술을 마실 수 없었으며 메스꺼움과 실신을 비롯한 부작용을 겪었다. 이 모든 문제에도 약은 '성적으로 만족스러운 경험'을 한 달에 고작 0.5회 더[13] 만들어낼 뿐이었다. 다행히 애디는 실패했다. 꼭 욕구용 약물에 대한 반감 때문만은 아니었지만.[14] 효과가 형편없었고 제약사가 부실했으며 술을 마실 수 없다는 점에서 매력 없는 선택지가 되고 말았다.

이제 바이리시Vyleesi다. 뇌를 대상으로 하는 여성용 해결책으로 2019년에 식품의약국 승인을 받았다.[15] 바이리시는 애디만큼 제약이 많은 건 아니지만, 섹스하고 싶으리라 생각되는 시점 45분 전에 여자가 약을 직접 복부나 허벅지에 주사해야만 한다. 이 약도 메스꺼움을 유발하고, 약물의 효과가 좋은지는 이번에도 불확실하다. 전체적으로 볼 때 바이리시 투여는 통계적으로 유의미한 수준에서 '성적으로 만족스러운 경험'을 늘리는 결과를 내지 못했다.[16] 식품의약국에는 충분했을지 몰라도 나 같은 회의론자에게는 충분하지 않았다. 리비도 증진 약물을 원하는 수요가 있고 제약회사는 이런 약물을 만들고 싶어 죽을 지경인데도, 안전하면서도 널리 효과가 있는 리비도 증진제는 존재하지 않는다. 있다면 모르는 사람이 없을 거다. 장담한다. 제약회사가 어떻게든 그렇게 만들 테니까.

의학적 권위는 상상 속에서마저 강력하다. 의사들은 스스로 아픈지 자문하도록 무성애자를 부추기고, 무성애자가 어떻게 생각할지는 일절 신경 쓰지 않은 채 진단하고 단언한다. 무성애가 몸이 성하지 않은 사람의 망상이라는 태도를 잘 포착하기로는 인기 의학 드라마 〈하우스House〉에 나온 '내 반쪽Better Half'이라는 제목의 회차만 한 게 없을 것이다. 이 한 시간짜리 방송은 무성애자 사이에서 악명이 드높아 얼굴을 찌푸리면서 '그 〈하우스〉 에피'라고만 해도 대화가 통한다.

주인공 그레고리 하우스 박사는 잘 알려졌다시피 섬세함이라고는 없는 남자다. 동료가 맡은 무성애자 환자 이야기를 들었을 때 여자가 조류로 뒤덮인 거대 웅덩이거나 지독하게 못생겼냐고 묻기부터 했다. 다행히도 프로그램 책임자들은 여자가 못생겼다면 무성애자라는 게 자존감을 지키려는 거짓말로 여겨지리란 점을 정확하게 예감했고, 바로 이 질문을 피하고자 그 환자에게 여성의 관습적인 매력 포인트(길고 구불거리는 금발과 딱 붙는 분홍 스웨터를 입은 굴곡 있는 몸)를 전부 부여했다. 이 모든 요소는 금발이고 예쁜 여자가 무성애자일 수는 없다고 암시하는 역할을 한다.

하우스는 이 여자가 주장하는 성적 지향에 어떤 의학적 원인이 있는지 자신이 찾아낼 수 있다면서 동료와 100달러 내기를 한다. 하우스는 "섹스를 안 하는 사람은 많다"고 하면서도, 섹스는 우리 종의 근본 동력이므로 "섹스를 원하지 않는 사람은 아프거나 죽었거나 거짓말하는 사람뿐"이라고 한다.

차차 밝혀지다시피 하우스는 셋 중 둘을 맞혔고, 맞히는 데 DSM을 참고할 필요조차 없었다. 그 여자는 죽은 사람이 아니지만, 무성애자도 아니다. 무성애자인 남편을 사랑해서 무성애자인 척을 한 것이다. 반전은 여자의 남편도 무성애자가 아니라는 것이다. 남편에게 성적 욕구가 부족한 원인은 쉽게 치료할 수 있는 뇌종양이다. 과학이 신속하게 개입하면 두 사람은 마땅히 해야 하는 혼인 관계 내의 이성애 섹스를 곧 즐길 수 있다는 뜻이다. 하우스는 돈을 따고, 덕분에 자기도 이런 환자를 알게 되었고 "왕창 맛이 간 두 사람의 세계관을 중간에 바로잡아줬다"며 동료를 치하한다. 하우스는 "자고 방황하는 게 아예 안 자는 것보다 낫"다고 한다.

2012년에 처음 방영된 '내 반쪽'은 대형 프로그램에 나온 무성애자 묘사 중 지금까지도 손에 꼽히게 유명한 사례다. 많은 사람들은 이 방송으로 "왕창 맛이 간" 지향을 처음 접했다. 요즘도 무성애 관련 책을 쓴다고 말하면 많은 유성애자가 이 회차를 언급하며 그때도 헷갈렸는데 지금도 여전히 좀 헷갈린다는 말을 겸연쩍게 덧붙인다.

〈하우스〉를 꾸준히 본 시청자들은 이 인물의 오만함이 시리즈의 특징이지 거슬릴 요소가 아니란 걸 안다. 하우스는 친절하지 않은 사람으로 설정되었고, 그 누구도 이 사람이 남의 감정을 걱정하는 데 시간을 들이기를 기대하지 않는다. 하지만 하우스는 '분명' 똑똑하고 권위 있는 인물로, 하찮은 다른 사람들을 꿰뚫어 보고 그 사람들의 헛소리를 타박하는 천재로도 설정되었다. 하우스가 모호한 금속 중독 징후를 알아보는 전문가일 때야 우쭐대며 깨달음을 주는 순간이 재미있지만, 하우스의 지레짐작이 무성애자의 경험이 솔직하지 않을 것이며 신뢰할 수도 없다는 견해에 힘을 실을 때는 재미가 없다. 이런 하우스의 불신에서 강제적 섹슈얼리티가 어느 정도로 수용되는지 드러난다. 하우스는 진짜가 아니어도 이 회차를 쓴 사람들은 실재하며, 이 사람들은 이런 스토리를 승인해도 괜찮다고 생각했다. 무성애자와 무성애자 주변인들이 틀린 생각을 고칠 필요가 있다는 스토리를. 똑똑한 의사가 그렇다고 하니 우리 나머지는 그 말을 새겨듣고 의심을 품어야 한다. 하우스의 세계, 곧 우리 세계에는 무성애가 존재하지 않는다. 그건 거짓말 아니면 병이다.

그럼 저활동성 성욕 장애와 무성애는, 나아가 저활동성 성욕 장애와 '정상' 수준의 낮은 욕구는 무엇이 다른 걸까? 둘을 구분하려는 시도는 몇 년 사이 여러 차례 있었다. 하나는 1994년 DSM의 거의 모든 진단명에 추가된 '디스트레스'[*] 기준이다.[17] 욕구가 약하고 그게 나쁘다고 느끼는 사람은 저활동성 성욕 장애가 있는 것이지만, 증상은 같으나 자기가 괜찮다고 느끼는 사람은 아니라는 생각이다. 이어서 2008년 무성애 활동가들은 무성애자로 정체화한 사람에게 욕구 장애를 진단하지 말 것을 DSM 전문가 집단에 권고할 대책위원회를 꾸렸다.[18] DSM에는 2013년부터 무성애 예외 규정이라는 것이 들어갔다.[19]

저활동성 성욕 장애라는 의료적 문제와 문제가 되지 않는 낮은 욕구를 구분하려는 어설픈 시도는 양쪽 모두 신통찮다. 사람들은 어떤 상태 자체가 문제라서가 아니라 선입견이 삶을 더 고달프게 하는 탓에 여러 상태에서 디스트레스를 경험한다. 게이나 트랜스인 사람은 일반적으로 시스젠더 이성애자보다 정신 건강이 나쁜데[20] 게이이거나 트랜스인 게 질병이어서가 아니라 극심한 편견이 디스트레스를 유발하고 정신 건강에 타격을 주기 때문이다. 같은 이야기가 무성애자에게도 해당한다. 무성애 예외 규정만 해도, 그게 존재하기에 사고는 꼼짝없이 기묘하게 비틀리고 만다. 무성애자로 정체화하지 않으면 저활동성 성욕 장애가 있다는 말은,

---

[*] distress. 신체적·감정적 문제가 따르는 스트레스.

동성애자로 정체화하지 않았는데 동성에게 끌림을 경험한다면 정신 질환이 있다고 말하는 것과 같다. 예외 규정이 있는 건 예외 규정이 없는 것보다는 낫지만, 동성 끌림을 경험하는 건, 혹은 어떤 끌림도 경험하지 않는 건 그 특정 경험을 기술하는 데 무슨 단어를 쓰든 질병이 아니다.

정신 질환과 무성애 지향을 진정으로 구분하는 특징은 성적 끌림의 양이나 생물학적 표지, 디스트레스를 느끼는지의 여부가 아니다. 무성애 연구자 앤드루 힌더라이터는 이 주제를 다룬 한 논문에서 구분은 대부분 사회적 차이라고 설명한다.[21] 저활동성 성욕 장애와 무성애는 지식의 기원, 접근법, 해석에서 구분된다.

욕구 장애는 성과학이라는 의료 분과에서 등장한 반면 무성애 정체성 탐구는 퀴어학과 사회 정의 담론에 뿌리를 둔다. 최종적으로 장애를 진단할 권위가 의사에게 주어지는 하향식 의학 지식으로 인해 욕구 장애라는 문제가 생긴다. 무성애자들은 무성애자 여부는 스스로 판단해야 한다고 강조하며 개인의 탐구를 장려한다. 나는 남들이 내게 설명해 준 경험이 다른 무성애자의 경험과 일치한다고 말해왔다. 누군가를 무성애자로 '진단'하거나 그 사람더러 이쪽으로 정체화해야 한다고 주장한 적은 한 번도 없다.

무엇보다 낮은 성적 욕구가 무엇을 함의하고 있다고 생각하는지에서부터 차이가 난다. 욕구 장애는 인지한 차이를 문제로 명명한다. 무성애는 변주를 포용하고 또 설사 무성애자인 게 불편할 수 있다고 해도 장애의 언어를 피한다. 나를 비롯한 무성애자 대다수는 욕구가 낮거나 성적 끌림이 없는 게 잘못되었다고 전혀 생각하지 않는다. 성적 욕구를 키우려 노력해야 한다는 도덕적 책무가 있다고 생각하지 않는다. 섹스를 원하는 게 보건이나 인류를 위한 요건이 되어서는 안 된다.

무성애 활동가 CJ 체이신은 여기서 더 나아가 더 성적인 사람이 되는 게 불가능할 때만 무성애자라는 걸(혹은 욕구가 낮다는 걸) 받아들여야 한다는 생각도 비판한다. 이런 생각은 무성애자 친화적인 연구자와 상담사, 그리고 우리 무성애자 사이에서도 흔하다. 체이신은 묻는다. "레즈비언인 사람한테도 이렇게 말할 건가요?" '그 여자를 이성애자로 만들 수 있다면 그렇게 하겠지만 이성애자로 변화시킬 수 없다면 동성애자인 걸 받아들일 수 있게 도와주겠다.' 같은 말을 하겠냐는 거다. "변화가 '가능'한지에 의미를 둬서는 안 된다고 주장하고 싶어요. 사람이 변'해야' 한다, 섹스를 원하는 게 더 좋다, 달라질 수 없을 때만 무성애 정체성을 받아들여야 한다는 기대를 풀어헤치는 게 필요하죠." 체이신의 말이 이어진다. "트랜스와 논바이너리도 마찬가지예요. 시스젠더일 수 없을 때만 트랜스를 어떤 젠더로 인정해야 한다는 생각은 거부합니다. 말이 안 되는 소리죠."

가능 여부와 무관하게 더 성적이어야 한다는 압박을 느끼는 사람이 누구도 없어야 한다는 점에서 체이신은 옳다. 그래도 개인의 선택은 중요하니 안전하고 두루 효과를 보이는 리비도 증진제가 존재한다면, 나도 사람들이 그걸 사용하는 데 반대하지는 않을 것이다. 물론 충분한 교육이 이뤄진 이후에만 사용되고 '치료제'라는 단어 없이 팔려야 하겠지만. 성과학자 바버라 커렐라스Barbara Carrellas가 잡지《아웃라인》에서 이야기했듯 바이리시 같은 약물은 의학적 문제의 치료제가 아니라 쾌락을 강화할 도구로 마케팅되어야 한다.[22]

나도 진단에 딱 잘라 반대하는 건 아니다. 진단을 받으면 공동체를 찾는 건 물론이고 특화된 치료법을 이용하는 데 꼭 필요한 보험 코드를 얻을 수 있다. 다만 현 상황에서 저활동성 성욕 장애에 가장 도움이 되는 치료법은 특별한 알약이 아니라 옛날부터 있었던 평범한 요법이다. 유용한 서비스를 제공해 줄 가능성은 별로 없으면서 의학적으로 안 좋은 상태라는 생각을 강화할 가능성은 '있는' 진단이라면 목적이 뭔지 나로서는 알기 어렵다.

내가 당장 내일 저활동성 성욕 장애가 있는 유성애자 여성으로 정체화한다면 나는 스스로를 더 부정적으로 인식할 것이다. 애디나 바이리시를 처방받을 수도 있겠지만, 그 과정에는 시간과 돈이 들고 약물은 아마 효과가 없을 것이다. 저활동성 성욕 장애 관련 내용을 더 알아볼 수도 있겠지만 인터넷에 있는 많은 자료는 그 질환이 얼마나 고통스러운지에 초점을 둬서 이미 온갖 결점 때문에 전전긍긍하는 불안한 정신에는 도움이 거의 안 된다. 저활동성 성욕 장애 진단이 쓸모를 잃는 건 대안이 될 훨씬 긍정적인 사고방식이 있을 때다. 이는 무성애자로 정체화하는 것일 수도, 단순히 약한 성적 욕구는 병이 아니라고 생각하는 것일 수도 있다. 의학적 진단을 거부하는 게 어떤 상황에서 억지 행복을 느낀다는 뜻은 아니다. 다시 말하지만, 무언가에서 디스트레스를 받더라도(무성애인 것으로 디스트레스를 받는 무성애자는 수두룩하다) 디스트레스의 원인이 그 자체로는 문제가 아닐 수 있다.

많은 무성애자가 한때는 장애 진단을 (그리고 공식적으로 승인되지 않은 호르몬 처방을) 받은 유성애자였다가 무성애를 알고 자기는 있는 그대로도 괜찮다는 결론을 내렸다. 하나가 다른 하나로, 아픈 사람이 괜찮은 사람으로, 장애가 다름으로 바뀌는 데 필요한 건 오로지 관점의 전환뿐이다. 사실 저활동성 성욕 장애가 사회적 구성물이라는 비판은 새롭지도 않고, 구분 짓기의 사회적 성격 역시 연구로 증명된다. 스스로 정체화한 무성애자와 욕구 장애를 진단받은 유성애자를 비교한 2015년의 한 연구에 따르면 무성애자는 저활동성 성욕 장애를 진단받은 집단보다 전반적으로 성적 욕구가 낮았으나 자기 자신에게 더 만족했다.[23] 구분이 상당히 흐릿한데, 흐릿함은 줄곧 DSM의 특징이었으니 놀랍지는 않다.

몇 가지 기준을 한데 던져 넣고 투표로 승인하면 무엇이든 공식적인 정신 질환이 될 수 있다. 즉 이 편람은 요즘 같으면 많은 사람이 경악할 만한 편견을 비춘 거울로 오랜 세월 존재했다는 뜻이다. 50년 전이면 다른 남자랑 섹스하고 싶어 하는 남자는 정신 장애가 있다고 분류되었을 것이고 DSM의 동성애 항목이 이를 뒷받침했을 텐데, 이 항목은 1980년

대가 되어서야 완전히 삭제되었다.[24] 오늘날에는 남자가 파트너와 하는 섹스에 별 흥미가 없으면 정신 질환이 있는 것으로 여겨진다. 두 진단은 모두 편협함에서 기인한다.

무성애자들이 아프다는 견해와 싸워왔다면 장애인은 무성애자가 아니라는 걸 증명하려고 노력해 왔다. 아픈 사람은 섹스를 원하지 않는다고 (혹은 하면 안 된다고) 믿는 사람들을 대변하는 몇 마디 말을 소개한다. '삼대가 천치면 충분하다.' 거침없는 직설이 충격적인 이 구절은 미국 대법원의 전설적인 대법관 올리버 웬들 홈스 2세Oliver Wendell Holmes Jr.가 1927년 '부적격자'에게 불임 처치를 강제할 권리[25]를 지지하고자 쓴 것이다.

문제의 '천치' 캐리 벅Carrie Buck은 품위 기준을 충족하지 못한 어떤 여자의 아이로 삼대의 가운데에 끼어 있었다. 캐리는 어린 나이에 엄마 에마에게서 분리되어 더 고상한 존과 엘리스 돕스 부부의 집으로 보내져 그곳에서 지냈다. 캐리는 열일곱 살이 되었을 때 양부모의 조카에게 강간당했다. 임신이라는 결과가 따라오자 존과 앨리스는 사회적으로 난감한 처지에 놓였다. 두 사람은 조카를 지키려고 캐리를 희생양 삼아 (지능이 멀쩡하고 학교에서 문제를 겪은 적도 없는 캐리에게 증거도 없이 '정신 박약' 딱지를 붙여) 버지니아주 간질 환자 및 지적 장애인 수용 시설에 집어넣기로 했다.

캐리를 시설에 넣는 일은 특별히 어렵지 않았다고 기자 애덤 코언Adam Cohen은 『천치: 대법원과 미국 우생학 그리고 캐리 벅의 불임화Imbeciles: The Supreme Court, American Eugenics, and the Sterilization of Carrie Buck』[26]에서 설명한다. 인종 면에서 변화가 일던 이 시기의 인구 구조는 한자리하는 부유한 백인들의 두려움을 부채질했다. 우생학, 즉 부적격자의 번식을 금하면 사회가 발전할 수 있다는 생각은, 자격 없는 이들이 득시글거리는 세계에서 위협에 대응할 완벽하고 합리적인 해결책으로 보였다. 최고의 사상가들이 옹호하고 아이비리그 대학에서 가르친 생각이었으며 심지어는 F. 스콧 피츠제럴드가 프린스턴 대학 재학 시절에 쓴 〈사랑 아니면 우생학Love or Eugenics〉이라는 노래의 주제가 되기까지 했다. ("남자들이여, 어느 쪽이 와서 차를 따라 주기를 바라나 / 심장에 불을 붙이는 입맞춤 / 아니면 병을 예방하는 귀공녀의 사랑?") 그러나 '부적격'은 권력자의 마음에 들지 않는 건 뭐든 의미할 수 있었다. 그저 '특권이 없다'는 뜻일 수 있었다. 한 예로 고위 연구자들이 진행한 여러 연구에서는 성 판매자의 최대 98%가 지능이 '보통 이하'[27]라고 했다.

캐리는 버지니아주의 시설에 수용된 후 벅 대 벨 재판의 원고가 되어 의지에 반해 불임 시술을 받는 사람은 없어야 한다는 주장을 대표하게 되었다. 재판은 대법원까지 갔다. 홈스가 보기에 (젊고 결혼을 안 했고 성적으로 문란하며 정신적으로 모자란다는) 캐리는 미국에서 존속을 허락해서는 안 될 인간상을 대표했고, 그래서 홈스는 수용 시설의 관리자였던 우생학자 존 벨John Bell의 손을 들어주는 판결을 내렸다. 반대 의견은 하나뿐이었기에 캐리는 불임 시술을 당했다. 이 소송은 자체 우생학 프로그램을 개발하던 나치에게 인용되었다.[28] 판결은 끝내 뒤집히지 않았다.

벅 대 벨 재판을 처음 알게 된 사람들은 돕스 부부가 캐리의 지능으로 거짓말을 했다는 데 많이들 경악하지만, 캐리가 실제로 '정신 박약'이었는지는 중요하지 않다. 강제 불임 시술은 캐리의 신체 주권을 침해했으며, 캐리에게 진짜 지적 장애나 간질이 있었다고 해도 소송은 똑같이 끔찍했을 것이다. 벅 대 벨 사건은 참혹함으로 손꼽히는 대법원 판결 사례로 미국 역사 속 우생주의의 계보를 부단히 상기시킨다.

장애가 있는 사람들은, 당사자의 생각과 욕구야 어떻든, 세상이 무성애자일 거라고 추측해 버리거나 무성애자로 만들려고 애쓰는 집단 중 하나다. 장애와 무성애에 관해 중요한 연구를 수행한 젠더학 연구자 김은정은 "탈성화란 장애가 있는 몸에서 섹슈얼리티를 분리하는 과정으로, 장애인은 사회에서 욕망할 만하지 않은 존재로 여겨지고 장애는 성적 무능으로 이어진다고 간주되므로 섹슈얼리티는 그 몸과 무관하며 양립할 수 없는 것이 된다."고 쓴다.[29]

장애인의 탈성화는 강제적 섹슈얼리티를 반박하는 것으로 보일 수도 있으나 실제로는 그 작동 방식의 미묘함을 드러낸다. 강제적 섹슈얼리티는 성욕이 있는 게 '정상'이라는 믿음이다. 이를 뒤집으면 (노령층, 자폐인, 아시아인 남자, 매미라는 인종주의적 전형, 장애인처럼) 이미 '정상'보다 못하다고 인식되는 집단은 탈성화되어 타인이 보기에 성적 매력이 없다고 여겨지며 본인들도 성욕이 없으리라고 가정된다. 아름다운 비장애인 여성은 순결을 지키라는 말을 듣고 정조를 위해 수치심을 자극받지만 이들의 몸은 영화 소품이 되고 맥주 판매에 쓰이는 등 여전히 욕망의 대상으로 여겨진다. 그러나 신체적 장애가 있는 이들의 몸은 어딘가 어긋나고 추한 것으로 비치므로(게다가 장애인은 영원히 아이와 같아 섹스에 준비되지 않은 것으로 여겨진다) 장애인이 성적 충동을 느낀다는 생각은 거부감을 유발한다. 장애 연구자 톰 셰익스피어Tom Shakespeare가 《애틀랜틱》에 말했듯 장애와 섹슈얼리티의 이미지는 캐리처럼 불임 시술을 해야 할 정도로 위험한 섹슈얼리티를 지닌 "도착적이고 성욕이 과다한"[30] 사람 아니면 무성애자로 장애인을 보여주는 경향이 있다.

비장애인은 신체적 장애가 성적 욕구를 앗아갈 거라고 짐작하지만 꼭 그렇지는 않다. 여성 1,000여 명을 대상으로 한 연구에서는 신체적 장애가 있는 여성이 장애가 없는 대조군 여성과 성적 욕구를 매우 비슷한 수준으로 느낀다는 게 밝혀졌다.[31] 지적 장애나 자폐 스펙트럼 장애가 있는 이들도 마찬가지로 탈성화되어 성적 욕구를 경험하기에는 너무 순수하거나 순진하다고 가정된다. 그 결과 이 아이들에게는 성교육이 무의미하다는 도돌이표 같은 믿음 때문에 장애 아동은 성교육에서 자주 배제되며[32] 장애가 있는 사람은 비장애인 또래에 비해 데이트를 늦게 시작하는 경우가 많다.[33]

장애인이 자신의 섹슈얼리티를 탐구하는 걸 막는 난관은 고정관념뿐만이 아니다. 뇌성마비가 있는 무성애자 장애 활동가 카라는 비정한 의료 체계에서 장애인의 몸이 물건과 짐짝처럼 취급된다고 말한다. 진료를 받을 때면 간호사와 의사와 치료사가 카라의 다리를 마구잡이로 휘둘렀다. 물리 치료와 수술을 받은 카라에게는 흉터가 남았다. 카라는 말한다. "내 생각에 장애인은, 특히 장애를 지니고 자랐으면 더더욱 우리 몸이 쾌락의 원천이 될 수 있다는 점을 배우지 못했어요. 뭘 어떻게 할지 알아내는 일을 매일 겪어야 하죠. 난 보통 사람들하고는 다르게 하거든요. 하루에 최소 두 번은 이런 생각을 해요. '나한테 몸은 대체 왜 있는 거래?'"

스물여덟 살 조도 비슷하게, 어린 나이부터 항상 고통 속에 있다는 건 다른 사람들과 달리 몸과 연결되었다는 느낌을 받지 못했다는 뜻이라고 말한다. (조는 글래스고 대학 섹슈얼리티 연구자 캐런 커스버트Karen Cuthbert가 장애와 무성애라는 두 정체성을 살아내는 경험을 연구하고자 인터뷰한 장애인 무성애자 열한 명 중 한 명이다.)[34] 커스버트에게 조가 한 말이다. "내가 다른 사람의 몸이나 신체적 상호 작용을 일반적으로 보는 방식과 이게 관련이 있을지도 모르겠네요." 에린이라는 이름의 여성("괴상한 감각 문제"가 딸려 오는 관절 과운동성 증상이 있다)은 자기 정신과 신체의 연결이 정말 끊어진 건지 그리고 '바로 이게' 누구와도 성적으로 관계 맺고 싶지 않은 이유인지를 때때로 고민한다고 말한다.

이런 질문은 신체적 차이에만 국한되지 않는다. 스물두 살 스테프는 예전만 해도 자기가 자폐 스펙트럼에 해당해서 섹스에 신경을 안 쓰는 줄 알았다고 커스버트에게 말했다.

"친밀감에 관심이 없는 걸 아스퍼거 증후군 탓으로 돌렸죠. 아스퍼거 증후군이 없었으면 내가 무성애자가 아닌지 훨씬 일찍 의심했을걸요."[35]

장애인 공동체는 이 모든 것(악의적이고 오도된 믿음, 무례한 의사들, 미국 최상위 법원이 인가한 실제 폭력)에 대한 반응으로 장애가 있는 사람도 비장애인과 똑같은 성적 욕구를 지니고 있으며 똑같은 성적 권리를 누려야 한다고 주장하며, 이 주장은 완벽하게 이치에 맞다. '그래, 우리 섹스한다!Yes, We Fuck!'라는 단체는 장애와 섹슈얼리티에 초점을 맞춘 다큐멘터리를 제작했다.[36] 앤드루 거자Andrew Gurza가 진행하는 〈어둑해진 시간의 장애Disability After Dark〉 같은 팟캐스트도 같은 주제를 이야기한다.[37] 섹스 대리인과 함께하는 장애인 남성의 이야기인 2012년 작 영화 〈세션The Sessions〉은 계속되는 정치적 논의와 마찬가지로 사안에 관심을 불러일으키는 계기가 되었다.[38]

특히 장애 연구자 모린 밀리건Maureen Milligan과 앨드리드 뉴펠트Aldred Neufeldt는 장애인의 무성애란 대체로 신화, 그것도 자멸적이며 자기 영속적인 신화라고 주장한다. "신체적·정신적 장애가 기능을 상당 부분 바꿔놓을지는 몰라도 기본적인 충동이나 사랑, 애정, 친밀감을 바라는 욕구를 없애버리지는 않는다"고 이들은 쓴다.[39] 밀리건과 뉴펠트는 장애가 있는 사람들이 섹스할 기회가 적을 수는 있으나 그게 욕구 자체가 부재하다는 의미는 아니라고 주장한다. 문제는 욕구의 양이 아니라 이들의 욕구가 어느 정도일 거라는 타인의 짐작과 이 모든 상황에서 생길 수 있는 패배감이다.

비장애인에게 자기가 어떻게 인식될지를 절절하게 알았던 카라는 이십 대까지 자기가 이성애자 여성이라 추측했다. 데이트를 시작한 이후로는 그게 맞는지 의구심이 들었다. 섹스가 불쾌하거나 나쁜 건 아니었지만 카라 본인이 말하듯 "섹스하기랑 넷플릭스 보기 중에 하나만 한다면 넷플릭스를 고를 것"이었다. 어떤 성적 활동은 분명 쾌감을 느낄 만했으나 그 쾌감이 성적 끌림에서 오는 것 같지는 않았다. 머리를 빗거나 햄스트링 스트레칭을 할 때와 같은 식으로 기분이 좋았으니 "무성애자 스펙트럼 어딘가에 있는" 것으로 정체화하는 게 맞는 듯했다. 무성애자라는 정체성은 카라가 아는 자신의 삶과 일치했다.

무성애자가 모두 카라 같은 사람을 반긴 건 아니었다. 무성애 공동체 구성원들은, 특히 초기에는 장애인 무성애자 때문에 무성애의 정당성이 떨어지고 무성애가 장애나 질병과 연관되는 (혹은 그래서 생기는) 게 아니라고 반증할 수 없게 된다며 이들을 철저히 배척했다. DSM에 무성애 예외 규정을 추가하려는 노력조차 무성애자들이 얼마나 행복한지에 초점을 맞추며 결국은 미묘하게 비장애중심적으로 흘렀다. 웨이크포리스트 대학 젠더학 연구자 크리스티나 굽타 Kristina Gupta는 이렇게 쓴다. "정신 질환과 무성애 양쪽에 씌워지는 오명에 '같이' 문제를 제기하기보다는 오히려 무성애에서 정신 질환이라는 오명을 제거하려 했다. 이런 식의 정상화 전술에서는 교차적 분석과 연합의 가능성이 희생될 수 있다."[40]

　힘든 일이다. 동시에 카라는 섹스할 생각이 없다는 이유에서 자신이 '나쁜 장애인'이라는 느낌마저 받을 수 있다. 카라가 말을 더한다. "이따금 내가 고정관념을 그저 수긍한다고 느껴지는 게 사실이에요. 이런 생각 있잖아요. '휠체어 타는 여자애면 당연히 섹스 생각은 없겠지. 누가 재랑 섹스하려 하겠어?'" 무성애가 어디서 왔는지를 말하자면, 여기에도 완벽한 답은 없다. 둘을 명확히 분리해 인지하고 서로 관련이 없다는 걸 확실히 아는 장애인 무성애자도 있다. 하지만 카라에게는 자신이 그냥 무성애자인지 아니면 뇌성마비가 어떤 식으로든 작용해서 그런 건지가 여전히 모호하다. 카라는 궁금해한다. "어릴 때 약간 과보호를 받아서 그런가? 그런 걸 나한테 가르쳐준 사람이 아무도 없었다고?"

　완벽한 무성애자의 그림은 있다. 이런 물음을 스스로에게 던질 필요가 한 번도 없었던 사람. '완전무결한 무성애자'라고도 불리는 '순정gold-star 무성애자'는 자기 정체성에 일말의 의심도 없다. (블로거 시애트릭스가 2010년에 만든[41] 이 단어는 남자와 섹스한 적이 한 번도 없는 레즈비언을 뜻하는 '순정 레즈비언'과 비슷하다.) 순정 무성애자는 우리 모두의 구세주가 될 것이다. 성적 끌림의 부재를 초래했을 수도 있는 다른 요인이 단 하나도 없다는 깔끔한 이유로 무성애의 정당성을 입증할 수 있는 사람이니까.

카라는 순정 무성애자가 아니다. 장애는 자동 실격 사유다. 어쩌면 제일 크다고까지 할 수 있을 사유. 다른 중대 실격 사유는 성 학대와 성폭행 생존자인 것이다. 오벌린 대학 젠더학 교수이자 『여러 무성애: 페미니스트와 퀴어 관점에서 Asexualities: Feminist and Queer Perspectives』의 공동 편집자인 KJ 세런카우스키KJ Cerankowski는 내게 이렇게 말했다. "오랜 세월 무성애자 공동체에서 특히 우세한 목소리 다수는 '난 학대당하지 않았고, 트라우마에 시달리는 게 아니다'를 몇 번이고 되풀이했어요. 학대나 트라우마가 무성애의 원인이라는 생각과 거리를 두려는 마음이 그만큼 있다는 거죠. 그 생각대로라면 무성애는 고치거나 치료할 수 있는 문제라는 뜻이 되니까요. 그 결과 성 학대나 트라우마 이력이 있는 (그리고 그게 자신의 무성애 지향과 어떤 관련이 있는지 확신하지 못하는) 사람들이 무시되었습니다."

순정 무성애자는 모든 면에서 건강하고, 나이는 스물에서 마흔 사이이며(노령이면 어차피 무성애자로 간주되니까) 시스젠더고, 더불어 섹스에 긍정적이고 인기도 많아야 한다고 시애트릭스는 쓴다.[42] 순정 무성애자는 인셀이라 씩씩댄다는 비난을 피할 만큼 외모도 출중하다. 종교를 믿으면 그냥 억압되었다는 뜻이니 종교가 있으면 안 된다. 자위를 안하고 성적으로 문제가 있었던 이력도 없다. 과거 섹스를 시도해 본 적이 있을지 몰라도 그 이후로 자신이 무성애자라는 생각을 결코, 두 번 다시 바꾸지 않았으며 성적 호기심을 한 톨도 느끼지 않았다. (파트너에게 헌신하는 연애를 한 적이 있으면 추가 점수를 받는다.) 자폐인 여성 케이트가 그랬던 것처럼 자기가 충분히 신경전형인*답게 보이지 않으면 본인 탓에 무성애가 "나쁘게 보일까" 하는 걱정을 순정 무성애자는 절대 하지 않는다. 순정 무성애자는 애초에 자폐인이 아닐 것이다. 언제나 사람들과 잘 어울릴 것이다. 어울리는 것 이상으로, 사랑받을 것이다.

무성애의 뿌리에 관한 강박, 무성애를 증명하는 걸 거의 불가능하게 하는 이 압박은(당신이 생각하는 대로다) 모든 사람은 성적이어야 한다는 믿음에서 생겨난다. 이 믿음은 일반 대중이 가할 수도 특정 공동체 내부에서 강요될 수도 있다. 어떤 선호나 행동이 사회적으로 수용되면 사람들은 그 기원에 관심을 두지 않는다. 그 기원마저 복수의 요인에 영향을 받았다 할지라도. 과학자들은 "게이 유전자"[43]를 찾으려고 시간을 한참 소모했는데, 이성애 유전자를 찾는 시도에 그만한 노력이 들어간 적은 없다. 이성애는 이상적인 것으로 여겨지니, 그게 선천적인지 후천적인지 굳이 고민하는 경우는 드물다. 실은 둘 다 맞고, 또 에이드리언 리치가 명확히 밝혔듯 실은 이성애 지향 역시 선택했다기보다 조건화된 경우가 많은데도. 무성애자인 건 이상적으로 여겨지지 않기에 이런 비정상성의 원인은 관심이 쏠리는 지점이 된다. 체이신이 짚었듯, 어떤 사람이 다른 식으로 살 수 있는지를 파악하는 게 사회가 이를 얼마나 수용해야 하냐는 물음에

* neurotypical. 신경다양인에 대비되는 말.

지침이 되는 탓이다.

　강제적 섹슈얼리티 탓에 무성애는 이중 잣대에 취약해진다. 어린 시절 학대를 당했다 해도 누군가의 이성애 지향은 가짜 취급을 받지 않지만, 유년기의 학대는 많은 경우 자동으로 무성애의 원인이 된다. 이성애자는 자신의 이성애 지향이 '그냥 지나가는 시기'라 불리는 일을 겪지 않을 수 있지만, 무성애자(그리고 이성애자가 아닌 모두)는 그런 일 없이 정체화할 수 있는 여지가 별로 없다. 게이 남성에게는 맞는 여자를 못 찾아서 그렇다고 절대 말하지 않을 사람도 같은 말을 무성애자에게 하는 건 대수롭지 않게 생각한다. 양육자는 다섯 살 남자아이에게 반에서 어떤 여자아이랑 사귀고 싶냐고 묻다가도 무성애자나 게이인 다섯 살 남자아이에게는 자기 섹슈얼리티를 어떻게 벌써 확신하느냐고 묻는다. 이성애자는 자기 성적 지향을 확신한다고 해서 마음이 닫혔다는 취급을 받는 일이 거의 없지만, 무성애자는 확신이 없는 상태, 모든 걸 바꿔놓을 바로 그 사람을 언제든 발견할 수 있는 상태라고 가정된다.

　그래서 무성애자는 두려움을 품고, 자기들끼리 결속하면서 순정이라는 이상을 벗어나 너무 멀리서 모험하는 사람, 질문을 지나치게 많이 유발해 나머지를 무너뜨릴 사람을 모두 배제하려 한다. 무성애자의 기준 요건은 계속 늘어 충족할 수 있는 사람이 거의 없다시피 한 기나긴 목록이 탄생한다. 존중받고 싶다는 욕구 때문에 비장애중심적이고 선입견에 젖은 태도로 우리 자신을 행복하고 건강한 사람으로 내보이려고 안간힘을 쓴다. 행복하지도 건강하지도 않은 세상의 이성애자 모두와 마찬가지로 무성애자이면서 불행하고 아픈 것 역시 괜찮아야 하는데도.

배제는 효과가 없다. 그러거나 말거나 무성애를 무시하기로 작정한 사람들은 DSM이든 재생산 적합성 논리든 양육의 의무든 뭐든 가져다 구실을 찾아낼 것이다. 무성애자 공동체의 꿈은 경험을 공유하는 사람들을 하나로 모으는 것, 우리가 서로를 찾고 자원을 창출하고 괜찮다고 느낄 수 있게 지원하는 것이었다. 항상 고개를 저을 사람들의 비위를 맞추려 애써 봤자 이런 목표에는 가까워지지 않는다. 순정이라는 이상에 얼마나 빈틈없이 맞아떨어지는지에 따라 조건부로 무성애자가 수용되면 맞지 않는 사람은 의심으로 자신을 고문한다. 포용되어야만 하는 이들이 배제되고, 이어서 우리마저 우리 자신을 의심하게 된다.

나는 순정 무성애자를 한 번도 만난 적이 없다. 순정 무성애자는 환상이자 거짓이다. 우리 자신을 이롭게 하는 대신 남을 달래는 쪽으로 우리의 관심을 돌려놓는 것이며 이 환상을 좇으면 바로 지금 여기 존재하는 진짜 무성애자는 상처를 입는다. 이런 이상을 붙들고 있으면 이 장을 관통하는 다음과 같은 질문을 몇 번이고 거듭해 던지는 게 당연해진다. 뭐가 무성애고 뭐가 뇌성마비지? 가부장제의 영향은 뭐고, 수줍음이나 보호받아 온 건 얼마나 영향을 미쳤지? 무엇이 고정관념이나 수치심 때문에 생겼고 무엇이 아닐까? 쉽사리 의심할 요인이 이렇게나 많은데 무성애자라고 밝히는 걸 어떻게 괜찮다고 생각할 수 있지? 그리고 우리는 언제 질문을 멈출 수 있어?

짧은 답이 있고 긴 답이 있다. 짧은 답은 개인적이고 실용적으로, 각자가 다음으로 뭘 해야 하는지와 얼마나 오래 고민해야 하는지에 관한 것이다. 우리 대부분은 이런 질문에 빈틈없이 닫힌 답을 찾는 호사를 절대 누리지 못할 것이다. 우리의 다른 선호에 수없이 많은 요소가 어느 정도로 영향을 줬는지 절대 알 수 없는 것과 마찬가지다. 상호 작용은 너무나 복잡하다. 카라와 모든 무성애자가 알듯 질문을 던지는 건 진 빠지고 무익한 일이 되기도 한다. 경험은 나중에 저절로 바뀔 수도 있고 아닐 수도 있다. 그러니 어느 정도 애를 써 봤다면 이런 노력은 더 이상 도움이 되지 않고, 수용이 더 중요해진다.

하이힐을 신어야 한다는 압박이든 울면 안 된다는 압박이든 유해한 사회적 조건화는 피할 수 없다. 탈학습이 필요한 가르침의 목록은 무한에 가깝지만 시간과 에너지는 한정되어 있다. 그러니 누군가는 성적 욕구에 관해 질문을 던지는 일보다 다른 사안에 집중해야 더 큰 보상을 얻겠다고 판단할 수도 있다. 공동체에 들어오려는 모든 무성애자는 환영받아야 한다. 우리 중에 순정 무성애자는 한 명도 없지만 그렇다고 우리가 나빠지는 건 아니다.

긴 답은 사회적으로, 더 거대한 층위에서 무엇이 변해야 하는지에 관한 것이다. 남들이 우리에게 요구하는 기대 사항에, 그런 기대의 목적과 기원에 의문을 제기하는 건 진정 필요한 일이다. 자신은 누구이며 무엇을 원하는지 또 그 모든 게 어떻게 바뀔 수 있는지는 모두가 탐구해야 한다.

무성애자로 정체화한 사람들에게도 해당하는 이야기다. 자기에게 맞지 않는다면 무성애자로 정체화하지 않을 자유도, 무성애자이면서도 섹스를 궁금해할 자유도, 무성애자로 정체화했다가 생각을 바꿀 자유도 있어야 한다. 한 예로 첫 번째 장에 나왔던 루시드 브라운은 비록 대상이 단 한 명이기는 했으나 자신이 성적 끌림을 경험하기는 한다는 걸 발견하고 반성애자로 정체화했다. 루시드는 여자친구가 아닌 그 누구에게도 성적 끌림을 느끼지 않지만 이것만 해도 전환하기에 충분하며, 그런 전환으로 불안과 고뇌에 빠지는 일은 없어야 한다.

"사람들은 정말 다양한 방식으로 이성애와 동성애와 퀴어함을 드나드는 것 같은데, 무성애도 그렇게 대하면 안 되나요?" 젠더학 연구자 세런카우스키는 묻는다. "갖가지 섹슈얼리티로 정체화하게 되는 환경은 가지각색이에요. 우리는 성 정체성을 더 복합적으로 생각하면서 이동과 유동성을 허용해야 합니다." 성 정체성과 경험에서는 가령 나이와 건강도 고려할 수 있다. "무성애가 평생 가는 본질적인 게 아니라면, 정체성 형성에 더 유동적으로 접근한다고 해서 무성애가 반드시 무효화되지는 않아요. 그냥 섹슈얼리티를 경험하는 길이 다양하게 존재하는 거죠."

그러나 더 성적인 쪽으로 등을 떠밀기만 하는 격려라면

유동성과 탐구와 고정관념의 탈학습에는 별 의미가 없다. 잠시 메타적으로 이 자체를 돌아보자면, 질문이라는 작업과 질문의 대상("내가 드러나지 않게 억압된 건가? 고정관념에 수긍하고?") '역시' 다른 편에서 왔을 뿐 사회적 통제와 조건화의 산물일 때가 많다. 무성애와 유성애라는 선택지가 (가시성과 이런 정체성의 의미에 대한 사람들의 생각이라는 측면에서) 평등하게 주어졌는데 누군가가 유성애자이기를 선택하면 이건 그 사람이 유성애자라는 합당한 증거다. 인정되는 선택지가 유성애뿐인데 유성애자이기를 선택한다면 이 선택이 비정상이라는 폄하가 만든 결과일 가능성은 훨씬 커진다. 사람들은 무성애 지향을 부인하고 자기가 역시 유성애자였다는 사실을 발견하기를 바라며 영원히 세상을 떠돌 것이다.

무성애자가 사회적으로 완전히 수용되지 않는 한 탐구는 빈곤할 수밖에 없다. 모든 유형의 사람이 무성애자일 수 있으며 무성애는 다를 뿐 열등한 존재 양식이 아니라는 인정이 무엇보다 중요하다. 나아가 그저 무성애자여도 괜찮다고 말하는 것만으로는 충분하지 않다. 자기가 혹시 무성애자인지 판단해 보고 무성애자로 사는 즐거움을 알아보도록 적극적으로 권장해야 한다. 이렇게 되어야만 탐구가 더 많은 자유로 이어진다. 모두 자유롭게 자신을 알아가야 하지만, 이 자유에서 무성애자인 게 잘못되었다거나 다른 답을 찾을 때까지 계속 애써야만 한다는 생각을 끌어내는 사람은 없어야 한다.

장애인 공동체와 무성애자 공동체 양쪽 모두 장애인 무성애자를 환영하는 건 도덕적 의무다. 장애인 공동체는 성적 변주가 존재하고 장애인이 무성애자일 수 있으며 무성애자라고 나쁠 게 전혀 없으므로 장애인 무성애자를 환영해야 한다. 무성애자 공동체는 성적 변주가 존재하고 무성애자가 장애인일 수 있으며 장애인이라고 나쁠 게 전혀 없으므로 장애인 무성애자를 환영해야 한다. 무성애 운동의 힘은 뿌리의 순수성에 달린 게 아니므로.

　　사람들이 무성애를 거부하려 하는 데는 이게 외부 통제의 결과일지도 모른다는 이유뿐 아니라 무성애가 삶을 파탄낼 것으로 여겨진다는 이유도 있다. 섹슈얼리티가 결여되었다는 건 메마르고 지쳤다는 의미다. 어린이와 연관될 뿐 아니라 노년과 연관되기도 한다. 나이 든 사람은 "입술이 처음 스칠 때, 옷이 바닥으로 처음 떨어지는 순간에 밀려드는 흥분"[44]을 다시는 느끼지 못할 거라고들 하니까. "이제 당장이라도 성적인 존재가 아니게 될까 봐", 섹슈얼리티를 잃는 게 "흔적 없이 사라지거나 증발한다"[45]는 의미일까 봐 두렵다는 이야기를 대수롭지 않게 하는 사람도 있는데, 그러면 애초에 딱히 성적이지 않았던 우리 같은 사람들은 이미 사라지고 증발해 버린 건가 싶다. 이런 의견도 이해는 된다. 섹슈얼리티가 없거나 그걸 잃는 게 정말로 참담하게 느껴질 수도 있다. 안타깝다고 생각하고, 이런 말이 검열되어야 한다고는 생각하지 않는다. 그럼에도 이런 말은 너무나 많은 경우 유일하게 존재하는 특정 이야기를 강화한다.

세상을 바라보는 무성애자의 관점은 행복한 무성애자의 존재라는 드문 비전을 보여주고 이게 가능하다고(혹은 가능할 수도 있다, 아니면 최소한 가능해야 한다고) 말하기에 중요하다. 각양각색의 환경에서 각양각색의 방법으로 사람들이 행복하게 살 수 있어야 한다고 말하는 게 뭐가 문제인가? 이런 비전의 힘은 무성애란 언제나 이유 없이 나타난다는 주장이나 무성애가 평생 변하지 않는다거나 다른 무언가에 의해 형성 혹은 초래된 경우는 절대 없다는 주장에 기대지 않는다. 그 힘은 그저 어떤 이유에서든 다른 삶을 원하거나 필요로 할 사람들에게 그 삶을 보여준다는 데서 나온다. 무성애에 많은 형태와 많은 원인이 있다는 사실로 이게 부정되지는 않는다.

장애가 무성애의 원인이어도 무성애자일 수 있고 성적 트라우마가 무성애의 원인이어도 무성애자일 수 있으며 만년에 접어들어 성적 욕구를 잃어도 무성애자일 수 있다. 무성애자 공동체는 이 모든 경우에 곁에서 도움의 손길을 제공해야 한다. 영원히 무성애자 공동체의 일원일 필요는 없다. 하지만 무성애자의 행복한 삶이 뿌리와 무관하게 가능하다는 가르침은 중요한 동시에 당신까지 포함하는 것이다. 당신이 무성애자로 정체화하지 않는다고 해도 당신을 위한 것이다. 무성애가 괜찮다면 낮은 성적 욕구의 모든 다른 형태나 흔히 말하는 성 기능 장애도 그렇다. '정상'보다 낮거나 높은 모든 형태의 욕구나 끌림을 품는다고 해도 괜찮다. 괜찮은 것 이상이다.

그러니 여러 집단이 맞서 싸우는 대상은 결국 같다. 그 대상은 섹스 안 하기가 아니라 성 규범성과 성적 통제다. 이 모든 집단에는 동맹이 될 가능성이 있다. 더 거대한 싸움은 '정상'일 필요가 없다는 것, 필요한 건 오직 우리가 편안하게 느끼는 대로 존재하고 우리 몸과 우리 이야기와 우리 삶으로 뭘 하고 싶은지를 결정할 수 있어야 한다는 것뿐임을 모두가 깨닫게 하는 것이다. 진정한 성 해방은 여러 선택지(평생 섹스 안 하기와 하루에 세 번씩 섹스하기 그리고 사이에 있는 모든 것)를, 모두 동등하게 주어지고 받아들여지며 자기에게 잘 맞으면 행복으로 이어질 수 있는 그런 선택지를 쥔다는 것을 의미한다. 맥락이 중요하겠지만, 그 자체로 해방적이거나 그 자체로 퇴행적인 성적 행위도, 어떤 종류의 성 고정관념도 없을 것이다.

강제적 섹슈얼리티의 폐기는 과잉 성애화와 탈성화의 폐기이기도 하다. 많은 목소리가 필요하다. 섹스를 원하지 않는다고 별종 취급을 받는 것도, 원한다고 해서 사람들이 충격받는 것도 끝이다. 우리는 사람들에게 뭘 원하는지 묻고 답이 무엇이든 놀라지 않아야 한다. 답이 무엇이든, 모두가 좋은 삶을 살 수 있도록 우리가 함께 노력할 거라고 말해야 한다.

3부

타인

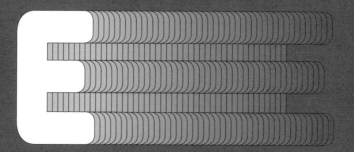

## 7. 로맨스를 다시 생각하기

"나 너를 친구로 사랑하는 것 같아." 동일한 제목의 만화에서 화자가 말한다. 유미 사쿠가와Yumi Sakugawa가 쓰고 그려 2012년 잡지《세이디 매거진》에 실은 만화다.[1]

"너랑 데이트하고 싶지는 않아. 키스만 하는 것도. 그러면 이상할 테니까." 늘어선 네모 위로 만화가 이어지고, 화자는 그럼에도 이런 걸 바란다.

상대가 자신과 화자를 굉장하다고 여기기

같이 어울려 시간 많이 보내기

자정을 넘겨 페이스북 채팅하기

이메일로 별난 블로그 주소 주고받기

제일 좋아하는 책 교환하기

서로 트윗에 태그해 멘션 달기

제일 좋아하는 푸드 트럭까지 걸어가기

구석에 숨은 최고의 카페를 같이 찾아보기

둘만 아는 농담 만들기

하지만 전부 "플라토닉하게 말이야, 아무렴."

네가 내게 그렇듯 나도 너와 가까운, 네게 특별한 사람이 되고 싶지만 성적인 사이가 되고 싶지는 않다고 이 만화는 말한다. 너와 정서적으로 친밀해지고 싶고 널 사랑하고 싶지만 '그런 식으로는' 아니라고. '여의사'라는 말에 의사의 기본값은 남성이라는 생각이 깔린 것과 마찬가지로 이 감정을 친구 간의 사랑으로 못 박는 데는 사랑이란 (그러니까 진짜 사랑, 로맨틱한 사랑은) 섹스를 위한다는 생각이 깔려있다. 사실 사쿠가와 묘사한 플라토닉한 친구 간의 사랑은 무성애자 다수가 성적이지 않으며 로맨틱한 사랑이라 부를 만한 것과 비슷하다.

성적이지 않으며 로맨틱한 사랑이라는 말은 모순어법처럼 들린다. 로맨틱한 사랑의 감정은 (결혼한 반려자라는 사회적 역할이나 "사랑해."라고 말하는 것 같은 로맨틱한 행동과 별개로) 거의 모든 정의가 성적 차원에서 포개진다. 당장 섹스하고 있는 건 아니라도, 섹스를 원한다는 건 감정이 플라토닉하지 않고 로맨틱하다는 점을 인식하는 열쇠다. 성적 욕망이 둘을 가르는 루비콘강이라고 하지 않던가.

그런데 아니다. 무성애자가 그 증거다. 무성애자는 성적 끌림을 경험하지 않고, 섹스에 무관심하거나 불쾌감을 보이는 사람이 적지 않다. 그러나 다수가 로맨틱 끌림을 여전히 경험하며 (이성로맨틱, 범로맨틱, 동성로맨틱 등의) 로맨틱 지향으로 자신이 로맨틱함을 느끼고 반한 상대의 젠더를 나타낸다.

성적 감정 없이 로맨틱한 감정을 경험할 수 있다는 말은 직관적으로 이해되며, 로맨틱 지향을 성적 지향과 구분해

정의할 때 헷갈린다는 사람은 별로 없다. 생각이 꼬이는 순간은 상대와 섹스하고 싶은 마음이 유의미한 척도가 아니라면 상대에게 로맨틱한 사랑을 느낀다는 게 무슨 의미냐고 누군가가 질문할 때다. 플라토닉한 관계인 단짝 친구를 사랑하는 거랑 이게 뭐가 다른데? 섹스를 빼면, 이 두 종류의 사랑 사이에 선을 긋는 사람들은 속으로 어떤 차이를 느끼는 거야? 섹슈얼리티 없는 로맨틱한 사랑이 뭐지?

이번에도 이건 무성애자에게만 적용되는 질문이 아니다. 유성애자는 새로 알게 된 사람에게 매력을 느끼거나 로맨틱한 관계인 파트너보다 단짝에게 더 애착을 느끼면서도 성적 끌림이 없다는 이유로 로맨틱한 감정의 가능성을 부인할 수 있다. 유성애자는 손사래를 치며 이렇게 말할지 모른다. "어떤 사람이랑은 같이 자고 싶은데, 너랑은 자고 싶지 않아. 그러니까 이건 그냥 플라토닉한 거지."

성적 욕망으로 범주를 구분할 수 있다니 유성애자에게는 참 편리하겠지만, 이건 세계에 대한 인식을 제약하는 방법이기도 하다. 게다가 유성애자도 무성애자만큼이나 자신의 감정 앞에 어리둥절한 모습을 보일 때가 있다. 이들에게는 성적 끌림이 포함되지 않은 정서적 친밀감과 흥분이 혼란스럽거나 터무니없을 수 있다. 서로 성적 끌림이 전혀 없는데도 친구와 사랑에 빠졌다고 느꼈던 당혹스러운 경험을 많은 유성애자가 내게 들려줬다. 작가 킴 브룩스Kim Brooks는 이성애자인 자신이 여자와 집착적인 관계를 맺게 되어 머리를 쥐어뜯는 사연으로 장문의 에세이를 써서 《더 컷》에 실었다.

대학 룸메이트에 관해 브룩스는 이렇게 쓴다. "성적인 관계는 절대 아니었지만 내 청년기에서 손에 꼽게 친밀한 관계였다. 우리는 옷과 침대, 남자친구를 공유했다."[2]

무성애자는 섹스가 항상 로맨틱한 관계를 판단하는 구분선이 아니라는 점을 안다. 우리는 다시 한번 보고 이렇게 말한다. "친구에게 성적 끌림을 안 느낀다 해도 친구를 사랑할 수 있어." 로맨틱한 사랑의 정의를 묻는 것은 무성애자가 예상 밖의 방식으로 사랑과 로맨스를 고찰해 볼 출발점이다. 우정과 연애를 넘어서는 새롭고 스스럼없는 사랑의 범주부터 로맨틱한 사랑을 최고로 여기지 않는 세계에 존재할 (법적, 사회적 그리고 다른) 기회까지 생각해 볼 수 있다. 무성애는 관계를 생각하는 방식을 흐트러뜨린다. 그 시작은 강렬한 유대감의 뿌리에 언제나 반드시 섹스가 있으리라는 믿음이다.


열여섯 살 폴린 파커에게 1954년 6월 22일은 "행복한 일이 생길 날"이었다. 폴린은 이 말을 깔끔한 필체로 일기 첫머리에 쓰고 오매불망 기다린 날로 표시했다. 아래에는 이렇게 썼다. "어젯밤엔 너무 신나서 '크리스마스 전날 밤 같은' 기분이 들었다. 이제 일어나야지!"[3]

폴린이 바란 대로 행복한 일이 일어날 것이었다. 장기적으로는 폴린이 원한 것과 다른 여파가 생기겠지만. 그날 오후 폴린은 친구인 열다섯 살 줄리엣 흄과 함께 자기 엄마를 데리고 뉴질랜드 크라이스트처치의 빅토리아 공원으로 산

책에 나섰다. 세 사람이 한산한 길에 들어서자 줄리엣이 보석 하나를 떨어뜨렸다. 폴린의 엄마가 보석을 주우려고 몸을 숙인 순간 두 여자아이는 엄마를 스타킹에 싼 벽돌로 가격해 죽였다. 죽을 때까지 번갈아 가며 때려 얼굴을 못 알아볼 지경으로 짓뭉갰다.[4]

십 대였던 이 아이들은 몇 년 전 (영국 상류층 가문 출신의 예쁘고 부유한) 줄리엣이 이 나라에 온 지 얼마 안 되었을 때 만났다. 폴린은 용모도 재산도 그보다 못했다. 아빠는 생선 가게를 운영했고 엄마는 하숙을 쳤다. 둘은 죽고 못 사는 사이가 되었고 자기들만의 풍성한 공상에 빠져 있을 때가 많았다. 끈끈한 관계에 위기가 닥친 건 줄리엣의 부모가 딸을 남아프리카 공화국으로 보내 친척과 같이 지내게 하기로 했을 때였다. 폴린의 엄마가 허락하면 폴린도 같이 갈 수 있었으나 모두가 이 제안이 받아들여지지 않을 거라는 점을 알았다. 이 아이들에게는 벽돌을 쓴 다음 새 삶을 찾아 미국으로 도피하는 것만이 앞으로 나아갈 유일한 길로 보였다.[5]

살인이 일어나고, 여기에 착안한 피터 잭슨 감독의 영화 〈천상의 피조물Heavenly Creatures〉이 나오고, 사건이 여전히 사람들의 관심을 끄는 오늘날까지 폴린과 줄리엣은 두 사람이 섹스하는 사이였다는 의심을 도무지 떨쳐낼 수가 없었다. 줄리엣은 두 사람이 레즈비언이었다는 말을 부인해 왔지만, 성적 사랑이라는 특수한 사랑에서만 서로를 향한 집착이 피어날 수 있다고 믿는 세상의 눈에 줄리엣의 부정은 별 의미가 없다.[6] (플라토닉한 사랑은 평온한 반면, 강렬하고 격정적이거나 집착적인 감정에는 성적 동기가 분명 작용했으리라는) 이런 믿음은 일반적이다. 현실과 부합하지는 않는다.

성적 욕망 없이도 격정이 존재할 수 있다는 무성애자의 말이 안 믿긴다면 유타 대학 소속 심리학자 리사 다이아몬드 Lisa Diamond의 말을 믿어보자. 다이아몬드도 같은 이야기를 한다. (다이아몬드가 '심취와 정서적 애착'이라는 감정을 '로맨틱한 사랑'으로 지칭하니 나도 여기서는 그렇게 하겠다. 이 감정이 정말 로맨틱한 거냐는 문제는 나중에 다시 살펴볼 것이다.) 다이아몬드는 두 가지가 구분되는 건 수행하는 목적이 다르기 때문이라는 이론을 제시했다. 성적 욕망은 우리를 꾀어 유전자를 퍼뜨리게 하는 반면 로맨틱한 사랑은 우리가 누군가에게 다정한 마음을 품고 아름답고도 무력한 아기라는 생물을 길러낼 기간 동안 기꺼이 협력하게 한다. 이성애적 성적 끌림은 아기를 낳을 때 보통 빼놓을 수 없는 요소이기는 해도 성공적인 공동육아에 꼭 필요한 건 아니므로 로맨틱한 사랑의 범위는 성적 끌림보다 더 넓을 수 있다. 무성애자의 언어를 쓰자면, 성적 끌림과 로맨틱 끌림이 일치할 필요는 없다.

격정과 섹스가 뭉뚱그려진다는 점을 다이아몬드가 처음으로 알아챈 것은 다른 여성에게 성적으로 끌린다고 지각하게 된 계기에 관해 여성들을 인터뷰할 때였다. "지금보다 어렸을 때 여자인 친구에게 더없이 강렬한 정서적 유대를 느꼈다는 이야기를 (여자들이) 정말 많이 해주더군요. 이어서 이렇게들 말하죠. '그러니 일찍이 조짐이 보였던 것 같네요.'"

점점 커지는 성적 욕망과 혼동될 수 있는 애정 어린 유사 로맨틱 언어가 가까운 여성 간의 우정에서 빈번하게 쓰이는 건 사실이다. 이런 이야기는 때로 더욱 복잡해지며, 성적 유동성에 관해서라면 전문가인 다이아몬드는 격정이 은밀하게 성적인 것과 언제나 반드시 같아야 하는지 묻기 시작했다.

성적 욕망이 로맨틱한 사랑의 필수 요소라면 사춘기를 지나지 않은 아이들은 크러시를 품지 않을 것이다. 실제로는 많이들 그런다. 여러 조사에서도 나타났듯 너무 어려 파트너와 하는 섹스를 이해하지 못할 나이의 아이들까지 포함해 아이들은 빈번하게 진지한 애착을 키운다. 나도 초등학생 때 크러시를 품었고 많은 유성애자 친구들도 그랬다.[7] 성인은 사춘기를 이미 거쳤지만 항상 성적 욕망이 정서적 욕망을 좌지우지하는 것은 아니다. 다이아몬드가 참고한 한 연구에서는 여성 61%와 남성 35%가 섹스를 원하는 욕망이 전혀 없는 상태로도 심취와 로맨틱한 사랑을 경험했다고 말했다.[8]

성적 욕망이 심취나 관심을 반드시 포함하지는 않는다는 점은 이미 당연하게 받아들여진다. 하룻밤 잠자리나 섹스 파트너 관계는 모두 노골적으로 성적이며 노골적으로 로맨틱하지 않다. 반대의 결론은, 그러니까 일부에게는 심취가 성적 욕망을 포함하지도 성적 욕망으로 변하지도 않는다는 건 그보다 잘 받아들여지지 않는다. 최소한 서구에서는. 다른 지역에서는 이야기가 다르다. 과테말라와 사모아, 멜라네시아 문화의 사료에는 성적이지 않으면서도 가까운 이 관계가 어떻게 인정되었는지 기술되어 있다. 반지를 교환하는 등의 의례로 기념되기도 한 이런 관계는 우정과 로맨스 사이의 중간 지대로 여겨졌으며 대개 간단히 '로맨틱한 우정'으로 불렸다고 다이아몬드는 전한다.

이런 문화에서 결혼은 대개 사랑하는 짝과 맺어지는 것보다 경제적 동반자 관계에 더 가까웠다. 오늘날 서구 문화와는 다르게 결혼이라는 결합과 성적 유대가 다른 무엇보다 중요한 정서적 관계로 무조건 상정되지 않았다. 로맨틱한 우정이 결혼을 위협하는 요소로 여겨지지도 않았으며 성적이지 않은 관계가 성적인 관계만큼이나 열렬할 수 있다고 믿기가 한결 쉬웠다. 로맨틱한 우정은 나름의 방식으로 격정적이었다. 격정은 수많은 유형의 관계에서 가능하니까.


특별하고도 격앙된 기운을 품은 것은 모두 반드시 성적이라는 생각은 문제를 단순화하기만 하는 게 아니다. 관계를 지각하는 방식을 해롭게 바꿔놓기도 한다. 잡지 《캐터펄트》에 실린 통찰이 빛나는 에세이에서 작가 조 패슬러Joe Fassler는 교사와 학생 관계의 에로티시즘을 다룬[9] 《보스턴 리뷰》의 글에 대해 이야기한다. 패슬러는 고등학교 선생님이 자기에게 섹스를 강제한 이야기를 하며 섹슈얼리티의 언어를 갖다 쓰는 것의 위험성을 경고한다.[10]

패슬러의 글이다. "(《보스턴 리뷰》 기사의) 필자가 열정적인 가르침에서 사람과 사람 사이에 모종의 고조된 기운이 생길 수 있다고 짚은 것은 옳다. 나도 교실에서 지내며 그런 감정을 경험했다. 그러나 그 현상을 기술하려고 간편한 약칭, 즉 로맨틱 끌림의 언어에 기대는 건 아무리 잘 봐줘도 오도로 비친다."[11]《더 컷》의 필자 킴 브룩스가 자기의 강렬한 우정을 프레이밍하는 데 성적 외도의 언어를 쓰고[12] 그게 당연히 배신이라는 식으로, 다른 어떤 비유도 가능하지 않다는 식으로 그걸 '바람'이라 지칭했을 때 저지른 실수와 같다. 예사로 언어를 성애화하면서, 성애화는 어떤 감정을 게으르게 해석한 것일 뿐 감정 자체가 아니라는 걸 잊어버릴 때 우리 모두가 이런 실수를 저지른다.

언어는 성적 끌림을 실천과 흥분의 동의어로 만들어 우리를 배반한다. 창작에 협업하는 사람들이 한마음이 된 것이나 목사와 회중 사이의 신뢰 같은 각종 친목의 기운과 친밀성을 묘사할 때 성적인 데 의존하지 않는 비유는 없다시피 하다. (정서적인 친밀함일지라도) 누군가와 '친밀한 사이'가 되고 싶다는 건 외설적으로 보일 수 있다. 친구랑 '사귀는 사이'라고 하면 어쩐지 별스럽게 들린다. 유의어 사전에서 '격정passionate'을 찾으면 비슷한 말로 '방탕', '음탕', '호색', '흥분', '관능'에 뭐, '섹시'까지 나온다.

"교사와 학생 사이의 강렬한 유대를 기술할 더 낫고 적확한 단어, 에로스의 언어와 떨어져 있는 단어가 우리에게 필요하지 않을까?"[13] 패슬러는 묻는다. 이어서 뜻있는 교육자라면, 상담사가 내담자와의 관계를 로맨틱하게 여기지 않으면서도 자신이 유발할 수 있는 복잡한 감정을 다루는 법을 배우는 것처럼, 훈련을 통해 '지도의 반짝임'을 그보다 더한 것으로 착각하지 않는 법을 배울 수 있을 거라고 한다.

이런 관계의 역학을 걱정해야 하는 사람은 교육자와 상담사뿐만이 아니다. 언어의 덫에 걸려 오로지 한 가지 쾌락만이 존재하고 그 밖의 모든 건 부차적이라고 생각하는 세계에 사는 모두의 일이다. 배움의 기쁨과 상담이 주는 정서적 성취감은 우정의 친근감과 마찬가지로 각각 고유한 방식으로 모두 멋지다. 이런 감정에, 그 무게와 중요성과 체험에, 이 감정이 우리 삶을 풍성하게 하고 각각이 그만의 가치를 지닌다는 데 주의를 기울이자. 무성애 연구자 CJ 체이신은 말한다. "사람들은 사실 그게 아닌데도 로맨틱한 크러시로 뭔가를 이해해 버릴 때가 있는 것 같아요." 가까운 두 친구더러 서로에게 로맨틱한 집착을 느끼면서도 그걸 부정하고 있다며 농담조로라도 의심의 눈초리를 보내는 건 흔한 일이다. 그들 자신도 서로를 향한 감정이 로맨틱한 건지 의심하고 있을 수 있다. 체이신은 말을 잇는다. "그 '부정'이란 게 쌍방으로 갈 수도 있잖아요? 그냥 그쪽이 친구 사이의 친밀성을 부정하는 건지도 모르죠."

유혹으로 비치지 않고도 정서적 친밀성을 터놓고 이야기할 수 있게 하는 언어를 개발하고 정상화하는 일은 세상을 한층 또렷하게 만드는 데 힘을 보탠다. 더 나은 언어는 의도를 혼동하거나 감정을 오해하는 게 부적절할 수 있는 순간에 그러지 않도록 우리를 막아줄 테고, 우리는 현재 존재하는 기운을 다른 무언가로 바꿔놓으려 하지 않고도 그 기운을 강화할 수 있게 된다. 그 언어로 우리는 유사물이 아닌 있는 그

대로의 관계를 이야기할 수 있게 될 것이다.

　로맨틱한 사랑과 플라토닉한 사랑을 가르는 선이 섹스가 아니라면 뭘까? 학자들은 각기 다른 유형의 관계를 구별해 줄 감정의 구성 요소를 분리하려고 오랜 시간 노력해 왔다. 작동 요소를 대자면 끝도 없겠으나 인류학자 헬렌 피셔Helen Fisher가 개발해 일반적으로 활용되는 틀에는 세 가지 기본 요소가 등장한다. (피셔는 구체적으로 로맨틱한 사랑의 요소와 형태를 설명하려고 모델을 고안했지만, 나는 이 모델이 모든 종류의 감정을 분석하는 데 유용할 수 있다고 본다.) 하나는 섹스하고 싶다는 욕망이다. 하나는 심취다. 그리고 하나는 정서적 친밀성과 관심인데, 심리학자들이 대개 진료할 때 쓸 법한 단어 '애착attachment'으로 부르는 그것이다.[14]

　이런 요소들이 결합해 두 사람 사이에 존재하는 구체적인 감정을 만들어낸다. 애정이 있는 관계에서라면 심취가 강할 수도 약할 수도 있고, 성적 욕망이 많을 수도 아예 없을 수도 있고, 다른 것도 그렇다. 감정의 차이는 실재하지만, 이 감정들이 늘 '플라토닉'이나 '로맨틱'처럼 상호 배타적인 범주에 깔끔하게 들어맞는 건 아니다. (희한하게도 일상적인 대화에서 쓰일 때면 '플라토닉'이라는 단어는 무엇이 아닌지로만 정의되는 것처럼 보인다. 성적이지 않고 로맨틱하지 않은 것의 집합인 것이다.) 동일한 감정의 조합이라도 플라토닉한 사랑이든 로맨틱한 사랑이든 여러 갈래로 범주화될 수 있다.

　가령 '애착＋심취'는 심리학자 리사 다이아몬드와 다른

많은 이들이 로맨틱한 사랑을 정의하는 방식이다. 다른 누군가는 애착과 심취라는 동일 조합을 친구 생각에 들뜨는 것처럼 플라토닉하게 느낄 수도 있다. 심취나 섹스 없이 애착만 있는 경우는 오로지 친구와 가족만을 향하는 플라토닉한 사랑으로 보통 경험된다. 하지만 장기 연애 중이고 성관계를 하지 않는 무성애자들, 나아가 시간이 지나며 섹스를 하지 않게 된 일부 유성애자들에게 이 이야기를 해보시라. '애착＋섹스'도 모호하기는 매한가지다. 많은 경우 로맨틱한 것으로 간주되기는 하지만, 가볍게 섹스하는 친구 같은 사이를 구성하는 요소이기도 하다.

어떤 경우든 이렇게 섞고 짝짓다 보면 감정들의 각 조합을 가리킬 다양한 (그리고 대개 상충하는) 이름표가 나온다. '로맨틱'과 '플라토닉'은 사람들이 다르게 경험하는 범주다. 섹스도 성적 욕망도 없었으니 줄리엣 흄과 폴린 파커는 서로를 향한 사랑을 로맨틱 혹은 플라토닉한 것으로 경험했을 것이다. 다른 여자아이 둘이었다면 같은 걸 느끼고 다른 이름을 붙였을지도 모른다.

심리학자 빅토르 카란다셰프Victor Karandashev는 이 범주를 분석하고 분류하고자 더 세부적인 시도를 했다. 저서 『문화적 맥락 내 로맨틱한 사랑Romantic Love in Cultural Contexts』에서 카란다셰프는 사회과학 문헌을 검토해 두 감정을 구별해준다는 가장 일반적인 기준을 열거한다. 전 세계 사람들에 따르면 로맨틱한 감정에는 보통 이런 게 들어간다. 심취와 이상화, 신체적·정서적으로 가까워지기를 바라는 마음, 독점하고 싶은 마음, 내 감정에 답이 오기를 바라는 마음, 상대의 행동을 과하게 생각하는 것, 관심을 보이고 상대에게 공감하는 것, 상대를 위해 자기 삶의 일부를 바꾸는 것, 상대가 반대로 자기를 좋아하지 않으면 갈수록 집착하는 것.[15]

다 제법 이치에 맞는 듯하다. 하지만 시카고에 사는 퀴어 무성애자 작가 리 헬먼Leigh Hellman에게 카란다셰프가 만든 목록을 읊어주자 리는 로맨스를 구별해 준다는 감정이 다른 정서적 환경에서도 전부 나타날 수 있다고 지적했다. 세심함과 애착, 관심은 모든 건강한 관계를 이루는 요소다. 폴리아모리를 하는 사람들은 독점성을 원하지 않고 복수의 로맨틱한 파트너를 둔다. 아마 심취는 로맨틱한 사랑에서 느껴져야 한다고 널리 생각되는 것과 가장 가깝게 정렬될 요소겠지만, 새로 알게 된 사람을 이상화하거나 제일 친한 친구가 다른 사람과 가까워졌을 때 소유욕을 느끼는 일은 흔하며 초기의 에너지가 식었다고 로맨틱한 사랑이 저절로 플라토닉하게 변하는 것도 아니다.

리의 말이다. "난 친구들한테 질투를 느끼기도 하고 또 경애하거나 헌신하는 마음을 경험하기도 해요. 주로 로맨틱한 사랑 앞에 놓는 강렬한 수사죠. 예전 연애에서 난 이런 식이었어요. '내가 진짜 로맨틱하고 성적인 연애를 원하는 걸까? 아니면 그냥 누군가에게 플라토닉한 사랑을 정말 강렬하게 품고서 내 삶에서 상대가 그렇듯 상대의 삶에서 나도 그렇게 중요하다는 인정을 어떤 식으로든 받고 싶어 하는 건가?'"

책을 위해 취재하는 동안 나는 로맨틱 지향과 무관하게 모두를 붙잡고 플라토닉한 사랑과 로맨틱한 사랑을 어떻게 구분하는지 물었다. 리 같은 사람들은 이걸 구분하지 않았고 구분할 수도 없었다. 다른 사람들은 명확한 차이가 있다고 주장하면서도 무엇이 차이가 될 수 있는지를 설명하는 데서는 애를 먹는다. 어떤 사람은 '접촉 끌림'에서 나타나는 차이를 지적했다. 섹스하려는 욕망이 아니라 손을 잡거나 껴안는 등 다른 육체적인 방식으로 가까이 있기를 바라는 욕망이다. 어떤 남자는 누구에게도 성적 끌림은 느끼지 않지만 여성, 그리고 남성이 아닌 사람들이 미적으로 아름답다고 느끼며 로맨틱함을 구분하는 데서 미적 끌림을 지침 삼는다고 했다.

말레이시아 출신 대학원생인 시몬은 로맨틱 끌림을 제대로 설명해 줄 수 있었던 사람이 아무도 없었지만 자기가 그걸 경험하지 않는다는 걸 스스로 받아들였다고 했다. "내가 좋은 친구들하고 쌓은 우정보다 더 특별한 관계를 누군가와 맺고 싶다는 욕구가 전혀 없어요." 시몬의 말이다. 흔히 로맨틱한 관계로 여겨지는 것과 외양과 구조가 정확히 같은 헌신적인 관계를 원한다고 (달리 말하자면 로맨틱한 파트너라는 사회적 역할을 채워줄 누군가를 원한다고) 하는 무성애자도 여전히 있다. 설사 자기가 상대에게 로맨틱한 감정을 느끼지 않더라도.

말투가 나긋나긋한 삼십 대 학자 얼리셔는 십 대일 때부터 파트너와 쭉 함께 지냈다. 남자와 여자에게 로맨틱 끌림을 느낀다는 게 어떤 건지는 안다. 남자친구를 바라보며 잘생겼다고 감탄하면서도 섹스하고 싶다는 생각은 조금도 안드는 게 어떤 건지도 안다. 얼리셔는 말을 더한다. "친구 사이의 크러시가 어떤지도 알죠." 그 심취의 느낌, 상대방이 자기 마음에 화답해 자기를 좋아해 주기를 바라는 느낌은 익숙하다. 그런데 자기 파트너에게는 다른 무언가를 느낀다. 얼리셔는 막막하다는 얼굴로 말을 멈춘다. 이 이상으로 설명하기가 얼리셔에게는 불가능하다.

질문에 직접 답을 내보려고 나는 머릿속으로 남자친구 노아를 향한 로맨틱한 사랑을 친구 제인을 향한 플라토닉한 사랑과 맞대 비교했다. 그리고 대비되는 많은 부분이 서로 다른 기대와 여기에 따르는 온갖 묵직하고 복잡한 감정에서 돋아난다는 걸 알게 되었다. 나는 로맨틱한 감정을 분리할 수 있게 사회적인 역할과 수행을 벗겨내 보려 했는데 차이는 양쪽 모두에서 부분적으로 생기는 듯하다. '플라토닉'과 '로맨틱'은 감정의 유형이고 '친구'와 '로맨틱한 파트너'는 사회적인 호칭인데, 후자가 전자를 주조한다.

제인을 정말 사랑하기는 하지만 우리는 몇 개 주를 두고 떨어져 살아서 운이 좋아야 1년에 두 번 볼 수 있는 사이다. 우리 삶의 길은 오래전에 갈라졌고, 앞으로 그 길이 다시 만날 확률은 거의 없으며 그렇게 되게 하려고 우리가 힘을 합치리라는 기대도 거의 없다. 내가 노아와 맺고 있는 관습적인 로맨틱 관계에서는 우리가 남은 평생 붙어 지내리라는 가정이 깔려 있고, 여기서 새로운 불안이 생겨나며 서로 나누는 의존성이 커진다.

얄팍한 이야기지만 노아의 선택은 나와 내 사회적 가치에 더 많이 반영되므로 하나하나가 개인적으로 더 크게 느껴진다. 사소한 습관이나 배려가 미치는 영향도 커서 여기에 따라 감정이 고조된다. 제인의 식사 습관이 마음에 안 들면 짜증이 날 수는 있어도 가끔 만날 때 참는 건 전혀 어렵지 않다. 노아의 식사 습관이 마음에 안 들면 의문이 생길 것이다. 내가 이걸 평생 참을 수 있는지, 평생 참아줘야 하는지, 왜 쟤는 내가 원하는 바로 그 모습일 수 없는지, 왜 나는 이렇게까지 까탈스러운지, 의문이 꼬리에 꼬리를 문다. 자잘한 짜증이 눈덩이처럼 불어난다. 그 상황을 남은 평생 매일같이 견뎌야 할 것 같으면 무슨 일이든 견디기가 더 어려워진다.

이런 구분은 내재적이라기보다는 상황에 따르는 듯하다. 제인과 내가 무기한으로 같이 살기로 마음을 맞췄다면 똑같은 감정과 기대의 조합이 역시 생겨났을 것이다. 앞으로 50년간 매일매일 서로를 봐야 한다는 걸 알았으면 제인의 식사 습관도 더 암담하게 다가왔을 것이다. 제인이 하는 선택을 내가 더 꼬치꼬치 검사하려 들었을지도 모른다. 내가 제인에게 관심이 있다는 이유뿐 아니라 그 선택이 나와 우리와 우리의 삶에 어떤 의미를 지닐지 신경 쓰인다는 이유로.

어떤 사람이 경험한 게 성적 끌림인지를 파악하는 것처럼 감정을 구별하는 일은 현상학의 문제다. 내가 경험한 쓴맛이 네가 경험한 쓴맛과 같은지 완벽하게 비교할 방법은 지금껏 누구도 창안하지 못했다. 우리가 같은 감정을 느끼는

데 각자가 사회화된 방식에 따라 너는 이걸 로맨틱한 사랑이라 부르고 나는 플라토닉한 사랑이라 부르는지 비교해 볼 방법도 없다. 그리고 각기 다른 사람에게 같은 감정을 느끼면서도 그 누군가가 우리 삶에서 맡는 역할에 따라 그 감정을 일컫는 말을 바꾸는지 비교해 볼 방법도 없다. 나는 제인을 대할 때와 다르게 노아에게 심취해 있지만, 여기에는 로맨틱한 관계인 파트너를 계속 예찬하는 게 일반적이고 또 기대되는 일인 반면 같은 이야기가 친구에게는 해당하지 않는다는 이유가 어느 정도 작용할 것이다. 아마 시간이 지날수록 이 감정들은 점점 다르게 자라날 텐데 이건 우리가 한쪽은 예찬하고 키우도록, 다른 한쪽은 순순히 무시하도록 배워 감정을 강화하는 방식이 달라서다.

곡해하지는 말아달라. 로맨틱한 사랑과 플라토닉한 사랑이 실은 똑같다고 주장하는 게 아니다. 둘을 구별할 자잘한 요소 혹은 요소의 조합은 얼마든지 있을 것이다. 어찌 되었건 내가 제인과 무기한으로 동거하자고 마음을 맞추지 않은 데는 여러 이유가 있다. 나는 제인이 아니라 노아에게 미적으로 끌린다. 두 사람 모두 내게 소중하지만 내가 같이 잘 의향이 있는 사람은 지금으로서는 노아뿐이라고 하겠다.

플라토닉한 사랑이 어떤 식으로든 더 깊어진 게 로맨틱한 사랑이라고 주장하는 것도 아니다. 얄팍하고도 로맨틱한 집착은 절대 사랑이 아닌 상태로도 존재하며, 로맨틱한 유대를 능가하는 깊고 애정 가득한 우정도 존재한다. 내가 말하고 싶은 건, 사람들은 로맨틱한 사랑과 플라토닉한 사랑이 두 가지 별개 범주라고 생각하지만 둘은 중첩되는 부분이 있어 깔끔하게 구분할 수 없고, 어떤 관계가 이쪽 혹은 저쪽에 해당한다고 할 한 가지 정서적 특징이나 본질적 요소가 없을 때가 빈번하다는 것이다.

애착이 있고 섹스하고 싶은 욕망이 있고 심취가 있다. 이 모든 건 갖가지 환경에서, 각기 다른 기대로 형성되고 각기 다른 이름으로 불리는 각종 관계에서 느껴진다. "로맨틱 끌림은 성적 끌림과 아주 비슷하게 느낌으로 바로 알 수 있고 그렇지 않으면 아닌 거예요." 무로맨틱으로 정체화한 체이신의 말이다. "도움은 별로 안 되겠네요. 체크리스트는 없을 거예요. 필요 혹은 충분조건 같은 것도 없을 거고요. 관계 유형을 분류하려 들면 흐릿한 경계밖에 안 보일 텐데 그래도 괜찮아요. 그게 지형이죠."

시카고에 사는 작가 리 헬먼에게 범주의 흐릿함을 인식하는 건 새로운 기회가 되었다. 그 중첩을 받아들이자 언어를 새로운 방식으로 사용할 수 있었다. 당연하게 여겨지던 낡은 생각의 안락함과 짐스러움을 털어내고 내면의 감정과 더 긴밀하게 조화하도록 외부의 경험을 빚을 수 있었다.

리는 열여섯 살에 퀴어로 정체화했고, 그만큼의 인생을 더 살았다. "난 솔로로 보낸 시간이 많아요. 키가 185cm쯤 되는데 늘씬한 모델은 아니고, 한 성격 하는 사람이거든요. 내 젠더 정체성을 알게 되기 전까지는 여기서도 전통적인 여성성과 부딪쳤죠."

리는 대학을 마치고 풀브라이트 장학생으로 한국에 갔다가 장차 남편이 될 남자를 만났다. 아시아에서 5년을 보내고 대학원을 위해 미국에 돌아오기로 했는데, 리가 알기로 두 사람이 같이 지낼 생각이라면 결혼 비자를 받는 게 이민에 유리했다. 그래서 둘은 결혼했다. 이상한 일이었다고 리는 말한다. 나쁘지는 않았지만, 혼자인 게 오랜 시간 익숙했고 때로는 자기가 범로맨틱이라고, 또 때로는 무로맨틱이라고 생각하는 사람으로서는 뜻밖의 일이었다.

미국으로 돌아와 리는 창작 글쓰기를 공부하기 시작했고 예술가들과 시간을 보내다 테일러를 만났다. 리는 테일러가 내향적인 자기와 달리 외향적이라는 점이 좋았고, 테일러의 실용적인 자세와 일을 어떻게든 해낸다는 면이 좋았다. 리는 말한다. "퍼져 앉아 뭘 하고 싶다고 생각만 하면서 실제로는 안 하는 사람이 많잖아요. 이해야 하죠! 뭘 하기도 힘들고 세상살이도 힘드니 지치잖아요. 우린 다 피곤하죠. 평가하려는 건 아니지만, '난 이걸 하고 싶은데, 이루려면 뭘 해야 하지?' 같은 자세로 나오는 사람이 특별해 보이기는 해요. 테일러가 딱 그랬죠."

그때까지만 해도 퀴어이자 유성애자로 정체화했던 리는 자신의 무성애 지향을 알아가고 있었다. 테일러는 리와 이야기하면서 자기가 무로맨틱이란 걸 깨달았다. 두 사람은 가까운 친구가 되었고, 이어서 둘 사이 관계가 뭔가 다른 게 되기를 바란다는 결론을 내렸다.

다른 시대였다면 이 관계는 심리학자 리사 다이아몬드

가 쓴 격정적이고 애정이 넘실대지만 성적이지 않은 로맨틱한 우정의 하나가 되었을 수도 있다. 같은 틀에서 나온 관계였다. 서구 세계에 존재했으나 단어와 개념이 오랜 시간 부재했기에 이곳에서 인식되거나 쉽게 이해되지 않았던 관계. 현시대를 사는 리와 테일러는 다른 용어를 쓴다. '친구'와 '로맨틱한 파트너' 사이의 사회적 공간을 묘사하는 데 쓸 수 있는 몇 안 되는 명시적 명칭, 바로 '퀴어플라토닉 파트너queer-platonic partner, QPP'다.

퀴어플라토닉 파트너 개념은 무성애와 무로맨틱 공동체에 기원을 둔다. "사람들이 관계 맺는 방식의 중심에 로맨스가 있는 세계가 너무 갑갑해 (이 개념을) 개발했어요." 동료 작가 캐즈Kaz와 함께 2010년에 이 용어를 고안한 기자 s.e. 스미스s.e. smith의 말이다. 문화적으로 로맨스가 우정보다 위에 있다는 건 부정할 수 없다. 로맨스는 중요도의 위계에서 더 높은 자리를 차지하며 더 흥미롭고 더 본질적인 것으로 묘사된다. "그냥 친구야."와 "친구 이상이지." 같은 일상적인 어구에서 우정은 덜 특별하고 덜 완전한 뭔가로 격하된다. 우정의 가치가 깎이는 데서 오는 좌절감은 새롭지 않다. 퀴어플라토닉 파트너라는 용어는 새롭다.

퀴어플라토닉 파트너 사이의 유대는 성적이지 않고, 그렇다고 그 관계를 맺고 있는 사람들에게 꼭 로맨틱하게 비치는 것도 아니다. 친구와도 로맨틱한 파트너와도 다른 감정을 퀴어플라토닉 파트너에게 느끼는 사람이 있다. 퀴어플라토닉 파트너 관계를 유일무이한 감정에 대한 것이라고 보지 않고, 로맨틱한 것으로 잘라 말할 수 없는 관계에서 서로의 중요성을 인정하는 흔치 않은 방식이라고 여기는 사람도 있다. 이런 관계는 일반적으로 우정에서만 발견되는 경계, 나아가 '로맨틱'이라는 말이 잘못 사용되고 있는 듯할 때의 경계를 초월한다. 여기서 '퀴어'는 젠더를 의미한다기보다는 사회적 경계에 의문을 제기한다는 의미다. 상호성이 열쇠다. 스미스는 한 친구가 기르는 아이의 인생에 적극적으로 관여했지만, 함께한 성인 중 누구도 이 관계를 퀴어플라토닉하게 보지 않았다. 같은 상황의 다른 누군가는 그 관계를 다르게 묘사했을지도 모르지만.

'퀴어플라토닉'은 우리 삶에서 사람들이 차지할 수 있는 다채로운 역할에, 쓸 수 있는 몇 안 되는 단어보다 훨씬 다양한 역할에 맞는 더 적확한 언어를 개발하려는 시도다. 사회적 이름표는 정보를 제공한다. 신호이자 지침이다. 이름표에는 감정적 무게가 실린다. 만나고는 있지만 '그런 거'는 아니라고 하는 사람들에게든, 일대일 관계에 있는 한 쌍이지만 서로를 남자친구나 여자친구로 부르면 관계가 괜히 한 단계 더 나아가게 될 테니 그러지는 않겠다고 하는 사람에게든.

의학 드라마 〈그레이 아나토미Grey's Anatomy〉에 퀴어플라토닉의 의미를 가장 간단하게 포착할 방법이 나오는 것도 같다. 동료 사이인 메러디스 그레이와 크리스티나 양은 성적으로도 로맨틱하게도 얽힌 적이 한 번도 없지만, 둘의 관계에는 동료 사이에서, 심지어는 많은 친구 사이에서도 일반적으로 보기 힘든 수준의 신뢰와 헌신이 있다. 크리스티나가 메러디스에게 임신중지 처치에 필요한 비상 연락망에 메러디스 이름을 썼다고 말하는 장면이 결정적이다. "병원에 규정이 있더라고. 비상 연락망을 지정하지 않으면 진료 예약을 확정할 수 없다는 거야. 만일에 대비해 곁을 지켜주고 집에 가는 길에 도와줄 사람 있잖아, 그…… 마치고 말이야." 크리스티나의 말이다. "아무튼, 난 네 이름을 썼어. 그래서 임신했다고 얘기하는 거야. 넌 내 사람이니까."[16]

"넌 내 사람이니까."는 대중문화에서 한자리를 단단히 차지하게 되었고, 이어서는 '내 사람을 떠올리게 하는 〈그레이 아나토미〉 명대사 10가지'[17] 유의 목록이 나오고 인기에 편승한 상품을 파는 곳마다 (머그, 셔츠, 장신구 같은) 각양각색의 '넌 내 사람' 굿즈가 들어찼다. 이 표현은 단짝보다도 굳건한 사이를 간단하게 이르는 말, '소울메이트'나 '누구보다 믿는 사람'을 젠더 중립적으로 이르는 말이 되었다.

"넌 내 사람이니까."는 공식적인 연애 상태와는 무관하다. 메러디스가 크리스티나의 사람인 건 크리스티나가 데이트 상대를 못 찾았기 때문이 아니다. 이 여자들은 남자친구가 생겼다고 서로를 버리지 않았다. 이들이 서로에게 지니는 중요성은 성질이 다르다. 메러디스와 자기 관계를 남자친구에게 설명하며 크리스티나는 이런 말을 한다. "그 애는 내가 누굴 죽였을 때 거실 바닥에서 시체 끌고 옮기는 걸 도와달라고 부를 사람이야." 남자친구가 아니라 그 '여자' 말이다.

리와 테일러가 서로를 대하는 방식은 퀴어플라토닉 파트

너가 된 이후로도 별로 달라지지 않았다. 두 사람은 이미 너무나 가까웠고, 게다가 리가 기혼이었으니 둘의 대화는 서로를 얼마나 자주 봐야 할지 같은 물리적인 문제에 치중하지 않았다. 리는 말한다. "서로에게 정서적으로 얼마나 헌신하는지 터놓고 이야기하는 게 중요했죠. 우리 관계가 작동하는 방식을 우리가 어떻게 생각하고, 우리 자신을 우리가 어떻게 정의하고 또 남들에게 어떻게 정의되기를 바라는지 같은 문제요."

리에게 퀴어플라토닉 파트너는 테일러를 향한 자신의 감정이 무엇보다 중요하다는 걸, 다른 누구를 향한 감정보다 강렬하다는 걸 증명하는 문제가 아니었다. 퀴어플라토닉 파트너가 특별한 우정이라는 게 아니다. 그렇다고 하면 우정 자체가 더 가볍고 덜 헌신적인 것으로 되돌아가는 셈인데, 내가 만나본 사람 중 손에 꼽게 사려 깊은 리에게 우정을 또 한 번 폄하하려는 마음은 조금도 없다. 리의 퀴어플라토닉 파트너는 완전히 유일무이한 감정보다는 행동과 태도의 문제였다. 전통적인 로맨틱 관계가 대개 파트너와 그 결속에 대한 명시적인 헌신 덕에 작동하는 것과 같은 방식으로. 리는 규범 묶음과 감정을 담아낼 그릇을 함께 만들어보자고 테일러에게 손을 내밀었다. 퀴어플라토닉 파트너는 취약성을 보이고 대담하게 답을 요구하는 것, 강렬한 관계와 리가 스스로 원한다고 자주 생각했던 명시적인 승인에서 오는 안정성에 관한 것이었다.

사회적 이름표는 신호와 지침이 된다는 바로 그 이유에

서 제약을 주기도 한다. '퀴어플라토닉'은 '친구'나 '로맨틱한 파트너'에 붙는 무언의 기대를 재설정하고, 새로운 의무와 새로운 기대를 함께 구상할 역량을 더해 관계를 새로운 장소로 밀어 넣는다. '퀴어플라토닉'으로 전환하는 것은 언어와 사고 양쪽 모두의 변화로, 러시아 문학 이론가들이 말하는 '낯설게 하기'를 관계에 적용한 사례다. 뭔가를 가져다 새롭게 보려고 하면서 전에는 알아채지 못한 걸 인식하기.

우정에서는 입장이 분명하지 않을 수 있다고 리는 설명한다. 정서적 헌신에 관해 대화하는 건 흔치 않은 일이고, 입장을 모르면 자리도 알 수 없다. 퀴어플라토닉 파트너 관계에서는 이런 질문을 이미 다뤘고 답을 함께 만들어냈다. 한결 대등한 장에서 의견과 선호를 말로 표현하는 게 가능해졌다. 모든 게 더 자유로워졌다. 테일러는 엄마에게 리 이야기를 했다. 리는 테일러를 퀴어 공간에서는 파트너로 불렀고, '파트너'라는 단어를 쓰면 답하는 데 너무 오래 걸릴 질문이 나올 만한 곳에서는 '정말 친한 친구'라고 불렀다.

리의 다른 파트너인 남편은 리가 테일러와 맺은 '강렬한 우정'은 알았으나 퀴어플라토닉 파트너라는 개념을 정확히 이해하지는 못했다. 세부 사항을 깊이 파고드는 데 관심을 보이지도 않았다. 남편이 걱정한 건 주로 성적인 신의였고, 리와 테일러가 같이 자는 사이가 아니고 그럴 생각도 없다는 게 확실해지자 우려와 그 이상의 궁금증은 사라졌다.

'본인이 폴리아모리라고 생각하나요?' 내가 리에게 물었다. 확실하지 않았다. 리의 남편은 자기 결혼이 개방 결혼이라고 생각하지 않았고 리와 테일러의 관계가 딱히 로맨틱한 것도 아니었다. 한편 리는 이런 말도 했다. "남편이랑 퀴어플라토닉 파트너한테 느끼는 감정이 정말 다른지 잘 모르겠어요. 내가 마음을 쓰는 소수의 사람 중 하나라면 난 모두에게 거의 똑같은 감정을 느끼거든요. 그냥 그게 내가 관계를 맺는 방식인 거죠."

'로맨틱'과 '플라토닉'의 의미를 더 면밀하게 들여다보면 눈이 번쩍 뜨일 수도 있지만, 의미를 놓고 꼭 갑론을박을 해야 하는 건 아니다. 로맨스를 섹스에서 분리하고 또 '퀴어플라토닉'이라는 용어를 놓고 생각을 거듭하는 건 의미 있는 일이지만, 나는 단어를 바꾸도록 모두에게 강제하는 것보다는 사람들이 관계를 놓고 행동하는 양상을 바꾸는 데 더 관심이 많다.

언어는 다른 사람들과 공유하는 것이고, 단어 선택을 단속하는 건 역효과를 내기도 한다. 유미 사쿠가와더러 '나 너랑 성적이지 않은 로맨스에 빠진 것 같아'로 만화 제목을 바꾸라고 요구할 생각도, 그 감정이야말로 진정 로맨틱한 거라 주장할 생각도 없다. 가까운 사이인 두 친구를 가리키면서 그 관계는 우정이 아니라 사실 퀴어플라토닉이라고 말할 생각도 없다. 사람들이 맺고 있는 관계가 사실은 이런 거라고 일러주거나 관습적인 사회적 역할을 기술할 때 '친구'와 '로맨틱한 파트너'란 말을 쓰면 안 된다고 고집하는 건 발전을 향한 길이 아니다. 그 길에 있는 건 정의의 혼란과 언어의 속임수로 점철된 복잡다단한 토끼 굴이다. 게다가 무례하다. 이런 새로운 생각의 목적은 자극이지 처방이 아니다.

다만 우리가 우정과 로맨스 사이에 짓는 구별을, 둘을 다르게 취급하는 방식과 이유를 모두가 더 세심하게 고민해 본다면 무슨 일이 생길지는 궁금하다. 친구에게 "사랑해."라고 말하기는 다수가 주저하고, "시간 좀 어때? 우리는 서로에게 어떤 존재야?"라고 물을 일은 더더욱 적다. 리가 짚었듯 로맨스 바깥에서는 이미 뭔가가 틀어지지 않은 이상 "관계를 정의하려는" 대화가 이뤄지지 않는다. 커플 상담사는 보통 로맨틱한 관계의 커플에게 초점을 맞추고, 우정이 깨지면 로맨틱한 관계가 깨진 것만큼 참담할 수 있는데도 우정을 잃은 사람의 회복을 돕는 상담업계는 없다. 우정의 느슨한 성격과 공식적인 의무가 없다는 특성에 많은 이들이 만족하지만, 일반적으로 사람들은 덜 중요한 무언가를 가볍게 취급하는 경향이 있다.

꼭 이래야만 하는 건 아니다. 퀴어플라토닉 관계가 보여주듯 우리는 로맨틱한 관계의 언어와 규범을 빌려 다른 유형의 감정을 구조화할 수 있다. 퀴어플라토닉 파트너는 흔히 가볍게 여겨지는 관계를 가져와 그게 이례적이면서도 어색할 수 있는 대화의 소재가 될 만큼 중요하다고 판단한다. 이런 대화를 감수할 만큼, 기대 사항을 정하고 그걸 지켜낼 만큼 중요한 관계의 유형은 다양하다.

'로맨틱'과 '플라토닉' 같은 (아니면 '친구'와 '파트너' 같은) 이름표를 행동과 기대의 길잡이로 두는 대신 욕망 자체를 행동과 기대의 길잡이로 삼을 수도 있다. 지침을 찾아 이름표에 기대는 것보다 효과적인 방법은 (데이비드 제이가 썼듯 시간, 접촉, 헌신 등에 관해) 우리가 무엇을 바라는지 묻는 단계로 곧장 넘어가는 것이다. 설사 그 욕망으로 두 범주가 이렇게 보여야 한다는 공고한 생각이 혼란에 빠진다 해도. 욕망이 이름표에 맞지 않는다면 조정하거나 버려야 할 건 대개 이름표지 욕망이 아니다. 모두가 윤리적으로 행동한다면 어떤 관계가 이미 상정된 사회적 역할에 부합하지 않아도, 그 관계가 플라토닉과 로맨틱 어느 쪽으로도 안 느껴져도, 혹은 동시에 양쪽으로 느껴져도 아무런 문제가 없다.

테일러와 리는 관계를 시작한 지 1년 만에 성 정체성이나 이름표와는 전혀 무관한 이유로 헤어졌다. 이걸 언급하는 것도 중요하다고 리는 말한다. 퀴어플라토닉 관계가 "너무나도 순수하고 너무나도 선해" 감정의 폭풍에서 안전한 관계로 유아화 혹은 이상화되어서는 안 된다. 이 관계는 불순할 수도 있고 견고한 위계에 문제를 제기할 수도 있다. 그럼에도 사람 사이의 관계이며 인간에게는 언제나 결함이 있다. 로맨틱한 사랑에만 있다고 생각되는 정서적 요소는 다른 맥락에서도 경험될 수 있고, 로맨틱한 관계에서 생기는 저항과 난관은 다른 파트너 관계에서도 경험될 수 있다. 비록 테일러와 맺었던 관계는 끝났지만, 같이 노력해 관계를 헤쳐나가며 리는 자신이 관계에서 무엇을 원하고 무엇을 누려 마땅한지 알게 되었고 폭력적인 결혼 관계에서 벗어났다.

사랑과 관심은 소중하며, 로맨틱을 넘어선 여러 맥락에

서 나타난다. 꼭 로맨틱한 맥락에서 가장 강력한 것도 아니다. 이 진실을 유독 통렬하게 느끼는 집단이 하나 있다. 에이로라고도 하는 무로맨틱이다. 이들은 로맨틱한 사랑을 승격시키는 게 결국은 모두에게 해롭다는 걸 안다. 이들은 다른 사람들이 따라오기를 기다리고 있다.

"사랑에 빠진 사람만이 / 인간이라 불릴 권리를 지닌다"라고 1908년 러시아 시인 알렉산드르 블로크는 썼다.[18] 한 세기가 지나 팝 가수 데미 로바토도 비슷한 메시지를 들고 왔다. "누군가가 생기기 전까지 넌 아무도 아니야."[19]

삶에 로맨틱한 파트너가 없으면 남들은 이 그림을 불완전하게 볼 것이다. 사랑을 하는 사람에게만(그리고 블로크가 지칭하는 건 로맨틱한 파트너를 향한 사랑임이 시에서 암시된다) 인간이라 불릴 권리가 있다는 말은 우리의 인간성이 대체로 통제할 수 없는 상황, 그러니까 타인에게, 세상 돌아가는 형편에, 순전한 운에 달려 있다는 의미다. 우리가 인간인 것이 한 가지 특정 감정을 경험하거나 남이 우리에게 그런 감정을 느낄 때뿐이라는 생각은 섬뜩하다. 그러거나 말거나, 로맨틱한 관계를 향한 욕망은 한 사람의 도덕성을 증명하는 데 많은 경우 필수적인 요소라서 무로맨틱은 재단당하며 인간성을 부정당한다.

그 예로 데이비드 콜린스는 로맨스 소설을 좋아하고 친구들을 사랑하며, 한동안 자기가 소시오패스인지 의심했다. "이게(사람들에게 관심을 보이는데 그 관심이 로맨틱하지 않은 것) 악당들 짓거리라는 생각이 있잖아요. 진짜 이런 느낌이 들더라니까요. '그래, 난 좋은 사람이 아니고 공감도 못해. 덱스터 모건(가상의 연쇄 살인범) 그놈이 딱 이렇지.'"

무로맨틱 공동체는 무성애자 공동체와 이어져 있으나 무로맨틱이라고 모두 무성애자인 건 아니다. 데이비드도 아니다. 데이비드는 범성애자고 성적 끌림은 경험하지만 구체적으로 로맨틱한 관계를 원한다는 게 어떤 느낌인지는 알지 못한다. 데이비드의 이야기는 내가 무성애자들에게 들어온 것과 같은 지점을 다수 건드린다. 지금은 이십 대인 데이비드는 어린 시절 다른 사람들이 파트너 사이가 되는 걸 보며 자기도 자라면 주변 사람 모두와 마찬가지로 로맨스를 원하게 되리라고 생각했다. 열네 살 이후로 줄곧 연애를 해왔는데도 고대하던 변화는 끝내 일어나지 않았다. 자신이 마음 깊은 곳에서는 몸을 노리고 남을 이용하려 드는 어딘가 아프고 이기적인 인간이라는 걱정을 털어내기가 어려웠다.

열여덟 살이 되었을 무렵 한 친구가 데이비드에게 무로맨틱 이야기를 해줬다. 처음에 데이비드는 그게 '인셀이나 하는 짓'이라고 생각하며 들어 넘겼다. 그러고는 우울증이 있는 사람이나 모호한 심리적 문제를 부정하는 사람들을 겨냥하고 지어낸 용어일 거라 단정했다.

몇 개월 후 여자친구와 같이 타임스 스퀘어를 걸어가던 데이비드는 생각을 다시 하지 않을 수 없었다. 관광객으로 바글대는 그곳을 지나가던 중 여자친구는 몸을 돌려 자기가 데이비드를 얼마나 열렬하게 사랑하는지 말했다. 모든 면에서 데이비드와 잘 통하는 여자였다. 둘 다 컴퓨터과학을 공부했고 정치적 견해도 맞았으며 호러 영화와 대중문화 분석, 팬픽 쓰기를 좋아했다. 서로를 응원했고 같이 있으면 즐거웠다. 그런데도, 데이비드는 같은 말을 여자친구에게 해줄 수 없다는 생각만 들었다. 마음을 쓰고 행복하기를 바라며 잘 대해주고 싶은 여자친구였지만, 그 애가 자기에게 느끼는 것과 같은 감정을 그 애에게 느끼지는 않았다. 뭔가가, 형용할 수 없는 어떤 감정이 빠져 있었다. 그 애가 자기한테 느끼는 게, 그 애가 설명하는 게 무엇이든 간에 데이비드는 그걸 경험한 적이 없었다. 그 애한테도 없었고 다른 누구에게도 없었다.

데이비드는 말한다. "그런 적이 한 번이 아닌데, 정말이지 잠자코 앉아 난 도대체 뭐가 문제냐고 생각했어요. 왜 이런지 당장 알아내야 한다 싶었죠." 자기가 사람들을 아무리 사랑해도 당연히 갈망해야 한다고 여겨지는 관계를 원하는 일은 절대 없을 거라는 게, 그리고 그 이유로 자신은 항상 냉정하고 비도덕적인 사람으로 비칠 거라는 게 현실인가 하는 의구심이 생겨나면서 데이비드에게는 외로운 1년이 이어졌다. 매체에서 보이는 자기와 비슷한 사람들은 살인자였다. 로맨스 없는 삶을 다룬 이야기는 수도 적었고 드문드문했다.

로맨틱한 플롯이 어디에나 있다는 사실을 내가 처음으로 알아차린 건 '피곤한 무성애자'라는 사람이 《슬레이트》의 조언 칼럼니스트 '디어 프루던스'에 로맨스가 없는 책을 추천해 달라고 요청했을 때였다.[20] 도움을 주려는 독자들의 답으로 짧은 목록이 나왔고 다수는 청소년 소설이었다.[21] 자격을 충족하는 소설 목록은 분명 이보다 훨씬 길 거라고 나는 생각했다.

다음은 내가 직접 검사해 보려고 세운 기준이다.

- 청소년 소설이나 SF, 판타지가 아닌 소설. (대상 독자가 비교적 어리기도 하고 요즘 청소년 소설을 쓰는 작가라면 섹슈얼리티 스펙트럼 곳곳에 위치하는 캐릭터를 넣을 가능성이 더 크기 때문에 로맨틱한 서브플롯 없는 청소년 대상 도서는 제법 있다.)
- 로맨스가 주제가 아니고, 로맨스(혹은 로맨스를 갈망하는 것)가 나오더라도 그게 플롯의 주요 구성점이 아닌 소설. 커플이 나올 수도 있으나 이들의 관계는 당연하게 취급되고 그 진전이 책의 초점이 되지 않는다. 누군가가 데이트를 할 수도 있지만 스토리가 데이트로 진행되지는 않는다.
- (성폭행을 포함해) 명시적인 섹스 장면이나 성적인 주제가 없는 소설.
- 로맨틱한 사랑이 성공에 필수이고 또 중심이 되는 것으로 제시되지 않는 소설. 이 마지막 요건이 결정적이다. 섹스 장면이 없고 데이트하는 사람이 없어도 주인공이 누군가를 만나야 한다고 계속 생각하고 있으면 그 소설은 자격 미달이다.

얼마나 떠올릴 수 있는지 어디 한번 생각해 보시라.

억지로 사례를 들어보려 하면 이게 필요 이상으로 어렵다는 사실이 비로소 명확해진다. 로맨스 없는 삶이 한심하다는 생각을 내포한 책에 둘러싸여 있는 게 무로맨틱에게 왜 좌절감을 안기는지는 쉽게 이해할 수 있다. 그러나 이런 세태는 어떤 정체성을 지닌 이에게나 유해하다.

문화가 섹스, 로맨스, 돈 등 가치를 부여하는 대상을 향한 욕망을 반드시 자아내는 건 아닐 것이다. 하지만 이런 대상들이 무엇을 의미한다는 이야기는 단 하나만 있어도 대상들을 증폭시켜 필수적인 것으로 보이게 할 수 있다. 로맨틱한 사랑이 최종 목표이며 짝이 없는 사람은 패배자라고 절대다수의 이야기가 상정하면 사람들이 그 협소한 노선을 벗어나 사고할 가능성이 낮다. 계급과 인종과 젠더를 다룰 때 정확한 재현이 중요하다면(실제로 그렇다) 스토리라인에서도 재현은 중요하다. 무엇이 중요한지, 사람들이 무엇을 원하고 또 원해야 하는지, 좋은 삶에 무엇이 필요한지를 제시하는 내러티브에서도 말이다.

헌터는 주인공이 된 기분을 느끼고 싶었고, 〈아메리칸 파이〉에서 배운 대로라면 그렇게 될 가장 쉬운 방법은 섹스를 하는 것이었다. 나는 깊은 감정을 느끼기를 원하고, 사방에서 접하는 이야기에 따르면 그러기 가장 쉬운 방법은 극적으로 로맨틱한 상황에 빠지는 것이다. 무로맨틱 무성애자인 판타지 작가 로런 잰카우스키는 우정으로 글을 쓰고 싶어 하지만 출판 에이전트에게서 무성애와 무로맨틱은 강렬함이 부족해 팔리지 않을 거라는 말을 듣는다. 잰카우스키는 묻는다. "절친한 친구 둘이 서로를 위해, 서로를 지키기 위해 사투하는 이야기는 왜 안 된다는 거죠? 친구들이 모여 모험을 떠나게 하면 안 되나요? 그러니까 이런 거죠, 애착을 품은 상대도 없는데 그게 어떻게 이야기가 되냐?" 로런에게 답은 분명하다. "그야 죽이게 재미있으니까요."

로맨틱한 서브플롯이 어디에나, 로맨스 소설이 아닌 책에까지 있다는 건 오직 로맨스가 있는 이야기에만 거창한 감정이 엮일 수 있고 로맨스가 인간 경험의 어떤 갈래보다도 무조건 더 흥미롭다는 암시를 담는다. 우정과 야심, 가족, 일에서 생겨나는 감정에 더 집중하는 책은 어떨까? 그 강렬함도 못지않게 높은 평가를 받는다면?

내 검사 기준을 만족하는 책은 있다. 알베르 카뮈의 『이방인』과 『페스트』, 크누트 함순의 작품 다수가 부합하고, 보르헤스와 칼비노, 마크슨David Markson이 쓴 초현실주의 소설들도 그렇다. 역사와 가족 소설 역시 가능성 높은 선택지다. 페르 페터손Per Petterson의 『말 도둑 놀이』와 하리 뮐리스Harry Mulisch의 『저격The Assault』은 제2차 세계대전기의 복잡한 가족 역학을 다룬다. 현재에 더 가까운 이야기를 꼽자면 매릴린 로빈슨의 『하우스키핑』, 가족의 비밀과 한국, 이민자의 체험을 이야기한 캐서린 정Catherine Chung의 『잊힌 나라Forgotten Country』, 개인의 욕망과 공동체의 기대 간 갈등을 이야기한 하임 포톡Chaim Potok의 『내 이름은 애셔 레브My Name is Asher Lev』가 있다. 최근 몇 달 사이 내게 제일 진한 감동을 준 이야기는 덩컨 맥밀런Duncan Macmillan의 희곡 『사람, 장소, 사물People, Places, and Things』인데 재활원에서 반복적으로 자살을 기도하는 여성 배우의 이야기를 풀어낸다. 코맥 매카시의 『로드』는 황량하고 디스토피아적이며 그 세계에서 무엇보다 중요한 사랑은 아버지와 아들 사이의 사랑이다.

중요한 건 이렇게 고른 작품이 거의 모두 부차적인 장르에 들어간다는 점이다. 모두 호평을 받았고 문학으로 여겨지지만, 동시에 대체로 철학 소설, 홀로코스트 소설, 아니면 이민 소설이라는 설명이 붙는다. 다른 무언가로 정의된다. 그 소설을 '다른 것'으로 만드는 무언가를 항상 찾아야 한다. 한 친구가 지적했듯, 다른 기술어를 덧붙일 필요가 없는 진지한 소설 문학 장르에서는 핵가족과 로맨틱한 사랑이 주요 요소로 깔려 있다.

내가 언급한 책 중에도 로맨스가 등장하는 책이 일부 있을 수 있다. 전부 다시 읽어볼 시간은 없으니, 일부 작품이 로맨틱한 서브플롯을 포함하거나 다른 식으로 내 기준을 충족하지 못할 수 있다. 내 브레인스토밍을 도와준 사람들도 같은 문제에 부닥쳤다. 친구들이 답으로 뭘 제안하면 다른 누군가가 끼어들어 지적하는 일이 몇 번이고 반복되었다. 사실 『워터십 다운』이랑 『에덴의 동쪽』에도 로맨틱하고 성적인 주제가 나오는데, 너 잠시 깜빡했구나. 소설 속 인물이 죄다 백인이란 걸 우리가 거의 지각하지 못하는 것처럼, 로맨스는 너무나 당연하게 여겨져 지각하지 못할 때가 많다. 이

메시지는 우리의 가치와 기대에 영향을 미치면서도 그러는 내내 배경에 너무나 깔끔하게 녹아들어 눈에 띄는 일이 거의 없다.

라이스 대학 소속 철학자 엘리자베스 브레이크Elizabeth Brake는 로맨틱한 사랑을 과분하게 고평가하며 중심에 놓는 경향을 '연애 정상성amatonormativity'이라 명명한다. 사랑을 뜻하는 라틴어 단어 '아마레amare'에 착안한 것이다. 브레이크가 이 용어를 만들어낸 건 저서『결혼 최소화: 결혼, 도덕, 법Minimizing Marriage: Marriage, Morality, and the Law』에서 "중추적이고 배타적이고 육욕적인 관계가 인간에게 정상적"이라는 생각을 기술하기 위함이었다. 정상인 걸 넘어 그렇게 하는 게 더 좋다. 그렇게 하면 더 좋은 걸 넘어 이상적이고 필수적이다. 폴리아모리보다 좋고, 탄탄한 가족 관계망보다 좋고, 끈끈히 결속한 친구들보다 좋다.[22] 우리가 보편적으로 노력해야 할 지향이자 없으면 불완전해지는 선이다.

연애 정상성의 사례를 찾기는 어렵지 않다고 심리학 저술가 드레이크 베어Drake Baer는 지적한다. 철학자 캐리 젱킨스Carrie Jenkins의 말처럼 "이렇게 예쁜 분이 솔로라니 믿을 수가 없네요."[23] 같이 좋은 뜻으로 하는 표현도 솔로는 어딘가 부족하다는 의미를 내포한다. 큰 찬사를 받은 대법관 앤서니 케네디Anthony Kennedy의 동성 결혼 인정 의견문에는 결혼할 권리를 박탈당하는 게 "고독 속에 살라는 선고를 받는 것"[24]과 같다고 썼다. 감동적인 법원 의견문이든 무심코

던지는 몇 마디든 자신이 정말 연애를 원하는 건지, 연애하지 않으면 언제까지고 동정받을 거라 생각할 뿐인 건지 알기 어렵게 하는 건 매한가지다. 연애 정상성은 솔로에 관한 연구가 부족한 이유이기도 하다고 베어는 말을 얹는다. 사회 과학자들은 모두가 연애를 원한다고 가정해 여기에 해당하지 않는 사람들을 더 알아보고 이들의 관점에서 다른 모두가 배울 수 있는 게 무엇인지 발견할 기회를 놓친다.[25]

연애 정상성은 여느 정상성과 마찬가지로 변주를 지운다. 변주가 지워진다는 건 선택이 지워지고 고정관념과 낙인이 승리한다는 의미다. 로맨틱한 관계를 맺고 있지 않은 사람은 동정이나 조롱의 대상이 된다. 로맨틱한 관계 자체를 원하지 않는 사람은 연쇄 살인범처럼 비정한 인간이다. 독신 여성은 한심한 존재, 찾아주는 사람 없는 이상한 여자가 된다. 독신 남성은 벽장에서 나오지 않았거나 감정이 억눌린 것이다. 그 남자가 잘생겼으면 무책임하고 허랑방탕한 인간이다. 그렇지 않다면, 그러니까 사우스캐롤라이나 상원의원 린지 그레이엄 같은 경우라면 더 심각하게 잘못된 구석이 있을 것이다. 2015년 대권에 도전하려 했을 때 그레이엄은 독신이라는 이유로 꼬치꼬치 검열당했고 "결함이 있는 게 아니"[26]라고 자신을 방어해야만 했다. 다들 죽어도 영부인이 필요하다고 하면 자기 여동생이 그 역할을 할 수도 있다고 농담까지 했다. 그레이엄이 대선 후보에서 탈락하는 건 정책 제안 때문이어야지 이 사람이 로맨틱한 관계에 관심이 별로 없다는 이유 때문이어서는 안 된다.

(정치적 견해나 매력이나 젠더와 무관한) 한 사람의 가치와 인간성이 로맨틱한 사랑이라는 너무나 특정한 감정을 익숙하게 느끼는지 혹은 그 감정을 다른 사람에게 고취할 수 있는지에 좌우되는 일은 없어야 한다. 그런데도 "누군가와 로맨틱한 선에서 관계를 맺지 못하면 곧바로 정신이 일그러진 사람 취급을 받는다"고 데이비드는 말한다. (부정적인 비장애중심적 고정관념에 따른) 자폐인이냐는 질문이 날아온다. 다른 흑인들은 데이비드가 게이인데 그걸 부정하고 있다는 말을 했다. '우울증'과 '넌 감정 없는 개새끼야'가 제일 흔하게 나오는 두 가지 설명이다.

소시오패스 무로맨틱이라는 고정관념은 너무 일반적이라 말레이시아 출신 시몬은 그걸 조금씩 받아들이게 되었다. "정확히 말해서 정체성은 아니에요. 내가 이따금 장난스럽게 연기하는 하나의 캐릭터랄까요. 인간이 어떻게 기능하는지 잘 이해하지 못하는 외계인 관찰자 행세를 하면서 우스개로 이러는 거죠. 오호, 그래. 이 인간들도 그렇고 이것들이 살차오른 몸을 서로 맞대어 누르며 감정을 품는 모양새도 그렇고 '참 흥미롭구나.'"

시몬은 심장 없는 양철 나무꾼이거나 로맨틱한 사랑의 세계에 떨어진 외계인이다. 스스로 로봇이라고 농담을 날리는데, 무로맨틱이라는 이유로 로봇 같다고 인식될 때 느끼는 감정이 불안정하기에 이건 연기이기도 하고 대응 기제이기도 하다. 시몬이 덧붙인다. "내가 포스트휴머니즘이나 트랜스휴머니즘 같은 개념에 관심이 있는 것도 이런 이유 때문인 것 같아요. 이런 생각이 끌리더라고요. '뭐, 내가 이런 걸 못 느끼고 또 무로맨틱이라는 이유로 인간이 덜 된 느낌을 받아야 한다면 난 그냥 다른 식으로 인간이 될래.'"

인간인 데다 이런저런 잣대도 있다 보니 나라고 모종의 연애 정상성에 면역이 있는 건 아니다. 인터뷰한 사람 거의 전원에게는 쉽게 공감할 수 있었다. 무성애자이고 무로맨틱이라고? 뭔지 알지. 무로맨틱인데 무성애자는 아닌 여자들에게도 같았다. 오하이오 시골에 사는 (그러나 이 주를 떠나는 게 최대 소원이라고 말하는) 이십 대 일라나 같은 사람. 일라나는 말한다. "여생을 함께 보낼 인생의 누군가를 끝까지 못 찾는다고 해도 비참한 기분은 안 들 거예요. 나한테는 그게 우선순위라고 할 수 없거든요." 남자친구가 일라나에게 문자로 결별을 통보했을 때 일라나는 『잘못은 우리 별에 있어』를 막 다 읽은 참이었는데, 일라나는 "차인 것보다 책 속 인물이 죽었다는 사실에 더 속이 상했"다.

그러나 반사적으로 의심이 일어나는 집단이 하나 있다면 데이비드 같은 남자들이다. 무로맨틱이지만 무성애자는 아니라는 남자들. 나는 여자고 친구들에게서 남자들에 관한 공포스러운 이야기를 듣는 데 인생의 상당한 뭉텅이를 써왔다. 그 남자 다수는 머리에 든 게 섹스뿐인 개자식들이었다. 내 마음 한구석에는 '무로맨틱이지만 무성애자는 아니'라는 게 나쁜 짓을 합리화하려는 미성숙한 남자들의 핑계라는 의심이 남아 있었다.

이런 의심이 말이 안 되는 소리라는 걸 머리로는 알았다. 무성애자이면서 무로맨틱이 아닐 수 있다면 무로맨틱이면서 무성애자가 아닐 수도 있다. 오로지 여자만 무로맨틱이고 유성애자일 이유도 없다. (무로맨틱 유성애자 여성은 독립적이고 무로맨틱 유성애자 남성은 발정 난 놈이라는) 내 생각이 거부해야 마땅한 젠더 고정관념이라는 건 늘 확실했다. 그러나 바로 이 고정관념이 자기에게 어떻게 상처를 줬는지를 말하는 데이비드의 이야기를 듣고서야 내게도 감정적인 변화가 일었다. 데이비드가 내게 말하기로, 사람들은 데이비드가 진짜로 남들에게 신경을 쓴다 해도 남자라는 이유로 으레 '그냥 꼴린 놈'이자 괴물이라고 한다. "지금 있는 친구 관계를 놓지 않으려고 해요. 인간적인 유대는 중요하잖아요. 그리고 내 생각에는 로맨스보다 인간적인 유대를 갈구하는 사람이 훨씬 많을 것 같은데요. 의미가 전달되나 모르겠지만요."

누군가는 분명 잔악한 성격을 옹호하기 위해 무로맨틱 지향을 끌어다 쓸 것이다. 여기에 속지 말자. 무정하게 구는 건 이름이 따로 있는, 어떤 유형의 지향과도 무관한 문제다. 옥시덴털 대학 소속 사회학자이자 『아메리칸 훅업』의 저자 리사 웨이드는 훅업이 문제가 되는 건 가벼운 섹스 자체가 아니라 가벼운 섹스를 둘러싸고 생겨나는 문화 때문이라고 쓴다. 이 문화는 서로 감정이 없다는 걸 보이기 위해 쌀쌀맞게 대할 것을 권장한다. 로맨스 없는 섹스를 원한다고 선을 명확하게 그으면서도 서로를 존중하고 친절하게 대하는 건 가능하고도 남는 일이다.[27] "몸만 원해서 사람을 이용하는" 게 아니라 소통하면서 상호 동의하에 합의를 이루는 것, 데이비드가 가고자 하는 길이다. 데이트에는 흥미가 없지만 최선을 다해 배려하고 상태를 확인하며 마음을 쓸 거라고 데이비드는 처음부터 명확하게 밝힌다.

이제 데이비드는 본인 표현대로라면 거의 완벽한 FWB*를 두고 있다. 연애 조언을 주는 걸 좋아하고("나라면 덜 편파적으로 볼 수 있을 것 같네요.") 무로맨틱 서브레딧에서 자신이 무로맨틱인지 대기만성형인지 정서적인 부담으로 고통받고 있으며 변화 가능성이 있는 사람인지 고민하는 이들을 도우며 시간을 보낸다. 변화는 틀림없이 가능하며 그것도 괜찮다(다만 행복한 솔로가 모든 연령대에 존재하는 걸 보면 필연적인 일은 아닌 듯싶다). 무성애와 마찬가지로, 변화 가능성이 있다고 해서 누군가가 말하는 자기 경험을 불신하거나 혹은 지금 당장 원하지 않는 삶의 어떤 부분을 자기가 놓치고 있는 게 아닌지 과하게 고심하는 게 정당화되어서는 안 된다.

데이비드는 '자기 길을 가는 남자들' 커뮤니티에 있는 사람들에게까지도 손을 내밀기 시작했다. 자신에게 상처를 줬던 로맨스를 둘러싼 사회적 기대는 인셀에게도 외로움과 고립감을 안기니까. "로맨스라는 개념을 해체하도록 이 사람

---

\*  friends-with-benefits. 친구 사이지만 섹스도 하는 관계로, 섹스 파트너에 비해 친구라는 면이 강조된다. 국내에서도 영어 약자를 그대로 쓰는 편이다.

들을 곁에서 돕는 건 마음을 터놓게 한다는 면에서 효과가 제법 쏠쏠했다"고 데이비드는 말한다. 자기가 무로맨틱일 수도 있다고 생각하는 사람들에게 "항상 해주는 조언 중에서도 제일 중요한 건 기다려 보면 (자기 정체성의 감각을) 늦지 않게 느끼게 되리라는 것"이라는 말도 덧붙인다. 로맨틱한 관계를 원하지 않는다고 자신이 아픈 사람이라 생각하지 말 것. 아마 레딧 스레드에서 답을 찾게 되지는 않겠지만 당신이 어떤 존재든 그걸로 괜찮다고 데이비드는 이들에게 말한다.

연애 정상성은 텔레비전 프로그램과 책에만 스며 있지 않다. 이건 우리의 법적 권리와 엮여 나이가 들수록 점점 더 분명해지는 여러 형태의 차별을 만들어내기도 한다. 결혼 제도 내의 로맨틱한 사랑은 연방 차원에서 기혼 부부에게 혜택을 제공하는 1,100개 이상의 법을 포함해 다른 헌신으로는 얻을 수 없는 특권을 준다. 배우자는 군인 혜택과 사회 보장, 장애 관련 혜택과 더불어 서로의 의료 보험 혜택을 공유한다. 서로 의료 결정을 대신 내려줄 수 있다.[28] 회사는 배우자 상이라면 아무것도 묻지 않고 경조 휴가를 주지만, 친구에 그치는 사람이 상을 당해 휴가를 요청하면 그렇게 수월하게 승인이 나지 않을 것이다. 생판 남과 결혼해 자기 건강 보험 혜택을 주는 건 가능하지만 양육자에게 보험 혜택을 주는 건 불가능하다.

이상적인 형태의 결혼은 사랑과 상호 책임의 약속이고

모두가 보는 앞에서 중요성을 맹세하는 일이다. 이런 약속이 기념되고 여기에 법적 혜택과 특별한 지위가 수반되는 건 타당할 수 있다. 이런 약속이 오로지 로맨틱하고 성적인 맥락에서만 이뤄지고 또 법적으로 인정되는 건 타당하지 않다. 철학자 줄리언 버지니Julian Baggini는 《프로스펙트 매거진》에서 결혼을 놓고 토론이 벌어지면 사람들은 어느 편에 있든 "피가 섞이지 않은 관계 중 가장 중요한 건 우리가 섹스하는, 최소한 섹스한 전적이 있는 상대와 맺는 관계라는 가정을 공유"한다고 쓴다.[29]

섹스에 근거한 기준은 재산을 합치고 아이를 낳는 게 결혼의 주된 목적이었던 시절에는 말이 되었지만, 오늘날 결혼은 버지니가 지적하듯 거래를 위한 짝이라기보다는 헌신할 짝과 맺어지는 일에 가깝다. 이제 많은 경우 후계자와 예비인을 만드는 게 요점이 아니다. 기혼 부부인데 아이가 없는 (아니면 섹스를 안 하는) 경우도 많고, 서로를 돌보지 않는 나쁜 결혼 관계도 흔하다.

권리에 로맨스가 반드시 요구될 때 생길 수 있는 일 중에서도 2012년에 일어난 일은 유독 가슴 저미는 사례다. 그해 캐나다 정부는 여든세 살 친구 밀드러드 샌퍼드와 함께 살던 일흔세 살 미국인 여성 낸시 인퍼레라를 추방했다. 두 사람은 몇 년 전 노바스코샤로 이사했고 돈을 모아 14,000달러짜리 이동 주택을 같이 구입했다. 이들은 "떼려야 뗄 수 없는" 사이로 설명되었고 낸시는 치매가 있는 밀드러드를 돌보았다.[30] 브레이크는 이 사건에 관해 이렇게 쓴다. "그런 우정은 장기적인 상호 돌봄과 동반자 관계라는 결혼의 주요 목적 한 가지를 수행한다. 그러니 이 관계는 결혼과 유사한 법적 보호를 받아 마땅하다."[31] 그러나 추방을 막아주는 보호 조치는 낸시와 밀드러드가 아니라 오히려 폭력적인 결혼 관계를 이어오는 커플이 더 많이 받았다(그래도 7년이 지나 낸시는 캐나다 영주권을 끝끝내 취득했다[32]).

법적·사회적 혜택을 오직 로맨틱하게 결합한 사이에만 제공하는 건 로맨틱한 감정의 존재만으로도 관심의 격이 높아지며 특별한 보호를 받을 자격이 생긴다는 걸 암시한다. 그러나 의무가 덜 수반되는 우정과 다른 형태의 관심에 더 많은 사랑이, 더 자유로이 내주는 사랑이 들어 있기도 하다. 결혼이 주는 법적·사회적 특권은 따라서 그 권리를 원하는 상호 동의한 성인 모두에게로 확장되어야 한다.

버지니는 형제자매와 아주 가까운 친구 사이에도 '시민 동반자 관계에서 인정되는 것과 동일한 권리'를 허락하는 것을 지지한다.[33] 리드 대학 소속 정치학자 태머라 메츠Tamara Metz는 성적이거나 로맨틱한 성격이 없더라도 '친밀한 돌봄 결합'[34]을 국가가 인정하고 지원해야 한다고 주장해 왔다. 브레이크는 이런 특권을 확장하면 다른 영역에도 중대한 영향을 미치리라는 말을 더한다. 브레이크가 내게 한 말이다. "정책 측면에서 결혼법은 조세와 이민, 재산법 등 법의 모든 영역에 손을 뻗칩니다. 이성 결혼만 되는지 동성 결혼도 되는지가 중요한 게 아니에요. 로맨틱하고 성적인 관계의 파트너 대상으로만 결혼을 제한하는 한 우리는 연애 정상성을 단단히 지키게 되죠." 깡그리 폐지하거나 아니면 결혼과 유사한 권리를 친구 사이에까지(소규모 집단이나 네트워크에까지) 확장하는 식으로 결혼법을 개정하는 건 차별을 철폐할 한 갈래 길이다.

오스트레일리아인 정책 활동가 조는 처음에 동성로맨틱으로 정체화했었다. 무성애자 공동체에서조차 유로맨틱 무성애자는 연애도 하고 일반적인 삶을 살 수 있지만 무로맨틱은 정상에서 한 발짝 더 떨어져 있다는 식의 내러티브가 존재한다고 조는 설명한다. 동성로맨틱이라는 이름표를 쓰면 부딪칠 일이 적을 것 같았고 남들도 조 자신도 더 쉽게 받아들일 수 있을 것 같았다. 현재 조는 무로맨틱으로 정체화했고, 앞으로 평생 연애 정상성과 싸워야 하리란 사실을 실감하고 있다. 연애 정상성은 결혼 너머로도 한참 뻗어 나가, 사회라는 직물 그 자체와 우리가 만년에도 만개한 삶을 누릴 가능성을 구성하고 여기에 영향을 미치고 있다.

서구에서 커플은 대개 쌍을 이뤄 결혼하고, 그 뒤에는 별도의 새로운 단위로 본인들을 분리해 때로는 이전의 친구와 가족 공동체에서도 멀어진다. 이게 규범이다 보니 무로맨틱이 자신에게 필요한 사회적 네트워크를 형성하기는 갈수록 어려워진다. 중대사는 달콤하면서도 쌉싸름해진다. 조의 제일 친한 친구가 남자친구와 같이 살겠다고 집에서 짐을 뺐을 때처럼.

"내가 못마땅하게 볼 일은 물론 아니죠. 친구가 행복하니

저도 기쁘고요. 그래도 힘들어요. 우리 사이는 정말 좋았는데 그게 이제 우선순위에서 밀렸으니까요. 앞으로 사는 내내 이런 일이 계속 일어나겠죠. 사람들은 대체로 이렇게 하니까요. 주된 로맨틱 관계가 우정보다, 때로는 가족보다도 우선시되잖아요." 조가 로맨틱한 파트너와 같이 살려고 이사 나가는 사람이 될 일은 없으며, 그래서 조는 우정에 가치를 더 두는 동시에 다른 사람들이 거기에 자기만큼 가치를 두지 않아 좌절하게 된다. 지난 몇 달 사이 조의 다른 친구 두 명도 약혼하자 로맨틱한 관계 내의 전통적인 동거에 흥미가 없는 사람을 위한 선택지가 부족하다는 점이 두드러졌다.

"보스턴 결혼을 되살릴 수 있다면 좋을 텐데 말이죠." 조가 말하는 건 19세기 후반 성인 여성들이 함께 살던 양식이다.[35] 이 말은 헨리 제임스Henry James가 소설 『보스턴 사람들 The Bostonians』에 묘사한 관계에서 유래했고, 보스턴 결혼 관계인 사람들 일부는 레즈비언이기도 했지만 항상 그렇진 않았다. 보스턴 결혼은 룸메이트 사이를 거창하게 부풀린 게 아니라 구조와 동지애가 있는 진정한 파트너 관계였으며, 조가 원하는 게 바로 이거다. 로맨틱하지 않고, 같이 사는 관계, 한평생 지속될 그런 관계.

그러나 연애 정상성에 밀려 보스턴 결혼은 드문 일이 되었고 노년기 돌봄 문제는 가중되었다. 핵가족이 이상적일 때는 생애 후반에 가족 구성원(자녀, 배우자)이 무상으로 돌봄 제공자 노릇을 하리라는 가정이 일반적이고, 이어서 이런 질문이 나온다. "나중에 늙으면 누가 돌봐줘?"

"상당히 버거운 고민거리죠." 무로맨틱이며 현재 사십 대인 줄리 손드라 데커의 말이다. 로맨틱한 파트너가 미래의 안전을 완벽하게 보장하는 건 아니라고 줄리는 강조한다. 사람은 병에 걸린다. 이혼도 한다. "붙박이 지원군 같은 존재 한 명을 둘 생각이라고 해도 더 넓은 네트워크랑 다른 자원들을 살필 필요가 있어요. 우정을 유지하고 그걸 진지하게 챙기려면, 내가 다른 사람에게 얼마나 줄 수 있는지 파악하려면 노력이 많이 들어가죠. 내가 선을 넘어 지나치게 많이 퍼주는 건 아닌지 걱정할 때도 있지만, 한편으로는 내게 뭔가가 필요할 때 그 사람들이 날 위해 곁에 있으리란 걸 알아요. 그러니 내가 이 세상에서 혼자가 될 일은 절대 없죠."

만년에 자신을 지지해 줄 가족을 선택해 꾸리는 게 가능하다는 데서 줄리는 옳다. 결혼하지 않은 사람들은 "고독 속에 살라는 선고를 받는 것"이라고 쓴 대법관 앤서니 케네디는 틀렸다. 로맨틱한 파트너 없이는 노년에 자기를 돌볼 수 없을 거라고 걱정하는 것도 부당하다. 연애 정상성과 가족 내 공짜 돌봄이 당연하다는 생각 탓에, 비용 면에서 노인 돌봄의 접근성을 높이고 돌봄 제공자에게 더 정당한 보상이 돌아가도록 복지법과 노동법을 바꾸어야 할 필요는 더 간단히 무시된다. 돌봄 노동과 노인 돌봄의 기반 구조가 변하면 무로맨틱을 비롯해 이런 걱정을 하는 모두에게 도움이 된다. 흔히 말하는 샌드위치 세대, 핵가족으로 살고 있지만 병든 양친까지 돌보느라 금전적 자원을 소진하는 사람들[36]도 다

수 해당한다. 배우자와 자녀와 울타리가 없거나 이를 원하지 않는 모두에게 공정을 보장하려면 정책에서 많은 변화가 필요하다.

중요한 건 유대와 개인의 실천이지, 각기 다른 관계 유형이 어떻게 보여야 한다거나 어떤 형태의 관계 맺기가 더 우월하다고 하는 통념이 아니다. 삶은 너무나 다양한 모습일 수 있고 가족에게, 친구에게, 대의에 헌신하는 등 너무나 다양한 그림일 수 있다. 설사 범주에 깔끔하게 들어가지 않더라도 강렬한 감정을 타인에게 품는 그림도, 성적 욕망 없이 사랑에 빠지는 그림도 될 수 있다. 단순한 이야기들, 격정이 곧 섹스라거나 격정은 오로지 로맨스용이라는 이야기, 타인의 사랑으로 인정받아야만 하고 우정은 로맨틱한 사랑이라는 흐릿한 범주만큼 중요하지 않다는 이야기는 전부 주의를 흩트린다. 이런 이야기의 효과는 강력하다. 이걸로 생겨날 수 있는 불이익은 현실이다. 그래도 조금만 더 자세히 들여다보라. 권위에 금이 가기 시작할 것이다.

## 8. 거절하기에 적절한 이유

싫다고 말할 수 없을 때 나오는 좋다는 말에는 아무런 의미가 없다. 곤란한 건, 시애틀에 사는 아시아인 프로그래머인 제임스가 여자친구에게 거절의 말을 해도 될 것 같다고 느꼈다는 점이다. 일단은 그렇다. 제임스는 '남자라면 당연히 원하는' 건데도 섹스를 주도하고 싶지 않은 이유를 놓고 끝없이 오간 대화를 기억한다. 언쟁은 제임스가 포기하고 어떻게든 섹스를 하는 결말로, 여자친구를 거부한다는 수치심과 함께 끝났다. 제임스는 말한다. "지금 이 모든 사례를 알고 돌아가 그날을 생각해도 내가 동의하긴 했다고 결론 냈을 거예요."

제임스가 생각하기에는, 또 많은 이들이 생각하기에는 오늘 힘든 일이 있었다거나, 독감에 걸렸다거나, 직장에서 스트레스가 유독 심했다거나, 아니면 상대가 자신에게 상처를 주는 나쁜 파트너라거나 할 때 파트너에게 거절의 말을 하는 건 괜찮다. 이런 건 그만하면 적절한 이유다. 적절하지 않은 이유는? "하고 싶지 않아서."

이런 거다. 모든 인간에게 최소한의 성적 욕구가 있고 지금 잘못된 게 없다면 아름답고 행복 가득한 날 아름답고 행복 가득한 파트너에게 싫다는 말을 하는 건 당신이 이기적이고 상대를 일부러 불만스럽게 하는 사람이란 의미다. 당신은 그런 인간이 되기 싫고 파트너도 사랑한다. 그래서 좋다고 한다.

"지금은 강압이 더 느껴져요." 제임스가 말한다. 무성애를 접한 뒤로 제임스는 앞으로 영원히 싫다고 말할 수 있었음을, 싫다고 말해도 자기가 나쁜 사람이 되는 게 아니었음을 안다. 새로운 정보를 얻자 관계에는 다른 빛깔이 입혀졌고, 제임스는 예전에 했던 승낙이 온전하지 않았다고 생각하게 되었다. 사실은 그대로지만 해석은 달라졌다. "지금 돌아보니 화가 나네요. 여자친구한테 어쩔 권리가 있는 일이 아니잖아요. 더 반대할 걸 그랬다는 생각이 들어요." 제임스의 경험은 동의 문제에서 무성애자의 관점을 간과했을 때 벌어질 수 있는 최악의 결과를 보여준다. 강제적 섹슈얼리티를, 문제시되는 일이 거의 없는 그 존재를 아직 알지 못한 모두가 성적 강요(와 성폭력)를 당할 가능성이 높아지는 것이다.

그렇다고 제임스가 과거로 돌아가 전 애인을 성폭행으로 고소하려는 건 아니다. 상황은 그보다 복잡하다. 이건 과거를 처리하고 분석할 방법이 제임스에게 하나 더 생겼다는 의미일 뿐이다. 섹스를 거부하기에 좋은 이유와 나쁜 이유가 있다고 생각하던 예전의 제임스는 철학자 미란다 프리커 Miranda Fricker가 '해석학적 부정의 hermeneutical injustice'라고 명명한 것, 즉 결정적인 정보를 박탈당해 초래되는 해악[1]을 경험한 셈이다.

뭔가를 알고 나서 이걸 진작 알았으면 좋았겠다고 생각

한 경험은 누구에게나 있다. '대학교 룸메이트가 우리 동네에 온 줄 알았으면 시간 내서 얼굴을 봤을 텐데.' 같이 단순한 일일 수도 있다. 그러나 프리커가 말하는 해석학적 부정의 개념은 사회생활에 유용한 소식을 놓친 정도의 문제가 아니다. 이런 건 개인적으로 운수가 나빴던 거다. 해석학적 부정의는 구조적인 현상이다. 주변화된 집단이 자기 자신과 사회 속 자기 역할을 이해하는 데 필요한 정보를 충분히 접하지 못하는 문제다. 이 집단에 정보가 부족한 건 바로 이들이 주변화되었고 그래서 그 경험이 거의 대변되지 않는다는 바로 그 '이유 때문'이다.

프리커가 한 예시에서 사용했듯, 이런 식이다. '산후 우울증이라는 개념을 알았더라면 내 경험을 더 잘 이해해 죄책감을 덜고 내 탓을 덜 할 수 있었을 텐데.' 다른 대표 사례도 있다. '성적 괴롭힘이라는 개념을 알았으면 내게 일어난 일을 더 쉽게 해석하고 설명할 수 있었을 텐데.' 해석학적 부정의는 제임스가 들려준 것 같은 여러 이야기에 등장한다. 제임스의 이야기만 해도 내가 무성애자들에게 몇 번이고 들었던 경험의 본보기다.

이런 사례에서 강요는 부적절한 동의라는 전형적인 그림으로 나타나지 않는다. 남학생 사교 클럽 파티도, 술집에서 진탕 마시고 모르는 사람을 만난 것도 아니다. 사이도 원만하고 서로에게 잘하는 헌신적인 커플의 일처럼 모든 면에서 완전히 정상으로 보인다. 이때 동의에 관한 논의 대부분에 깔리는 (모르는 사람하고 섹스하는 건 결코 필수가 아니지만 연애 중일 때 섹스하는 건 필수 요건이라는) 일반적인 상식은 어딘가 부족하다. 모두가 '어느 때에는' 섹스를 원한다는 메시지 때문에 사람들은 '어느 때에는' 승낙해야만 한다는 느낌을 받는다. 어느 때에는 승낙해야 한다면 파트너에게 하는 편이 낫다. 사랑하고 있다면 섹스는 좋은 거라고 하니까.

이렇게 해서 강요는 누군가를 정말 사랑한다면 섹스를 할 거라는 식으로 나타난다. 그러면 섹스를 자꾸 거부하고 싶지 않아서 파트너를 보는 일이 겁나는 일이 된다. 활동가 '무성애자의 퀴니'가 쓰듯, 지금 섹스하면 안 될 이유를 (아직 어리다, 데이트를 충분히 오래 하지 않았다, 피임 수단에 문제가 있을 수도 있다 같은 식으로) 잔뜩 나열하고도 정작 필요한 건 (하고 싶지 않다는) 진짜 이유 하나뿐이라는 걸[2] 끝까지 모르는 느낌. 차라리 종교적인 이유로 성관계를 안 한다는 핑계라도 댈 수 있게 종교가 있었으면 하고 바라는 느낌. 섹스를 해야만 해서 상처를 받았다가, 섹스를 일절 원하지 않는 게 잘못된 일이 아니었고 섹스 또한 의무가 아니었음을 알게 되고, 결국 돌이켜 보면서 머릿속에서나마 동의를 철회하는 느낌.

죄책감과 수치심과 분노다. 좋다고 했다는 수치심, 좋다고 하지 않았어도 된다는 걸 몰랐다는 분노, 내 주장을 고수하면서 싫다고 하지 않았다는 수치심, 싫다고 하라고 말해주지 않은 파트너에게 치미는 분노, 다들 잘 모르기는 마찬가지였는데도 분노를 느낀다는 죄책감. 그리고 많은 경우 결론은 같다. 무성애자 블로거 '꼬장꼬장한생각'이 이 결론을 근사하게 압축해 냈다.

한동안 나는 전 애인을 탓했지만(싫다는 말을 전에 그렇게 많이 했는데 왜 굳이 밀어붙인 거지? 내가 흥미가 없단 게 딱 봐도 보이는데 왜 개는 즐겼지?) 이건 뭔가 아니라는 느낌이 있었다. 나는 수차례 좋다고 했고, 사람 마음은 읽을 수 없다. 그래서 다시 나를 탓했다. 섹스하기 싫다는 마음이 진짜 강했으면 매번 싫다고 말했겠지. 하지만 내가 받았던 압박감과 내가 망가졌다는 느낌이, 나한테 이 남자를 '거부'할 '적절'한 이유가 없으니 좋다고 하는 게 당연하다는 무언의 사회 규범이 여기에는 담기지 않는다. 문제는 내가 받은 상처를 설명할 길 없이 덜렁 남겨졌다는 거였다. 겉보기에는 큰일이 아니었어야 했다. 그 애도 좋다고 했고 나도 좋다고 했으니 전부 상호가 합의한 일이었다. 문제는, '내가 무성애를 알았더라면' 싫다는 말을 했으리란 것이다. 비난할 사람이 아무도 없는데도 잘못된 일이 일어났다는 느낌. 이게 해석학적 부정의다.[3]

원하지 않으면 모르는 사람과 섹스할 이유가 없다는 데는 거의 모두가 동의한다. 연애라는 맥락을 더하면 이런 규칙은 별안간 힘을 잃는다. 합의는 온데간데없다. 배우자에게 매번 거절의 말을 하는 사람보다는 모르는 사람에게 매번 거절의 말을 하는 사람의 편을 들어주는 게 쉽다. 하지만 사랑하는 사람과 의견을 맞추는 일의 실상을 제대로 알려고 씨름하지 않는 한 동의는 완전에 이를 수 없다. 무성애자도 모르는 사람과 섹스해야 한다는 압박을 느낄 수도 있고 실제로 느끼기도 하지만, 죄책감을 제일 강하게 느끼고 선 긋기를 제일 어려워하는 건 연애 관계에서다. 연애를 시작하면 동의의 수단을 넘겨줘야 한다는 일반적인 믿음 때문에 연애 관계에서는 섹스하고 싶다는 욕구와 섹스하지 '않고' 싶다는 욕구가 동등하게 취급되지 않는 일이 너무나 많다.[4]

남자는 섹스를 필요로 하고 여자는 남자의 욕구에 맞춰줘야 한다는 생각은, 일반적으로 여자가 남자에게 굽혀준다는 의미를 지닌다. 이 논리는 전통적인 성 역할이나 경제 혹은 종교적인 사상에 근거하기도 한다. 먼 과거의 유물 같은 생각도 아니다. 입법처의 형법 개정에 힘을 실어준 영향력 있는 글인 1962년 미국 모범 형법전은 강간이 서로 아무런 관계가 '없는' 상대에게 강제된 섹스라고 명시했다.[5] 결혼한 부부 사이의 강간은 허용된다는 믿음은 어찌나 만연한지 도널드 트럼프의 전처 이바나가 트럼프를 강간으로 고소했다는 보도가 수면으로 올라왔을 때 트럼프 측 변호사 마이클 코언이 자기 의뢰인을 이런 말로 변호했을 정도다. "자기 아내를 강간한다는 건 말이 안 됩니다."[6]

부부 강간은 현재 불법이지만 이 지점에 이르기까지는 한참이 걸렸다. 1979년 당시 캘리포니아 상원 의원이었던 밥 윌슨은 여성 로비스트들에게 이런 질문을 농담이라고 던졌다. "아내를 강간하지 않으면 누굴 강간할 수 있지요?"[7] 버지니아주 의원들은 2002년까지 누가 배우자 강간으로 기소

되는 걸 두고 보지 않았다. 논의가 이뤄지는 동안 버지니아주 정치인 리처드 블랙은 배우자 강간 범죄화에 반대하는 연설을 했다. 남편과 아내가 한 침대에서 자고 "아내가 슬립을 입고 있다"[8]면 강간이 발생했다는 걸 증명하기란 불가능하다는 주장이었다. 오늘날 몇몇 주는 여전히 배우자 강간과 비배우자 강간을 다르게 다룬다.[9] 이 모든 상황에서 전해지는 메시지는, 관계의 맥락 안에서 벌어지는 일은 '실제로는' 강간이 아니라는 것이다.

법은 됐다 치자. 문화적으로도 관계 내의 성적 권리에 관한 합의가 없다. 한 예로 보수 성향 변호사 필리스 슐래플리는 이런 말을 했다. "여자는 결혼함으로써 섹스에 동의한 겁니다. 그러니 그걸 강간이라고 할 수는 없겠죠."[10] 필리스 슐래플리가 안티페미니스트로 유명하기는 하지만 여기서 슐래플리가 표명하는 건 온 정치적 스펙트럼에 걸쳐 다수가 품어온 의구심이다. 주류 잡지 《에센스》[11]와 《허프포스트》[12]에 실린 기사는 결혼 관계에서 섹스하는 게 의무냐는 질문에 답한다. 사람들은 의무가 어디까지 뻗치는지 궁금해하며 쿼라[*13]와 메타필터[†14] 같은 사이트에 똑같은 질문을 올린다.

이런 질문이 항상 외부에서 부과하는 철통같은 의무 때문에 생기는 건 아니다. 우리가 사랑하고 우리를 사랑하는 사람들에게 잘해주고 싶은 마음에서 비롯되기도 한다. 술집

---

* Quora. 사용자들이 질문과 답을 주고받는 소셜 네트워크 플랫폼.
† MetaFilter. 사용자들이 질문과 답을 올리는 '메타필터에 물어보세요(Ask MetaFilter)' 메뉴가 있는 블로그 커뮤니티.

에서 만난 모르는 사람은 우리에게 거절당해도 다른 사람을 찾아 자기 머릿속에서 우리를 욕하고 지워버리면 그만이다. 파트너가 느낄 고통은 훨씬 더 매섭다. 거절은 개인적인 공격에 가까워진다. 파트너가 생각하기에 적절하지 않은 이유로 싫다고 했다면 더더욱. 일대일 관계라면 파트너는 다른 사람과 섹스할 수도 없다. 이들이 느끼는 불행은 실제이고, 오래도록 이어진다.

그럼에도 무성애자는 그만하면 적절한 이유라는 생각을 거부한다. 모든 거절은 적절하고, 이 말은 모두에게 해당한다. 우리가 모르는 사람과 원치 않는 섹스를 해서는 안 되며 모르는 사람에게 섹스할 권리가 있는 게 아니라고 생각한다면, 파트너와도 원치 않는 섹스를 해서는 안 되며 얼마나 사랑을 주고 잘 대해주든 간에 파트너에게도 섹스할 권리가 당연하게 있는 건 아니라고 생각해야 한다. 무성애를 알지 못하는 한(에라, 이름표는 아무래도 좋다. 어떤 이유와 맥락에서든 앞으로 언제까지고 싫다고 말해도 괜찮다는 걸 알지 못하는 한) 성교육과 섹스 치료 그리고 섹스의 대중적 묘사는 불완전하며 사람들은 완전한 동의에 필요한 정보를 누리지 못한다.

성적 권리가 당연하게 생각되어서는 안 되며, 관계를 시작하는 시점에 자기 결정권이 끊기는 일은 절대 없어야 한다. 거절의 말은 어떤 상황에서든 아무런 조건을 달지 않고 할 수 있다. 이야기 끝이다. 상대가 당신을 사랑하고 당신 역시 상대를 사랑해도 거절할 수 있다. 남은 평생 쭉 거절해도 된다. 상대를 사랑한다는 게 신체 주권을 포기한다는 뜻이 되어서는 절대 안 된다.

한 파트너가 성적 충동을 회복하거나 증진하기를 바라는 건 흔한 일이다. 그걸 목표로 노력하는 건 괜찮다. 상대방은 아무것도 안 해도 되는데 한쪽 파트너만 그 노력을 해야 한다는 압박을 느끼는 것도 흔한 일이다. 이건 괜찮지 않다.

욕구가 낮은 건 문제가 아니다. 한번 생각해 보라. 두 파트너가 모두 동일한 정도로 욕구가 낮다면 골머리를 앓지 않을 것이다. 문제는 불일치고, 불일치는 공동의 해결책이 필요한 공동의 문제다. 섹스를 원하는 사람의 선호에 자동으로 특권을 부여하는 것은 도덕적으로 옳지 않다고 무성애자들은 거듭거듭 말한다. 누군가 섹스하기를 원하는 딱 그만큼 다른 누군가는 섹스하지 '않기'를 원한다면 그 욕구는 동등하니 한 욕구가 다른 욕구보다 우위에 놓여서는 안 된다. (말할 것도 없지만, 모르는 사이에서는 섹스하기 원하는 사람의 소망보다 그걸 원하지 않는 사람의 소망을 존중하는 게 더 중요하다는 데 대부분은 금방 동의한다.)

그러나 부담을 주는 태도, 한쪽의 욕구는 덜 중요하다는 식의 태도를 무의식적으로 취하기는 너무나 쉽다. 해석학적 부정의가 규범이 되고, 무언의 사회적 규칙은 보이지 않지만 강력하다. 섹스를 더 하도록 스스로 노력해 보라고 요구하는 건 자연스러워 보이고 이해도 바로 된다. 하지만 유성애자 파트너한테 섹스하지 말라고 요구하는 걸 상상해 보라. 엄두도 안 나는 일이다. 제약회사는 리비도 증진제를 팔고 싶어 하지 리비도 감퇴제를 개발하려고는 하지 않는다. 섹스 문제가 있는 커플을 지원하는 일에 관한《더 컷》인터뷰에서 어떤 섹스 치료사는 "결국에는 혐오감을 느끼는 사람의 문제"[15]라고 말한다. 게다가 사회학자 시아 카치오니 Thea Cacchioni의 광범위한 연구가 보여주듯, 여성은 특히나 섹슈얼리티를 가꾸려고 노력해 함께하는 성생활을 훌륭하게 만들어야 한다는 개인적인 책임감을 너무 많이 느끼고 있다.[16]

유성애자 파트너가 있는 페미니스트 연구자 얼리셔는 딱히 자기가 망가졌다고 생각한 건 아니었지만, 섹스에 무관심한 걸 '고쳐'보려고 이런저런 약을 수년간 되풀이해 사용했다. "마음속 깊은 곳에서는 줄곧 확신이 있었기 때문에 이게 진짜 문제가 맞느냐는 의문이 들기는 했어요. 하지만 무성애(라는 언어와 공동체) 없이는 달리 할 만한 걸 알지 못했죠. '뭔가'를 고치려고는 했지만요. 무성애를 발견한 덕에 거기서 해방되었답니다."

물론 한 사람에게 평생 거절할 권리가 있다면 다른 사람에게는 자신의 성적 필요를 우선으로 생각할 권리가 있다. 욕구가 높은 파트너가 경계를 설정하는 것과 강요하는 것의 차이는 선호를 존중하지만 섹스 때문에 관계를 깰 수 있다고 말하는 것과 상대 파트너가 잘못되었고 아픈 사람이며 그렇게 잘못되고 아프지 않더라면 섹스를 했을 거라 말하는 것의 차이다. 욕구가 높은 파트너에게는 자신이 무엇을 기대해도 되는지를 알 권리가 있고, 섹스에 관련된 이유로 헤어지는 건 잘못이 아니다. 어찌 되었건 섹스는 어느 방향으로든 관계를 깨는 합당한 이유가 될 수 있다고 나는 생각한다. (다음 장에서는 무성애자와 유성애자 커플이 어떻게 같이 노력하는지를 다룰 것이다.) 내가 봐온 유성애자 친구들은 섹스가 안 맞는다는 이유로 상담을 받으러 가고, 해결하려 노력하고, 그렇게 버텼다. 그 친구들이 계속 울적하게 지내며 상담을 받다가 관계를 끝내는 걸 봤다. 리비도의 차이는 양쪽에게 수치심을 일으킬 수 있으며, 섹스는 하나도 중요하지 않다고 단언하거나 헤어지기를 바란다는 이유로 누군가를 재단하는 건 도움이 되지 않는다. 섹스가 중요하다면 중요한 것으로 두라. 이 사람과 헤어지고 당신과 섹스하고 싶어 하는 다른 사람과 섹스해도 괜찮다. 성적인 이유로 헤어지더라도 그게 상대방이 잘못되었다는 의미가 아니라는 것만 기억하자.

성적 욕망이 어디에나 있다는 내러티브는 거절의 말만 어렵게 하는 게 아니다. 지나치게 단순화되면 성적 경험을 솔직하게 이야기하는 것까지 어렵게 한다. 페미니스트 작가 수전 브라운밀러Susan Brownmiller가 1975년 획기적인 저서 『우리의 의지에 반하여: 남성, 여성 그리고 강간의 역사 Against Our Will: Men, Women, and Rape』를 통해 널리 알린 개념인 '강간은 섹스가 아니라 폭력'이라는 유명한 표어 뒤에는 강제적 섹슈얼리티가 도사리고 있다. 강간 문제에 관한 인식을 전국적으로 제고한 이 책은 강간이 섹스가 아니라 통제욕이 동기로 작용한 상징적인 행위일 때가 많으며, 남성이 여성을 통제해 "공포에 사로잡힌 상태"[17]에 가둬두는 수단이라고 주장한다. 『우리의 의지에 반하여』가 출간되고 강간 근절 운동의 물결이 일었고, 여자가 강간범을 성적으로 유혹했다는 식으로 피해자를 비난하는 말은 터무니없는 소리라는 주장이 뒷받침되면서 강간 문화를 현대적으로 이해할 기반이 닦였다.

'강간은 섹스가 아니라 폭력'은 하나의 표어로 대중문화에 빠르게 스며들었고 수십 년 동안 사람들을 결집해 행동을 촉구한 구호였다. 저널리스트인 글로리아 스타이넘Gloria Steinem은 이 말이 공리라고 했다.[18] 강간은 섹스가 아니라는 생각은 《뉴욕 타임스》 기사에 1989년[19]부터 2017년[20]까지 계속 언급되었다. 2016년 학내 성폭행을 줄이고자 행동과학자들이 개발한 동의 서약서에는 "합의하지 않은 성관계는 성관계가 아니라 폭력"[21]이라는 말이 들어갔다. 어구 자체의 전성기는 지나갔지만 생각은 남았고, 많은 이들이 비슷한 생각을 반복하고 있다. 거의 항상 좋은 의도로.

강간이 정치적 도구로 자주 사용되는 것은 사실이다. 피해자가 입었던 옷을 가지고 왈가왈부하는 건 그럴싸해 보이지만 주의를 분산하는 일이라는 것과 강간이 실제보다 적게 신고되는[22] 것도 사실이다. '55세 남성, 10세와 성관계 혐의로 고발' 같은 기사 제목을 보고 항의하는 건 옳은 일이다. 열 살짜리 아이는 동의를 할 수 없으니, 일어난 일은 섹스가 아니라 강간이라고 불려야 한다. 강간과 섹스는 호환되는 용어가 아니다. 아무리 강조해도 부족한 말이다.

그러나 강간은 결코 섹스가 아니라는 생각(그리고 강간은 섹스와 완전히 별개라는 생각) 역시 정확하지 않다. '강간은 섹스가 아니다'라는 말의 암묵적 연장선에는 '강간은 나쁘고 섹스는 좋다'는 말이 있다. 이렇게 해서 '강간은 섹스가 아니다'라는 말은 섹스를 구원하려 한다. 강간은 강제적이고 폭력적이고 나쁜 것이며 그게 섹스가 '아니'라면, 섹스 자체는 강제적이지도 '않고' 폭력적이지도 '않으며' 좋은 것이 틀림없으니까. 캐서린 매키넌은 가부장제 내의 쾌락에 관한 1989년 학술지 논문에 이렇게 썼다. "'강간은 폭력이지 섹스가 아니다'라는 말은 강제된 섹스는 '섹스가 아니'라는 간단한 구별만으로 '섹스는 좋다'는 규범을 보존한다. 설사 그 강제된 섹스가 가해자에게, 혹은 이후 강간을 재경험하지 않고는 섹스를 경험하기 어려워하는 피해자에게까지 섹스를 의미하더라도. 뭐든 섹스라면 폭력적일 수 없으며, 뭐든 폭력적이면 섹스일 수 없다는 것이다."[23] 세상은 그렇게 돌아가지 않는다. 매키넌이 다른 논문에서 개괄하듯 이런 태도를 취한 결과 "(강간, 포르노그래피, 성적 괴롭힘, 성폭력이) 폭력적 착취이며 섹스가 아니라고 말하는 한 강간과 삽입 성교, 성적 괴롭힘과 성 역할, 포르노그래피와 에로티시즘 사이의 선이 현 위치에 그대로 남는다. 그렇게 섹스로 무엇이 만들어지고 섹스로 우리에게 무엇이 가해지는지를 비판하지 못"[24]하게 된다.

섹스는 접촉의 한 유형을 묘사한다. 좋을 수도 있고 나쁠 수도 있으며 강제될 수도 강제되지 않을 수도, 그 사이의 모든 것일 수도 있다. 같은 접촉 안에서 강제되면서도 강제되지 않기도 한다. '강간은 섹스가 아니다'라는 말은 이분법을 만들지만, 성적 경험과 동의는 이분되지 않는다. 성적 경험에도 동의에도 여러 유형이 있기에 두 부분으로 나누는 틀은 적합하지 않다. 많은 경우 강간과 섹스 사이에는 분명한 선을 그을 수 없으며 그렇게 하려고 드는 게 우리에게 도움이 되지도 않는다. '강간은 섹스가 아니다'라는 말은 강간이라 불리는 이 두렵고 강제된 별개의 섹스가 나쁘다는 데 모두가 쉽게 동의하게 한다. 최소한 부분적으로는 합의되었으면서도 폭력적인, 합의되었으면서도 해로운, 합의되었으면서도 강제된 성적 접촉의 방대한 스펙트럼을 추동하는 역학을 다루는 일 없이.

사람들 대부분은 무성애가 어떤 건지 잘 모르고, 상황이 달랐다면 무성애자로 정체화했을 사람들은 그래서 성적 압력에 특히 취약하다. 무성애자들은 실은 원하지 않는 섹스를 승낙한다. 거의 모든 사람이 그런다. 2005년의 한 연구에서는 여성 28%가 첫 성 경험이 합의한 것이긴 했으나 꼭 원한 것은 아니었다고 했다.[25] 연애 중인 대학생 160명을 대상으로 한 다른 연구에서는 3분의 1 이상이 2주 사이에 원치 않는 섹스에 동의한 적이 있다고 말했다.[26] 결혼한 사이의 '섹스할 의무'를 놓고 질문이 수두룩한 걸 보면 이 문제는 젊은 대학생이 아닌 사람들에게도 흔하다는 걸 알 수 있다. 캐나다 출신 모델 서배스천은 말한다. "파트너한테 말로 동의의 뜻을 여러 차례 밝히긴 했지만, 속으로는 그러고 싶지 않았어요. 누가 내 몸짓을 알아채도 내가 아니라고, 괜찮으니까 계속하라고 했을걸요. 그러면 그걸 원하지 않는다는 죄책감이랑 수치심을 감당해야 하니까요." 이 모든 사례에는 어떤 형태의 승낙과 어떤 형태의 거절이 있다.

'강간은 섹스가 아니다'라는 단순하고 밋밋한 말은 이 모든 미묘함을 담아내지 못한다. 오히려 합의되기는 했으나 부정적이었던 경험을 어떻게 소화해야 할지, 이후 어떤 식으로 느끼는 게 허용되는지 고민하게 만든다. (신체적, 문화적, 혹은 정서적) 강제력이 어느 정도로 있어야 강간으로 명시할 수 있는지, 그런 정도에 아슬아슬하게 못 미치는 강제된 섹스의 의미는 어떻게 생각해야 하는지 방안을 제시하지도 않는다. 말로는 좋다고 했지만 몸짓에서 열정이 그다지 보이지 않았어도 이건 강간이 아니라 섹스고, 그러면 좋은 건가? 그런데 왜 좋다고 느끼지 않았지? 후회할 권리와 기분 나빠할 권리, 피해를 주장할 권리를 박탈당한 건가?

물론 이건 지나친 단순화지만 이는 대체로 이분법이 지나치게 단순한 탓이다. 폭력적인 강간과 쾌락적인 섹스 사이에서 선택하도록 강요받으면 어쩔 수 없이 제자리를 맴돌게 된다. 현실에서는 압력이나 폭력이 어느 정도만 더해져도 섹스가 한층 폭력적으로 변한다. 다만 그 강제성과 폭력성이, 섹스한 당사자를 포함한 사람들이 그것이 강간이라고 거리낌 없이 말할 수 있을 정도로 크지 않을 뿐이다. 좋다고 했어도 유린당한 기분이 든다거나, 상대방이 지금 잘못한 게 없다고 해도 과거 접촉의 트라우마 때문에 유린당한 기분이 들 수 있다.

이런 현실을 설명하려면 더 넓은 관점이 필요하다. 강간은 섹스와 호환되지 않으나 섹스의 한 형태이며 그 선은 흐려질 수 있다. 강간은 끔찍하고 폭력적이다. 섹스 역시 그게 강간이라 생각하는 사람이 아무도 없고 좋은 의도로 이뤄져 고발할 근거가 전혀 없다고 해도 끔찍하고 폭력적으로 느껴질 수 있다. 유해하고 합의된 섹스는 일어나고, 사람들은 이런 단어를 써서 자유롭게 이야기할 수 있어야 한다. 섹스로 피해를 입은 사람들은 동의 여부와 상관없이 지원을 받아야 한다. 모두 이면을 인정해야 한다. 의도하지 않았고 괜찮은지 확인했고 실제로 필요한 관심을 기울이려 노력했다고 해도 우리는 누군가에게 상처를 줄 수 있다.

섹스는 좋다는 태도에서는 성폭력 생존자인 무성애자의 요구도 무시된다. '무성애자 생존자를 위한 지원Resources for Ace Survivors'이라는 단체의 운영자들은 이 집단을 어떻게 도와야 하는지를 자원봉사자들에게 알리고자 성폭력 핫라인과 협업해 왔다. 운동가들의 말을 들어보면 글래드와 '강간·학대·근친상간 피해 지원 전국 네트워크Rape, Abuse & Incest National Network' 같은 단체 회원들의 의도는 분명 선하지만 "그건 섹스가 아니었고 섹스는 아름다운 거니 다시 좋아하게 될 것"이라는 방향으로 상담이 흘러갈 때가 많다고 한다. 그런 메시지는 다수에게 위안이 될지언정 이전에도 섹스에 관심이 없었고 그걸 꼭 다시 즐길 필요도, 자기에게 상처 입힌 무언가가 아름답다는 말을 들을 필요도 없는 사람에게 통하는 말은 아니다.

섹스가 본질적으로 좋다고 꼭 증명할 필요는 없다. 그렇지 않으니까. 누군가에게 섹스는 좋은 것도, 원하는 것도 아니다. 상황이 얼마나 이상적으로 보이는지, 파트너가 얼마나 배려 넘치는지와는 무관하다. 혼재된 경험과 행위성의 혼재된 층위, 섹스를 바라보는 혼재된 태도는 모두 존재하며, 이걸 존중하는 게 섹스는 기본적으로 좋다는 생각에, 혹은 섹스가 환상적일 조건이 반드시 존재한다는 생각에 매달리는 것보다 더 중요하다. 섹스는 복잡하고, (일이 이렇게 흘러가야 하고 사람들은 이렇게 느껴야 한다는 기대에서 벗어날지라도) 일어나는 일과 사람들이 느끼는 것을 그대로 받아들이는 게 치유로 가는 첫걸음이다.

'강간은 섹스가 아니다'가 가짜 이분법이기에 '싫다면 싫은 것'과 '좋다면 좋은 것'도 그렇다. 널리 알려진 이 동의 모형에는 좋다, 싫다 두 가지 선택지밖에 없고 이는 섹스와 강간에 대응한다. 동의를 대하는 생각을 낱낱이 뜯어보려면 여러모로 관점을 바꿔야 하는데, 그 시작으로는 강간과 섹스라는 이분법을 부수고 뭔가를 하려는 의사의 단계를 다르게 생각해 보는 일이 필요하다. 한 가지 유용한 도구는 『지금 그 모습 그대로: 당신의 성생활을 바꿔놓을 놀라운 새로운 과학Come As You Are: The Surprising New Science That Will Transform Your Sex Life』을 쓴 성 연구자 에밀리 내고스키Emily Nagoski가 처음 만들고 무성애자들이 수정한 틀이다. 내고스키는 열성적인enthusiastic 동의, 못할 건 없다는willing 동의, 내키는 건 아닌unwilling 동의, 강압에 의한coerced 동의라는 범주를 쓰자고 제안한다. 뒤의 두 가지는 대체로 '싫다'고 쩌렁쩌렁 외치지 않았다 뿐인 한없이 문자적인 의미의 동의이기는 하지만.

**열성적인 동의**
- 내가 너를 원할 때
- 승낙 혹은 거절의 결과가 겁나지 않을 때
- 거절하면 내가 원하는 걸 놓치게 될 때

**못할 건 없다는 동의**
- (지금은) 널 보고 욕정을 느끼지 않지만 네게 마음을 쓰기는 할 때
- 승낙한 결과가 그럭저럭 괜찮을 것 같고 거절한 걸 후회할 수도 있겠다 싶을 때
- 승낙하고 나서 욕망이 피어날 수도 있겠다고 생각할 때

**내키는 건 아닌 동의**
- 승낙의 결과보다 거절의 결과가 더 겁날 때
- 욕망이 없는 걸 넘어 '욕망하고 싶다는 욕망'조차 없을 때
- 승낙할 테니 네가 그만 귀찮게 굴었으면 하는 마음이 들 때, 혹은 거절해도 네가 나를 계속 설득할 것 같을 때

3부 타인

**강압에 의한 동의**

- 거절하면 안 좋은 결과가 따를 거라고 네가 나를 위협할 때
- 승낙하면 다칠 것 같은데 거절하면 더 다칠 것 같을 때
- 승낙하면 내가 적극적으로 두려워하는 일을 겪게 될 때[27]

내고스키의 모형은 명확하게 다른 말을 하지 않는 이상 승낙이라고 가정하는 '싫다면 싫은 것'보다 낫다. 열성적인 동의('좋다면 좋은 것')를 강조하는 다른 모델과 달리 열성적인 동의를 할 수 없는 무성애자가 동의를 아예 할 수 없다는 함의가 없다. 그런 식의 함의에 따르자면 우리는 아동, 동물과 같은 범주에 잘못 놓일 것이다. 내고스키의 모델은 나올 수 있는 갖가지 승낙을 짚어 '좋다면 좋은 것'이라는 표어를 확장한다.

내고스키의 모형은 섹스에 무관심한 무성애자와 섹스에 우호적인 무성애자가 있을 공간을 두고 유성애자와 연애하는 무성애자의 실질적인 현실을 고려하기에 무성애자 공동체에서 인기를 누렸다. 못할 건 없는 것과 안 내키는 것 사이의 균형이 미묘할 수는 있으나 둘을 구별하는 것은 긴요한 일이다. "당기는 건 아닌데, 파트너와 더 가까워지려고 하는 섹스는 기꺼이 하겠어."와 "당기는 건 아닌데, 네가 압박 좀 그만했으면 해서 승낙했어."라는 말 양쪽에는 합의는 했으나 원하지는 않는다는 요소가 모두 있다. 어느 쪽도 완벽한 승낙이나 완벽한 거절이 아니다. 내고스키의 모형에서는 두 가지가 다르게 표시되어 유지용 섹스, 그러니까 관계를 생

각해서 하는 섹스라는 더없이 일반적인 경험이 들어갈 공간이 생긴다.

섹스하는 무성애자에게 못할 건 없는 것과 안 내키는 것의 차이는 행동이 아니라 의도와 행위성의 차이다. 못할 건 없다는 건 상대방을 사랑하고 행위에서 자기도 얻는 게 있어서 섹스하기로 선택한다는 의미다. 안 내킨다는 건 행위가 자기에게 해가 되는데도 상대방을 사랑하니 섹스해야 한다고 생각하는 것이다. 종교적인 가정에서 자란 남자 헌터가 말했듯 아내를 위해 섹스하는 건 전적으로 괜찮았다. 스스로 가했던 섹스해야만 한다는 압박과 왜 자기는 섹스 그 자체를 좋아하지 않는지 끊임없이 품었던 의문은 끔찍했다.

동의를 새롭게 고찰한다고 해서 있는 걸 두고 굳이 뭔가를 새롭게 만들 필요는 없다. 킹크 공동체에서도 유용한 아이디어를 얻을 수 있다. 이 공동체는 최선의 실천법에서 오랫동안 한참 앞서 있었다. 대중의 상상 속에서 킹크는 온통 섹스, 섹스, 섹스다. 무성애자에게 킹크는 그걸 제외한 모든 것이다. 힘과 감정, 역할극, 흥미로운 감각의 문제고 섹스, 섹스, 섹스의 압력에서 벗어나는 문제다. 실제로 킹크를 하는 무성애자는 킹크 공동체의 규범이 거절의 가능성을 더 열어놓고 서로를 지지하는 방식으로 합의점을 찾는 데 도움이 되었다고 말한다.

바닐라 공동체에서 섹스는 보통 모든 로맨틱한 관계의 한 부분으로 간주된다. 두 사람이 장난을 치다가 한 사람이 흥분하면 다른 사람(이성애 맥락에서는 주로 여성)은 감질나

게 하거나 흥을 깨는 사람으로 비치지 않도록 상대가 '끝낼' 수 있게 거들어야 할 책임을 느낀다. 하나가 다른 하나로 자연스럽게 이어져 섹스에 이르러야 한다고 여겨진다. 체제 안에 동의는 부재하고, 거절은 치러야 할 대가가 딸려오는 부담으로 받아들여진다.

반면 플레이 파트너*는 섹스를(혹은 모든 걸) 당연하게 생각하지 않는다. 킹크 공동체에서는 모든 게 사전에 협의된다(최소한 그래야 한다고 여겨진다). "장면† 안에서는 이렇게 말할 수 있죠. '네가 딱딱해지든 축축해지든 난 신경 안써. 거기에 내가 뭘 해주기를 바라지만 않으면 돼. 아니면 네가 특정한 것만 하거나.'" 시카고에 사는 무성애자 상담사 캐시는 바닐라 공동체보다 킹크 공동체가 더 안전하게 느껴진다는 말을 더한다. 이런 변화로 바닐라 맥락에서 자주 빠져있는 자동적인 구조와 경계가 생긴다. 행위는 한층 더 분리되고, 줄줄이 이어지다가 끝내 원하지 않는 뭔가를 요구하게 되는 도미노 효과의 일부가 되지 않는다. 동의가 조건부라는 건 명확하다. 즉 키스를 승낙한다고 자동으로 오럴까지 승낙한 게 되지 않는다.

이때는 단순히 협의를 '할 수 있는' 게 아니라 협의하는 게 표준이라서 협의를 시도하는 데 주저함이 덜하다. 협의가 리비도를 꺼뜨리는 절차라기보다는 합리적이고 당연한 방

---

* play partner. 킹크 행위를 '플레이'라 이르는데 이 행위를 함께 하는 사람을 말한다.
† scene. 실제로 이뤄지는 킹크 행위와 접촉을 이른다.

식으로 여겨지니 거절에 딸린 부담이 많은 부분 사라진다.

공식 예방책을 두는 건 현명한 생각이지만, 동의를 항상 사전에 완벽하게 논의할 수 있는 건 아니다. 욕망은 예측하기 어렵고 순간 즉흥적으로 변하는 일이 잦다. 실수가 없을 수는 없지만, 그래도 근본적으로 진정한 동의란 자기 몸의 어떤 일부를 어떻게 하고 싶다는 상대방의 뜻을 어떤 순간에든 존중하는 태도다. 동의가 있는 게 아닌 한 진행해서는 안 된다는 사고방식이며 그 동의(와 비동의)는 순간순간 여러 형태로 암시된다. 변화하는 과정이라고 하면 계약서나 사전에 정해둔 규칙이 있을 때보다 길을 찾기가 까다로울 것 같지만, 이게 더 직관적이고 안전할 수도 있다. 연구자 메그존 바커Meg-John Barker는 저서 『섹스 즐기기(어떻게, 언제, 그리고 원한다면)Enjoy Sex(How, When, and If You Want To)』에서 이렇게 설명한다. "(동의의) 개념은 자기 자신에게, 다른 한 사람 혹은 여러 사람에게, 그 경험에 제대로 주의를 기울이는 것이다. 무언가를 그저 습관적으로 하거나, 다른 사람'에게' 뭔가를 하거나, 아니면 (반대로) 그 경험이나 진행 중인 과정을 실제로는 알지 못하면서 그걸 이야기하는 게 아니다."[28]

섹스하는 사람이라면 반드시 이런 생각(좋다, 싫다의 이분법을 부수기, 논의를 장려하는 규범)을 하면서 동시에 매번 확인하는 태도를 갖추어야 한다. 여기서 확인이란 잠시 멈춰 법률 용어로 5분짜리 논의를 하라는 뜻이 아니다. 확인하려면 모든 형태의 정보에 주의를 기울여야 (그리고 주의를 기울일 마음이 있어야) 한다. 어떤 이들은 사회적 압력 때문에 의견을 솔직히 밝히고 구두로 거절하기를 어려워하므로 특히 비언어적 소통이 중요하다. 런던에 사는 작가 롤라 피닉스는 이렇게 말한다. "난 자폐인이고, 의사소통 95%는 비언어적으로 이뤄지니까 그걸 이해하려고 노력하는 게 중요하다는 말을 늘 들어요. 근데 동의 문제가 되면 뜬금없이 이런 식이죠. '왜 말을 안 했대? 독심술을 하는 사람은 없다고!' 진짜 위선적이에요."

비언어적 신호에 주의를 기울이면 한층 완전한 그림이 그려진다. 처음의 키스에 열성적으로 동의했더라도 나중의 애무에는 못할 건 없다는 정도로 동의하고 이후에는 동의를 거둘 수도 있는데 이 모든 신호는 전부 다르게 나타난다. 킹크 공동체에 속한 사람들이 그러듯 위해와 신뢰처럼 유동적이고 포괄적인 개념을 고려해 봐도 도움이 될 것이다. 의도야 어쨌든 상대방이 나에게 위해를 가했나? 상대방이 시간을 들여 쌓은 신뢰는 얼마나 되며 지금 나는 상대를 얼마나 신뢰하고 그걸로 우리 관계는 어떻게 달라지나? 신뢰가 두터우면 명시적인 협의가 덜 필요할 수도 있다. 두 파트너 사이에 있는 신뢰를 사전에 가늠하고 이후 어떻게 느끼는지를 살피는 게 한 사람이 다른 말을 해야 했는지 평가하는 것보다 생산적이다.

동의 절차는 고용 확인서에 서명하는 게 아니라 우정을 다지는 일에 가까워야 한다. 우정은 갖가지 형태를 띨 수 있고 한 사람이 다른 사람에게 수여하는 것도 아니다. 쌍방이고 호혜적이며 시간이 흐르면서 형성되는 것이다. 우리는 누군가가 커피 마시는 걸 승낙했다고 그 사람이 아마추어 즉흥극을 보러 가는 것까지 승낙하리라고 넘겨짚거나 이 우정이 어떻게 바뀌고 달라질지를 두 사람이 모두 사전에 정확히 파악할 필요가 있다고 (심지어는 알 수 있다고) 여기지 않는다. 우정에 마음을 열어뒀다고 평생 친구로 지낼 의무를 진다고 보거나 우정의 모든 부분에 다른 사람도 똑같이 열성적일 거라고 생각하지 않는다.

동의를 변화하는 과정이라고 생각하면, 동의가 장기적 관계에서 어떻게 작동할지를 무성애자와 유성애자 그리고 모두가 더 쉽게 이해할 수 있다. 동의는 10년이 지난 뒤에도 10일이 지났을 때와 다를 바 없이 중요하지만, 10년이 흐른 뒤에도 세 번째 데이트 때와 똑같아 보이는 경우는 거의 없다. 전에는 그렇게 중요했던 확인과 균형도 서로를 더 잘 알고 서로가 보내는 신호를 읽을 수 있게 되면 양쪽 모두에게 불필요해진다. 동의의 형태는 달라지겠으나 싫다고 말할 권리는 언제나 반드시 남아야 한다. 섹스를 절대 하고 싶지 않다면 평생 그래도 괜찮다. 섹스하기로 한 사람에게도, 이건 매번 내리는 선택이지 단단히 굳어버려 문제를 제기하거나 바꾸는 게 불가능한 의무가 아니다.

## 9. 다른 사람들과 어울리기

딱히 배운 것도 아닌데, 우리 대부분은 로맨틱한 연애가 어떻게 보여야 하는지 알고 있다. 종종 이성애 관계, 보통 일대일 관계, 거의 항상 성적인 관계. 연애는 에스컬레이터와 같아 성공적인 연애는 위로 또 위로 올라간다. 연애에서 결혼, 이어서 육아로. 연애와 나란히 뻗어 가는 에스컬레이터는 접촉의 에스컬레이터다. 흔히 섹스의 '베이스'라고 하는 그것. 손잡기에서 애무, 오럴 섹스, 질내 페니스 삽입('홈런')으로. 섹스는 보상이자 여정의 궁극적인 종착점이다. 그 밖의 모든 건 진전이 막힌 것이다.

나는 이런 이야기를 전부 알았다. 알게 된 과정을 정확히 말하거나 이 지식을 나눠준 사람을 지목할 수는 없었겠지만. 이 규칙을 정확히 따르지 않는 사람들도 알았다. 그러나 이들도 기대에서 벗어난 걸 정당화해야 할 필요성을 너무나 자주 느꼈기에 이런 관계에서도 규칙의 존재는 여전히 부각되었다. 예외는 규칙을 증명한다. 규칙이 말로는 거의 표명되지 않고 누구도 거기에 의문을 제기하지 않을 때조차.

베이 지역의 사무 환경 컨설턴트 설리나 역시 연애는 이렇게 보여야 한다고, 미리 포장된 기성품처럼 이뤄질 거라고 생각했다. 설리나는 이렇게 믿으면서 평생을 살았을지도 모른다. 대학교 1학년 때 처음으로 섹스하던 중 뜬금없이 손톱을 들여다보고 격정에 몸부림쳐야 할 순간에 왜 매니큐어 생각을 하는지 의아해하지 않았더라면.

그냥 그 섹스가 별로였을 가능성도 있지만, 마친 뒤 설리나의 여자친구 조지아는 "광채를 내뿜"으며 행복해했다. 조금 더 실험해 보니 섹스는 설리나가 바란 것과 다르다는 게 분명해졌다. 설리나는 원하기를 원했지만, 그걸로는 충분하지 않았다. 섹스가 설리나가 바란 것과 다르다면, 연애 자체도 두 사람이 기대하던 게 아닐 터였다. 그래서 설리나와 조지아는 대화를 시작해 용어를 명확히 하고 이전에 당연시하던 가정에 따라 행동하던 지점에서 질문을 던졌다. 두 사람은 서로에게 물었다. 정말 같이 보내고 싶은 시간은 어느 정도야? 육체성과 접촉은 어떤 유형일 때 괜찮았고 또 너나 나아니면 양쪽 모두에게 맞지 않았던 건 어떤 거야? 섹스는 하고 싶었어?

마지막 질문에 대한 조지아의 답은 "응."이었다. 마지막 질문에 대한 설리나의 답은 "아니."였다.

데이트와 연애에 아주 구체적인 요구 사항을 두는 건 무성애자만이 아니다. 아미시와 정통 유대교 공동체를 예로 들어보자. 데이트에 관한 이들의 문화 규범은 리버럴 문화 기준에서는 특이해 보일 수도 있지만, 이들은 같은 공동체 구성원과 데이트하는 방법으로 문제를 해결한다. 그러나 무성애자는 지리적으로 구분되는 집단 거주지에 모여 사는 것도 오래전부터 확립한 우리만의 데이트 전통을 보유한 것도 아니다. 숫자 역시 우리 편이 아니다. 무성애자는 인구의 1% 정도[1]라는 공식 통계를 염두에 두고 보면(말할 필요도 없겠지만 로맨틱한 관계의 궁합을 생각할 때 무성애자인지는 보통 최우선으로 고려하는 요소가 아니다) 대부분은 결국 더 넓은 데이트 시장에 진입해 유성애자 파트너와 연애를 잘해보려 애쓰게 된다.

진실은, 무성애자가 전통적인 연애를 강요받으면 우리 다수는 결국 혼자가 되거나 파트너가 있더라도 불행해지리란 것이다. 이런 사태를 피하려면 연애는 어떻게 굴러가야 한다는 관습에 의문을 제기해야 하며, 이는 다른 모든 믿음의 근간에 있는 최초의 믿음에서 시작한다. 섹스는 숨 쉬는 것만큼이나 자연스럽고 반사적인, 가장 원초적인 본능이라는 믿음.

이건 잘못되었다. 우리는 순수하고 본능적인 충동으로 섹스를 하지 않는다. 생물학적 작용도 (감정과 충동을 유발할 수 있으니) 분명 역할을 하지만, 생물학적 작용만으로는 그 충동이 뭘 나타내고 무엇으로 이어지는지를 알 수 없다. 성 연구자 리어노어 티퍼Leonore Tiefer는 1995년 에세이 모음집 『섹스는 자연스러운 행위가 아니다Sex Is Not a Natural Act』[2]에서 인간 생리학이 "쓰임이나 의미로 이름표가 붙지 않은 일련의 육체적 가능성"을 제시한다고 쓴다. 이어서 문화(책과 영화, 양육자가 하는 말, 우리가 보는 다른 모두의 행동)가 이런 감각에 붙일 이야기를 가르친다. 개인의 심리 작용과 환경 역시 관여한다. 두근대는 심장과 땀으로 축축한 손바닥은 열망과 흥분의 의미로 해석될 수 있다. 남자들더러 출렁다리와 고정된 다리 중 하나를 건너게 한 유명한 심리 실험이 있었다. 예쁜 여자 한 명이 남자 참가자 전원에게 다가가 설문지를 작성해 달라고 부탁하면서 질문이 있으면 전화를 달라고 했다. 출렁다리에 있던 남자들이 여자에게 전화를 걸 확률이 더 높았는데, 이 남자들은 주변 환경에서 느낀 신체적 공포를 조사원에게 느낀 매력으로 해석했기 때문이었다.[3] 감각에 이야기가 더해진 것이다.

성적인 영역에서는 아주 단순한 행위도 각양각색의 의미를 띨 수 있다. 자위의 역설, 자위하는 무성애자가 섹슈얼리티를 결여했다고 보는 게 얼마나 이상한지 기억하는가? 자위하는 무성애자 중에는 그걸 성적으로 생각하는 사람도 있지만 아닌 사람도 있다. 아닌 사람들에게 자위는 여느 신체적 습관과 마찬가지로 팔이 간지러워 긁는 것과 다르지 않다.

키스 역시 성적인 행위는 콕 집어 말하기 어렵다는 걸 보여주는 또 다른 사례다. 대부분의 서구 문화권에서 키스는 로맨틱한 관계로 가는 과정 중 타협할 수 없는 단계로 여겨진다. 그러나 브라질의 메히나쿠족, 남아프리카 공화국의 통가족, 트로브리앙섬 주민 등 다양한 집단은 이 행위를 처음 맞닥뜨렸을 때 애정의 표시가 아닌 역겨운 것으로 인식했다.[4] 지금도 로맨틱한 키스는 인간의 보편적인 행위가 아니다. 2015년의 한 연구에서 인류학자들은 168개 문화를 조사했고, 본인들이 '로맨틱하고 성적인 키스'라고 명명한 행위가 이뤄지는 문화가 절반도 안 된다는 사실을 발견했다.[5] 키스는 전 세계 모든 사람이 오랜 세월에 걸쳐서 해온 뭔가가 아니라 학습한 행위일 수 있다.

이와 비슷하게 섹스의 개념 역시 구성된 것이다. 이 단어에서는 질에 페니스가 삽입된 장면이 떠오른다. 그러면 섹스 자체와 다양한 성적 행동을 고찰하는 데 제약이 가는데도. "우리는 섹스가 사회적인 힘에 면역이 있다고 생각하려 하죠." 옥시덴털 대학 소속 사회학자 리사 웨이드가 내게 한 말이다. "섹스를 비사회적, 비역사적, 비문화적인 독자적 힘으로 페티시화해요. 우리 안에서 방울방울 솟아나는 무언가, 전적으로 원초적인 무언가로요. 하지만 당연하게도 이건 사실이 아닙니다."

오히려 섹스와 관련된 거의 모든 상황에 사회적인 맥락이 색을 입힌다. 산부인과에 내원한 여자는 자기가 진찰을 받는다고 생각하지 산부인과 의사랑 성적 행동을 한다고 생각하지 않는다. 로맨틱한 파트너의 등을 문질러주는 건 가족의 등을 문지르는 것과 신체적 행동으로는 같을지 몰라도 그 의도와 거기서 생겨나는 느낌은 아주 다르다.

사회는 섹스가 뭔지, 섹스를 어떻게 하는지, 섹스는 얼마나 해야 하는지, 섹스를 어떻게 생각해야 하는지, 좋은 성생활이 무엇인지 가르친다. 섹스의 각본과 따라야 할 규칙을 내놓는다. 흔히 섹스가 원초적 행위라는 내러티브를 들이미는 섹스 조언서도 우리를 사회화한다.[6] 관계의 건강함에 섹스가 어떤 의미를 지니는지, 좋고 나쁜 섹스의 종류는 어떤 건지 설파한다. 그러면서 재미있게도, 섹스가 불변의 충동이라는 본인들의 주장이 틀렸음을 반증한다. 섹스가 전적으로 자연스럽고 생물적이라면 이런 섹스 전문가 산업이 대체 왜 필요한가? 섹스 지침서가 수 세기 전부터 존재한 이유는 뭐고?[7] 소화하거나 숨 쉬는 법을 알려주는 안내서는 여간해서는 안 보면서, 섹스하는 방법을 알려줄 《코스모폴리탄》은 왜 필요한가?

시애틀에 사는 프로그래머 제임스가 섹스와 연애의 각본 같은 성격을 분명히 알게 된 건 무성애자 여자와 데이트를 시작한 뒤의 일이었다. 제임스는 자기가 키스를 좋아하는지 아닌지 모른다는 걸 인생 최초로 깨달았다. 이전 연애에서는 별생각 없이, 대개 관심을 나타내고 관계의 진도를 빼려고 키스했다. 로맨틱한 연애에는 키스가 들어간다, 이건 규칙이었다.

제임스는 여자와 데이트하는 남자이다 보니, 다른 암묵적인 규칙 한 가지(남자가 주도해야 한다는 기대)도 언제 혹은 얼마나 빨리 섹스를 개시하냐는 문제에서 적잖은 통제력을 행사했다. 어쨌든 개시해야 한다는 데는 항상 타협의 여지가 없는 듯했다. 제임스의 말이다. "관심을 잃을까 봐 두려웠던 건 확실해요. 몇 번 데이트를 한 뒤에도 어떤 일들이 일어나지 않으면 흥미가 없는 게 되잖아요." 제임스는 "특정 행동을 하지 않는 한" 감정이 "진짜가 아니"라는 느낌이 있었다는 말을 더한다. 성적인 관심이 꾸준히 투입되지 않으면 상대 여자는 관계가 어긋났다고 생각하거나 그게 남자가 남들처럼 될 수 없고 규칙도 못 따른다는 불길한 조짐이라 생각할지도 몰랐다. 키스는 너무나 의무적이라 이제 의무라는 인식조차 없을 지경이었다. 제임스는 자기가 키스로 쾌락을 얻기나 하는지 의문을 품어볼 생각조차 하지 않았다.

제임스의 여자친구는 본인의 무성애 정체성을 탐구하며 자신이 포옹 이상은 전혀 원하지 않는다는 걸 깨달았다. 그 과정에서 제임스는 육체적 친밀감이 정서적 친밀감과 이어져 있다고, 또 데이트는 이런 식으로 진전되어야 한다고 배워온 믿음을 얼마간 비워내야 했다. "내가 했을 많은 행동을 더는 할 필요가 없어졌어요. 사실 여기서는 안 하는 게 맞죠." 다른 사람이었다면 적신호로 받아들였을 행동들을 이 여자는 좋다고 한다. 같이 어울리던 초기에 제임스는 접촉의 장벽을 어떻게 깰지 계획하고 있는 자기 모습을 불현듯 알아차렸다. 아무리 늦어도 두어 번 데이트한 뒤라면 보통 필수로 여겨지는 단계. 그걸로 고민하지 않아도 된다는 게 이상하게 느껴졌고, 항상 다음 단계로 갈 전략을 짜는 일에 자기가 그렇게 익숙해져 있다는 걸 알게 되어 약간은 혼란스럽기도 했다. 제임스는 말한다. "이제 흘러가는 대로 두는 게 조금은 편안해졌어요. 연기를 덜 해도 되죠."

키스 없는 로맨틱한 관계는 '정상'이 '흔함'을 의미하는 한 미국 사회에서 정상이 아니다. 침대를 따로 쓰거나 별거 혹은 스윙잉*을 하는 건 정상이 아니다. 정상의 힘 때문에 온갖 선택에 낙인이 씌워지고, 정상과 흔함은 연애 관계에서

응당 그래야 하는 것보다 훨씬 큰 중요성을 지닌다. '정상'은 많은 경우 그저 통계 문제인데도 종종 도덕적 평가로 취급된다. 남들이 뭘 하느냐는 질문은 실제 관계를 맺는 두 사람에게 뭐가 좋냐는 질문에 비하면 중요하지 않다. 모두의 욕구가 세심하게 고려되고 존중받는 것이 중요하지 모두가 똑같은 걸 하는 건 중요하지 않다.

관계의 규칙은 자연법칙이 아니다. 자연법칙은 거스를 수 없다. 물리를 놓고 아무리 고민하고 질문하든 간에 중력은 당신을 땅으로 끌어당긴다. 섹스와 연애에 생리적이고 물리적인 요소가 있다고는 하지만 이건 우리의 정신과 다른 사람들의 정신에서 기인한 해석이기도 하기에 다시 틀을 짜 새롭게 시작하는 게 가능하다. 연애는 언제나 믹스매치 놀이가 되어야지 완벽하게 맞춰 넣는 퍼즐이나 블록 하나를 있던 자리에서 흔들어 빼려 하면 곧바로 무너져버리는 젠가 탑이 되어서는 안 된다. 각자에게 맞출 수 있다는 게 제일 좋은 부분인데도, 대부분은 관계가 이미 만들어진 형태를, 모두에게 맞는다는 하나의 형태를 벗어나지 않게 하려고 애면글면한다. 많은 이들이 자신의 자유를 활용하지 않는다.

하지만 사람들은 그렇게 할 수도 있고, 이건 무성애자에게 반가운 소식이다. 다른 퀴어 공동체와 마찬가지로 무성애자들은 섹스와 연애의 각본에 오래도록 의문을 던져왔다.

* swinging. 파트너가 아닌 상대와 로맨틱을 뺀 성적 관계만 맺는 것.

자신의 시작점이 대다수 각본의 바깥에 있다면 그래야만 한다. 양식에 맞출 수는 있어도 기본 양식에서 빠져나왔을 때 더 행복할 유성애자에게도 좋은 소식이다. 무성애자와 유성애자의 연애에는 여느 연애와 마찬가지로 창의성과 인내심을 발휘하고 취약성을 드러내는 일이 필요하다. 두 파트너는 섹스에 관해 우리가 무엇을 배웠는지 검토하고 이어서 배움을 위반해야만, 본인의 믿음과 욕망 그리고 욕망에 관한 믿음을 캐물어 새로 구성해야만 한다.

섹스는 원초적일 뿐 아니라 타협할 수 없는 거라고들 한다. "독자가 섹스에 당연히 관심이 있으리라고 보는 것으로도 충분하지 않은지, 섹스는 삶에서 무슨 일이 있어도 빼놓을 수 없는 것으로 승격되어야만 한다." 대중적인 섹스 조언을 학술적으로 연구한 『중재된 친밀성: 매체 문화 속 섹스 조언Mediated Intimacy: Sex Advice in Media Culture』공저자들의 의견이다. 섹스는 사람에게 꼭 필요한 걸 넘어 어떤 관계에서든 결코 빼놓을 수 없는 요소이다.[8] 이런 대중적인 조언에 따르면 섹스는 사람들을 하나로 뭉쳐주고 관계가 무너지지 않게 하는 접착제다. 이 책을 쓴 연구자들이 인용하는 섹스 조언서에는 섹스를 안 하면 헤어지고 섹스가 부족해서 관계를 깨는 거라고 밝히는 게 '자기 자신에 대한 의무'라고 나온다.[9] 다른 문제는 견딜 수 있어도 섹스 문제는 그렇지 않은 모양이다. 섹스가 빠진 관계는 절대 건강할 수 없고 파트너 사이의 감정은 언제나 파국에 이를 것처럼 보인다.

이게 대중이 학습하는 내용이다. 무성애자이며 블로그를 운영하고 상담사가 되려고 공부 중인 어내그노리에 따르면 종사자들이 읽는 섹스 치료 전문 서적도 이런 생각들을 메아리처럼 반복한다.[10] 좋은 의도에서 쓰인 지침서는 성 규범이 지나치게 경직되어 있으며 남들 하는 그대로 섹스해야 한다는 생각에 전전긍긍하지 않으면 모두가 훨씬 행복할 거라고 짚는다. 그러나 섹스 자체를 원하지 않아도 괜찮다고 말하는 데까지 가는 책은 거의 없다. 족쇄를 느슨히 할 필요는 있지만 너무 풀면 안 된다. 이 아래에 깔린 가정은 연애에서 섹스는 피할 수 없는 의무이며 그 밖의 모든 건(정도, 파트너 수, 체위, 기구) 이 자명한 진리에 따라온다는 것이다.

따라서 섹스 치료사를 비롯한 관계 전문가들은 많은 경우 성적 욕구가 낮은 원인이 되는, 특히 여성에게 해당하는 사회적 요인(섹스가 의무로 느껴진다거나 한 사람의 성적 쾌락이 다른 사람의 쾌락보다 우선시되는 것 등)에 집중하려 한다. 이런 요인의 역할이 클 때가 많은 건 사실이다. 그러나 무성애를 받아들이려면 이런 사회적 요인이 항상 원인은 아니라는 사실을 이해해야 한다. 섹슈얼리티와 끌림이 생물적일 뿐 아니라 사회적이고 심리적이기도 한 것은 사실이다. 때로는 이런 요인 중 하나를 바꿔도 다른 요인의 영향을 완전히 덮을 수 없는 것도 사실이다. 때로는 관계에 변화를 주거나 섹스를 다르게 생각해 봐도 성적 욕구의 강도가 달라지지 않을 수도 있다. 흑인 무성애자 작가 켄드라의 사례처럼, 때로는 다른 게 전부 훌륭한데도 그냥 섹스 생각이 들지 않을 수도 있다.

켄드라는 남자친구를 사귀기 시작했을 때 성 경험이 없었다. 몇 년이 흐르고 켄드라가 남자친구에게 자기는 무성애자라고 말하자 남자친구의 첫 반응은 그게 자기 때문일지도 모른다고, 자기가 켄드라에게 성적으로 안 먹히는 거니 켄드라가 다른 사람을 만나봐야 한다고 하는 것이었다. "섹스하고 싶은 마음은 자기랑 아무런 관련이 없다는 걸 남자친구에게 이해시켜야 했어요." 남자친구의 매력하고도 아무런 상관이 없었다고 켄드라는 말한다. "이걸 남자친구가 비로소 이해했을 땐 전구가 탁 켜진 것 같았죠." 켄드라의 성적 욕구가 낮은 건 남자친구의 영향도 관계의 질 영향도 아니었다.

섹스가 관계에 필수라는 메시지는 무성애 지향이 오래 지속되기를 바라는 관계에 실존적 위협이 된다는 뜻을 함의한다. 무성애는 비틀리고 뒤집힌 주홍 글씨 A*로, 이제 '무성애자ace'와 '외톨이alone'를 의미하는 현대의 표식으로 느껴지기 시작한다. 어떤 이유로든 섹스를 원하지 않는 게 로맨스에 내려지는 사형 선고라면 사람들이 자신이나 상대가 무성애자일지도 모른다는 생각에 질색하는 건 당연하다. 뚜렷하게 드러나다시피 이런 문화의 가르침은 관계를 맺고 있는 어느 쪽도 사실 섹스를 더 원하지 않을 때조차 힘을 발휘한다.

브라이언과 앨리슨은 20년 동안 섹스를 하지 않은 커플

---

* 너새니얼 호손의 소설 『주홍 글씨』에서 주인공 헤스터 프린은 남편이 곁에 없을 때 아이를 낳아 간통을 저질렀다는 낙인이 찍혀 간통(adultery)의 머리글자 A를 가슴에 달고 다니라는 선고를 받는다.

이다.[11] 그래도 브라이언은 괜찮고, 앨리슨도 괜찮다. 본인들이 그래도 괜찮다고 느낀다는 사실은 괜찮지 않다. '섹스 없는 결혼'은 더없이 부정적인 말이니까. 섹스 없는 관계는 설사 구성원들이 행복하더라도 망가진 거라는, 혹은 곧 망가질 거라는 걱정을 쉽사리 불러일으켰다. 어쩌면 두 사람이 아직 모를 뿐이라고. 《가디언》에 사연이 소개된 브라이언과 앨리슨은 섹스 없는 결혼이란 걸 남들 앞에서 비밀로 할 수는 있었으나 그 말의 해석에 여전히 신경을 썼다. 브라이언과 앨리슨은 본명이 아니다.

두 사람 모두 자신의 경험과 자신의 행복을 의심했다. 이들은 성관계를 안 하는 커플을 위한 지지 모임에 들어갔다. 앨리슨은 《가디언》에 이렇게 밝혔다. "키스랑 포옹 이상은 원하지 않는다는 게 걱정스럽긴 했어요. 설령 섹스를 했어도 보통 사람들이라면 '괜찮았어'라는 단어로 그걸 묘사하지 않는다는 걸 알았고요. 하지만 남들 앞에서 티 내기는 싫었죠. 다른 사람들에게는 섹스가 엄청나게 대단한 일인 것 같았거든요. 다른 사람들한테 우리 결혼을 정당화할 필요는 없긴 한데, 나 자신에게 정당화할 필요가 있다고나 할까요."[12]

성관계가 아예 없는 연애보다도 더 흔한 건 파트너끼리 섹스를 하기는 하지만 한 사람이 원하는 만큼 하지 않는 경우다. 갑갑한 상황이지만, 현실적으로 이런 부조화는 피할 수 없다. 문제는 정도와 기간이다. 영국에서 10년마다 나오는 대규모 조사 보고서인 2013년 '전국 성 태도 및 생활 방식

조사NATSAL'에 따르면 지난해 연애를 한 사람 중 약 4분의 1 이 자기 파트너와 성적 흥미도가 같지 않다고 답했다.[13] 부조화는 예상되는 문제로 다뤄져야지 한 사람의 잘못이나 실수로 취급되면 안 된다. 책과 잡지 속 섹스 조언을 보면 끝내주는 수준에 조금이라도 못 미치는 성생활에 안주하는 사람이 아무도 없어야 할 것만 같다. 하지만 길게 보면, 그저 그런 섹스를 심각한 망신거리로 묘사하기보다는 그런 섹스가 얼마나 흔한지를 강조하는 게 더 도움이 될지도 모른다.

나는 연애 관계의 어떤 측면이, 상호 간의 존중과 신뢰와 다정함 같은 게 기본적인 권리라고 믿는다. 대단한 성생활이 이런 권리 목록에 늘 들어가야 하는 건 아니라고 믿는다. 남들이 뭐라고 하든 관계에서 중요한 건 직접 판단해야 한다고 믿는다는 말이 더 맞으려나.

『그런 척: 섹스에 관한 여자들의 거짓말—이들이 밝히는 진실Faking It: The Lies Women Tell About Sex—And the Truths They Reveal』을 쓴 섹스 작가 럭스 앨프트롬Lux Alptraum은 대학 친구 한 명이 약혼하고서 자기 약혼자랑 하는 섹스가 인생 최고의 섹스라고 힘주어 말한 걸 기억한다. 친구는 이게 맞는 거라고 했다. 섹스가 그냥 괜찮은 상대였다면 결혼하겠다는 말은 절대 하지 않았을 테니까. 앨프트롬은 내게 이렇게 말한다. "나한테는 그 말이 커다란 자국을 남겼어요. 그러다 이런 생각이 들더군요. '최고의 섹스'라는 게 대체 무슨 의미냐고요. 섹스란 건 또 무슨 의미고, '최고'의 섹스는 제일 흥분되는 섹스인지 아니면 제일 부드럽고 편안한 섹스인지도 의문이었죠. 인생의 동반자라면 현실적으로 여러 요건을 갖춰야 하고 섹스가 꼭 최우선은 아니란 걸 차차 깨닫게 되잖아요." 섹스의 화학 반응과 관계의 질 사이에 완벽한 상관관계가 존재하는 (혹은 지속되는) 일은 드물고, 앨프트롬과 섹스 궁합이 제일 잘 맞았던 사람들이 앨프트롬이 바라는 관계에 꼭 최적인 건 아니었다. "나한테 쾌락은 기준선이 있어요. 누군가를 가치 있는 사람으로 볼 다른 이유는 너무 많고요."

속궁합이 안 맞는 건 난감하다. 관계의 다른 많은 부분도 그렇다. 어떤 관계든 (지출과 육아, 나이 들어가는 부모의 돌봄을 놓고 영원히 도돌이표를 그리는 심각한 싸움 이상으로) 긴장을 유발하는 요소는 너무나 다양한데도, 섹스 문제는 다른 상황에서는 받지 않았을 딱하다는 시선을 받는다. 섹스는 헤어질 이유가 될 수도 있지만 이게 다른 중요한 문제보다 무조건 더 큰 이유가 되는 건 아니다. 여성 파트너와 수년간 함께한 어떤 무성애자 여성은 간단하게 말했다. "우리한테는 한 가지 문제예요." 두 사람은 섹스를 놓고 자주 싸웠다. 다른 일을 놓고 싸우는 것과 다르지 않게. 두 사람은 그럼에도 함께할 이유가 있다고 생각한다.

섹스가 파김치 같아도 괜찮다는 생각, 아니면 다른 부분이 가치가 있으니 섹스 때문에 계속 긴장이 있어도 괜찮다는 생각에 내가 아는 몇몇 무성애자와 유성애자 커플은 해방감을 느낀다. 암벽 등반을 같이 좋아하거나 웃음 포인트가 비슷한 게 속궁합보다 더 중요하다고 판단하면 마음이 편해진다. 이런 결심이 꼭 안주를 뜻하는 건 아니다. 실용적이고 현명하게 긍정하는 일, 비판적 사고의 표지이자 굳건한 의지와 가치의 표현이 될 수도 있다.

켄드라로 말하자면, 섹스는 특별히 중요하고 섹스하지 않는 건 특히 고역이라는 메시지가 수두룩해 자신이 짐짝처럼 느껴졌다고 한다. 켄드라와 남자친구는 한 달에 몇 번은 섹스하기로 정하고도 대부분은 목표를 달성하지 못한다. 그러면 쌍방이 죄책감을 느낀다. 켄드라는 섹스하기를 원하지 않는다는 이유로, 남자친구는 섹스를 원하면서도 켄드라에게 압박을 주고 싶지 않다는 이유로. 이런 상황에서는 관계에 장점이 아무리 많아도 충분하지 않다는 느낌이 든다. 켄드라는 말한다. "그만해도 된다고 남자친구한테 정말 많이 말했어요. 나랑 헤어지고 다른 사람을 찾으라고요. 그런 말을 마지막으로 했을 때 남자친구가 이러더라고요. '다시는 그 얘기 하지 마. 난 헤어지기 싫고, 내가 너랑 헤어져야 한다고 네가 생각하는 것도 싫어. 너 스스로도 그런 생각은 그만해. 난 다른 사람을 찾는 게 아니니까.' 그러니까, 처음부터 문제는 언제 헤어지냐는 게 아니었던 거예요. 관계를 어떻게 변화시키는지가 관건이죠."

누군가와 어지간히 오래 사귀면 항상 생기는 고민이다. 최선의 안을 선택하고 조정해 나가는 건 그렇게 해도 괜찮은 수준이 아니라 오히려 반드시 해야만 하는 일이다. 성 연구자 티퍼는 자신이 삶의 모든 면을 개선하라는 폭주 기관차 같은 압력이라고 보는 것을 비판한다. 티퍼의 말이다. "그럭저럭 '잘 지내'는 수준을 참아주면 안 된다는 거예요. 모든 영역에서 환상적이어야만 하고, 최적화해야만 한다는 거죠. 모든 걸 가질 수 있다고 사람들은 생각하지만, 그렇지 않아요. 중요한 데 집중해야죠."

티퍼의 말이 이어진다. "그건 엄마한테 배웠어요. 엄마는 공부와 정치, 음악을 사랑하는 분이었고, 경지에 오르려면 어떤 부분은 접어야 한다는 걸 아셨죠. 요리는 신경 안 쓰셨어요. 스스로 성적인 존재라고 생각하시지도 않았고 섹스가 본인에게 중요하다고 생각하시지도 않았어요. 머리에 한 번에 담을 수 있는 게 일곱 가지라는 걸 보여준 연구도 있지 않던가요? 성생활이 '반드시' 그중 하나가 될 필요는 없잖아요. 그럴 수도 있겠지만 꼭 그래야 하는 건 아니죠."

섹스는 조지아에게 중요했으나 설리나에게는 아니었다. 얼마 안 가 무성애자로 정체화할 설리나는 섹스는 싫다고 했지만 다른 건 전부 좋다고 했다. 조지아를 계속 만나는 게 좋았고, 같은 시간을 함께 보내는 게 좋았고, 애정을 표현하고 한 침대에서 자는 게 좋았다.

질문하고 답을 내는 과정은 설리나가 앞으로 다른 사람들과 관계를 맺고 관계에 접근하는 방식의 바탕이 되어줬다. "관계랑 섹스는 블랙박스였는데, 그걸 분해하기 시작한 거예요. 우리가 나눈 대화는 내가 절대 공략 못 할 기계로 봤던 무언가에서 복잡한 부분들을 벗겨내는 거였죠." 오가는 대화 속에서 (성적인 일대일 관계라는) 전통적인 연애는 둘에게 맞지 않지만 다른 뭔가는 괜찮을 수도 있다는 게 분명해졌다.

그래서 두 사람은 연애를 개방하기로 했다. 일대일 관계를, 연애의 에스컬레이터를, 서로를 독점하지 않고 결혼을 향해 나아가지 않는 연애는 실패한 연애라는 믿음을 버렸다. 섹스는 그만뒀지만 섹스 없는 관계는 끝나야 한다거나 감정이 결핍된 거라고는 생각하지 않기로 했다. 서로에게 계속 헌신하면서 동시에 새 파트너를 찾았고, 설리나는 킹크 세계에 푹 빠져들었다. 플레이 파티에 몸을 던졌고, 구속과 타격 플레이를, 지배와 복종을, 자기 몸이 어떻게 돌아가는지, 어떻게 돌아가지 않았으면 하는지, 파트너에게서 좋아하는 점은 뭐고 아닌 점은 뭔지를 "정말 정말 빨리" 알게 되었다. 사람을 대할 때 전반적으로 좋아하는 점과 좋아하지 않는 점까지도.

"이제 내가 원하는 게 뭔지 진짜로 소통할 수 있게 되었어요." 설리나는 그 탐구의 시기를 이렇게 말한다. "이런 걸 기대하고 이런 건 원하지 않는다는 말을 할 수 있게 되었죠. 그렇게 되니까 체험만 해보고 받아들여야 했던 블랙박스처럼 모두를 대하는 대신 진짜 데이트를 할 수 있게 되었어요. '당신 진짜 매력적인데 내가 그걸 원하지는 않아요. 그래도 같이 놀죠', 이렇게 할 수 있다는 거죠. 예전 같았으면 '당신이 엄청 매력적이니까 그냥 해볼게요'라고 했을 거예요. 그러고 시궁창 같은 몇 개월을 보냈겠죠."

재미있는 것 하나. 설리나가 간 킹크 파티 대부분에서 설리나가 성적이라고 느끼는 행위를 하는 사람은 아무도 없었다. "내가 누굴 묶는 게 섹스야."라고 말하는 사람도 있었겠지만, 대개는 성적인 느낌이 나는 것 같지 않았고, 이게 어떻게 말이 되는 건지 누구도 설명할 수 없었다. 사람을 묶는 게 정말 섹스였을까, 아니면 밧줄과 약간의 신뢰감 문제였을까? 설리나는 섹스에는 관심이 없었지만 밧줄은 좋아했으니, 무슨 일이 벌어지고 있는지 또 설리나가 실제로 원한 게 무엇이었는지가 분명하지 않았다.

알고 보니 그건 친밀감이었다. 설리나의 관심은 친밀감에 있었고 킹크는 설리나가 다른 사람들과 친밀해지는 수단이었다. 친밀감과 섹스는 같지 않다. 친밀감이 섹스를 거들 수도 있고 섹스가 친밀감을 거들 수도 있으며 둘이 완전히 별개일 수도 있다. 사람들은 친밀감과 섹스를 혼동한다. 섹스와 섹스로 얻기를 바라는 걸 혼동하는 것처럼. 성적 욕망은 리비도가 아니라 자아의 문제일 때가 빈번하다. 여기에 기회가 있다.


수년 전 자기계발에 관심이 훨씬 많던 시절에 참석한 한 워크숍에서 나는 '목표 분해'라는 기법을 배웠다. 너 나 할 것 없이 자기 자신을 한계까지 최적화하려 하던 다른 청년들과 한 테이블에 앉았다. 우리는 각자 종이 맨 위에 목표 하나를 적고 동그라미를 쳤다. 내 목표는 하프 마라톤 완주였다. 다음으로는 그 목표를 이루고 싶은 이유가 뭔지 자문하고서 종이 아래쪽 상자 안에 그 답을 적어 처음 쓴 목표와 선으로 이었다. 우리 자신에게 계속 물었다. 왜, 왜, 왜냐고.

섹스에 관해서라면 많은 사람이 이유를 충분히 묻지 않는다. 섹스를 원초적이며 생물적인 욕구로 보니 설리나가 언급한 것처럼 정서적 욕망이 섹스의 동기인 경우도 자주 있다는 사실은 대체로 가려진다. 수많은 정서적 욕망은 충족되지 않으면 거리감과 불만이 생기는데, 그 욕망이 섹스와 이어져 있기 때문에 속궁합이 맞지 않을 때 난감해지는 것이다. 그 욕망은 새로운 사람을 알고 싶다는 욕망부터 다른 누군가의 욕망을 내 자존감의 척도로 삼고 싶다는 욕망까지 모든 걸 아우른다. 오로지 육체적인 욕구를 해소하는 차원에서만 섹스를 원하는 사람도 분명 있지만, 너무나 많은 경우 사람들은 다른 뭔가를 얻을 지름길로 섹스를 원한다. 이 섹스는 (특정한 감정이라는) 목적을 위한 수단이자 도구이지 꼭 목적 자체인 게 아니다. 섹스에는 여러 목적이 있지만, 정서적인 면을 더 캐내지 않으면 섹스의 이유가 오직 오르가슴을 얻기 위해서인 양 비칠 수 있다. 섹스의 목적이 어떤 감정에 이르는 것이라는 점을 깨닫고 나서도 섹스와 그 준비 과정만을 유일하게 가능한 길로 볼 수도 있다.

제임스는 접촉과 키스 없이는 연애를 시작해 그 유대감을 누릴 수 없다고 믿었다. 손을 잡는 건 살짝 친밀하고 키스는 그보다 더 친밀하며 섹스는 그 무엇보다도 친밀한 게 되는 식으로 단계를 따라 감정도 착착 발전한다고 생각하는 사람도 있다. 현실이 이렇게 깔끔하거나 직선을 이루는 경우는 거의 없다. 섹스는 지루하고 형식적인데 손을 스치는 상황은 짜릿할 수도 있다. 멀리 떨어져 있으면서도 상대와 가깝다고 느끼는 사람이 삽입 성교를 하면서 별다른 느낌을 받지 못할 수도 있다. 접촉이 반드시 위계를 이뤄야 하는 건 아니며 섹스가 친밀감을 쌓는 유일한, 심하게는 최고의 방법이어야만 하는 것도 아니다. 유성애자 친구들을 조사해 보니 손 잡기가 입 맞추기보다 더 중대한 일로 느껴졌다고 짚거나 키스를 좋아하지도 않는다고 말하는 사람이 많았다. 사람들은 감정을 경험하기를 바라는데, 거기에 이를 수 있다고 알려진 길에서 발이 묶인다. 그러나 어떤 감정에 이르는 길은 다양하다. 자신이 찾아 헤매는 감정이 무엇인지 파악할 수 있다면.

그날 워크숍에서 내가 하프 마라톤을 뛰고 싶었던 이유는 명백해 보였다. 탄탄한 몸을 만들고 싶었고, 고되면서도 기억에 남을 듯한 무언가를 하고 싶었다. 다른 사람들은 내게 계속 물었다. 왜 탄탄한 몸을 원해? 멋지고 건강하게 보이고 싶으니까. 왜? 피로에 찌들어 굼벵이처럼 살고 싶지 않으니까. 다른 이유는? 그래, 섹시해 보이고 싶다, 됐어? 사람들은 계속했다. 이 모든 걸 이룰 다른 방법은? 운동 수업이라면 겨울 추위에 시달리면서 야외에서 시간을 오래 보내지 않아도 될 텐데? 달리기 말고는 없어? 어차피 그건 싫어한다고 했잖아.

지금까지도 나는 하프 마라톤을 뛰지 않았다. 이제 와서 보니 사람들이 이 계획에 반박한 이유는 내가 하프 마라톤에 평생 안 나갈 이유와 같았다. 목표 분해 활동은 좀 오글거렸지만, 뭐가 되었든 목표를 생각할 때면 나는 이 활동을 자주 돌이킨다. 한 가지 목표에 몰두하면 쉽다. 누가 동기를 물었을 때 뻔히 보이는 첫 번째 단계에서 멈추면 쉽다. 하프 마라톤을 뛰고 싶은 건 탄탄한 몸을 원해서라고 말하고, 왜 탄탄한 몸을 원하는지, 그 일에 그만한 가치가 있다고 생각하는 이유는 뭔지, 그 목표를 이룰 다른 방법은 뭔지 더 파고들어 고민하지 않는 것. 질문받기는 뭔가를 이루게 해줄 듯한 목표가 아니라 내가 진정으로 느끼고 싶은 것에 관심의 초점을 다시 맞추는 데 큰 도움이 되었다.

같은 이야기를 섹스에도 적용할 수 있다. 시카고에 사는 상담사 캐시는 '목표 분해'라는 용어를 쓰지는 않겠지만 내담자가 자기는 무성애자 같은데 그래도 섹스를 하고 싶다고 말하면 비슷한 활동을 할 것이다. 목표 분해는 결국 목표를 질문하는 것 이상도 이하도 아니다. 캐시는 내담자가 내리는 무성애자의 정의와 섹스의 정의를 묻고 다른 일은 어떤지, 모든 것의 목적이 뭔지 물을 것이다. 이런 질문이 되겠다. '지금 이 방에 누가 있나요? 당신이 방에 있고 나도 방에 있지만, 또 말하는 사람은 누구죠? 당신이 자식을 낳기를 기대하는 어머니 때문인가요? 우리 모두가 쉼 없이 하지만 지나치지는 않은 딱 그만큼만 섹스를 좋아하고 즐겨야 한다고 기대받는 두루뭉술한 사회에 있어서 그런가요? 파트너랑 계속 함께하고 싶나요? 그래서 그런 걸까요? 탐색하고 싶어요? 섹시한 기분을 느끼고 싶나요?'

로맨스를 이야기한 장에서는 이름표를 제쳐두고 우리가 원하는 게 뭔지를 바로 묻자고 제안했다. 관계 내에서는 섹스가 뭘 가져다줘야 하는지 파악하는 단계로 곧장 가는 게 한 가지 방법이다. 섹스를 접촉의 정수로 보지 않으면, 섹스가 세상에서 일어날 수 있는 가장 중요하고 친밀한 활동으로 군림하던 힘을 잃으면, 무엇을 욕망하는지를 직접 물을 수 있게 되면 관계를 맺고 유대를 쌓을 더 많은 길이 분명하게 드러난다. 무성애자 블로거이자 상담사인 어내그노리는 이렇게 쓴다. "무성애 스펙트럼이 섹스 치료에 제공하는 가장 중대한 통찰은 정체성 이름표가 아니라 치료사들이 당연시하던 생각을 재검토하고 '친밀감'과 '쾌락'의 진정한 의미를 대하는 견해를 확장하게 해준 것이다."[14]

욕망을 재검토하는 건 누구에게든 쉽지 않은 일이다. 나만 해도 무성애자 파트너를 만나거나 무성애자 데이트 앱을 써본 적이 한 번도 없다. 어느 정도는, 앱을 쓰는 사람이 충분하지 않고 내가 유성애자 파트너와도 간단히 타협할 수 있다고 생각했기 때문이다. 어느 정도는, 그냥 내가 무성애자 파트너를 오랫동안 원하지 않았기 때문이다. 섹스가 주는 신체적 감각에 딱히 관심은 없었지만 나는 성적 욕망의 대상이 될 때 생기는 전율을 갈망했다. 나 자신은 성적 끌림을 경험하지 않으면서도 다른 사람들이 그 욕망을 내게 품어주기를 바랐다.

위선이란 걸 안다. 내가 정서적인 보증을 원해서, 나 자신의 힘을 느끼고 싶어서 성적으로 욕망되기를 바란다는 건 언제나 알고 있었다. 성적 욕망의 대상이 될 수 있다는 건 사람이 지닐 수 있는 매우 커다란 자산이다. 인생 자체를 더 쉽게 뚫고 나가도록 해주는 일종의 특권이자 보호막이며, 자신이 남에게 대칭되는 욕망을 느끼지 않는다고 해도 갈망하는 자질이다. (무로맨틱 무성애자들이 말하듯, 나부터가 로맨틱한 면에서 혹은 성적으로 변변찮은 사람으로 인식되면 내가 남에게 로맨틱한 혹은 성적 관심이 없다는 것도 남들의 푸대접을 막아줄 방어막이 되지 않는다.) 성적 욕망의 표적이 되는 건 덩그러니 남겨지지 않게 해주는 또 다른 형태의 무기이자 부족한 외모 자신감을 덮어줄 연고 같았다. 사실 정말 자신감이 부족했던 부분은 인생에서 원하는 걸 쟁취할 내 능력이었는데 말이다.

사람들이 흔히 생각하는 욕정은 의지와 무관하며 공공연히 인정받지 못한다. 그리고 그 성질이 실제로 나타나는 (파괴적이며 통제가 어려운) 양상 때문에 욕정은 사랑이 선택이라는 온갖 흔한 말보다 더 강력해 보인다. 선택과 의지와 재구성과 노력은 집착에 비하면 전부 힘이 달리는 듯하다. 사랑이 선택이라는 말을 뒤집으면 누군가가 당신을 그만 사랑하기로 선택할 수도 있다는 건데, 사람들이 욕정에 결부하는 강박적 사고와 집착은 꺼뜨리기가 더 어렵다. 나는 강력한 걸, 쉽사리 통제할 수 없는 걸, (아, 그렇지) 원초적인 걸 원했다. 정서적으로 욕망당하는 건 값어치가 떨어지고 초라한 이류 같았다.

내가 품었던 이런 태도는 흔하다. 제임스는 전에 만났던 파트너들에게 섹스에 임할 생각은 있으나 "내가 그 행위로

친밀감을 느끼긴 해도 형식 자체는 네게 맞춘 거란 걸 알아
달라"는 말을 종종 했다. 못할 건 없다는 동의가 달갑지 않
은 것과 마찬가지로 파트너들은 이런 걸 달가워하지 않는다.
"몸 때문에 섹스하고 싶어."라는 열성적인 동의에 조금이라
도 못 미치는 동의를 얻으면 자존감에 한 방 먹는 것처럼 느
껴진다. 어떤 장애물, 그 모든 장애물에도 불구하고 욕정을
불러일으키는 사람이라는 소망해 마지않는 자아상에 구멍
이 난다. 정서적으로 섹스를 욕망한다는 게 미심쩍어 보인
다는 건 안다. 섹스에 거부감이 없는 무성애자들은 섹스할
때 기분이 좋냐고 사람들이 내게 자꾸 물으니까. 이런 질문
이 나오는 건 호기심 때문이기도 하지만, 성적 끌림이 없으
면 모든 섹스가 무조건 불쌍해서 해주는, 즐기기보다 견디
는 섹스인 것 아니냐는 우려 때문이기도 하다.

    무성애자에게 섹스가 좋게 느껴지냐는 질문의 답은 어떨
때는 그렇고, 어떨 때는 아니라는 것이다. 유성애자와 다르
지 않다. 무성애자, 유성애자 할 것 없이 섹스를 원하는 욕망
이 절로 샘솟지 않는 사람은 많은데, 이런 사람들도 (상호가
합의한) 신체적 접촉이 시작되어 몸이 달아오르면 차차 그
런 정신적 바람을 느낀다. 반응 욕망이라고 불리는 이 과정
은 천천히 달궈지는, "일단 시작하면 몰입하게 될 거란 걸 알
아."[15] 같은 것이다. 흔한 일이고, 대개 못할 건 없다는 동의
의 핵심을 이룬다. 섹스는 끌림 없이도 육체적인 수준에서
좋게 느껴질 수도 있다. '우월한 자위'라고 하는 걸 들은 적도
있다. 매력이 감정적인 혹은 지적인 차원에서 생긴다 해도

그 힘이 시들지 않는다고 보는 사람도 있다. 뉴욕에 사는 작가 제시카는 성적 끌림은 경험하지 않으나 FWB를 두는 건 좋아한다. 제시카는 "허리 아래로는 다 안 됨"이라는 규칙을 자기 몸에 두지만, 다른 사람들의 성적 욕망과 섹슈얼리티의 매혹은 끝이 없다고 느낀다. 제시카의 말이다. "'지적으로' 엄청난 자극이라 나한테는 재미있어요. 게임 같은 거죠. 내가 이거랑 이거 그리고 '이걸' 하면 어떻게 되려나? '저건' 어떨까? 어떤 면에서는 그 사람을 분해하는 거랄까요. 어떤 행동을 할지, 통하는 건 뭔지, 그 사람을 즐겁게 하는 건 뭔지를 보죠."

제일 큰 차이는 대개 무성애자가 섹스를 좋게 느끼려면 유성애자보다 노력을 훨씬 많이 들여야 하고, 섹스를 지루하고 불편하게 느끼는 데는 어색함이 훨씬 덜하다는 것이다. 음식 비유로 돌아가자. 배가 고파 돌아가실 지경일 때 먹는 것, 배는 부른데 간식은 좀 나눠 먹을 수 있는 것의 차이를 생각해 보라. 배가 고프지 않아도 즐겁게 먹을 수 있지만, 음식이 허기를 채워주는 게 아닐 때는 사회적 측면에 신경을 훨씬 많이 써야 하고 그런 면이 틀림없이 맞아야 한다.

알맞은 방식으로 욕망의 대상이 되지 못하면 좌절감이 들며, 이런 이야기에서 발을 빼려면 노력이 필요하다. 그러나 다른 욕망도 못지않게 아찔아찔할 수 있고, 그 장악력 역시 못지않게 떨쳐내기 어려울 수 있다. 못할 건 없다는 동의와 다른 형태의 정서적 욕망은 관심의 표시이자 탐색을 시작하고 재미를 맛볼 시작점이 되기도 한다. 선택해서 하는 행위는 의미 있는 일이고, 통제가 안 되는 강렬한 육체적 격정에 떠밀린 게 아니라도 거기에 들어가는 노력은 대단한 사랑의 표시다. 당신의 행복을 바라고 열심히 노력하는 사람보다 로맨틱한 게 얼마나 있겠나. 이건 그런 거다.

관점을 전환하려면 섹스에서 정서적 욕망을 격상하고 노력을 로맨틱한 것으로 인식해야 한다. 단순히 육체적인 걸 넘어 정서적으로 무엇을 원하는지에 모두가 관심을 기울이고 그 욕구를 충족할 새로운 (혹은 다른) 길을 모색하는 자세도 필요하다. 이런 도전은 타인을 더 온전히, 여러 차원에서 알아가는 시작점이다. 대개 관계에서 재량껏 할 수 있는 영역은 사람들이 우려하는 것보다 많다.

콜로라도에 있는 영상 제작자 지 그리플러는 자기가 연애 자체를 할 수 없다고 생각했다. 속궁합이 안 맞는다는 문제로 세 번의 연애를 끝내고 나니 시도조차 무의미해 보였다. 시도했다가 감정의 실타래에 얽혀들어 괴로운 결말을 맞으니 연애를 아예 등지는 게 나았다. 지는 말한다. "다른 면에서는 완벽했던 연애였어도 섹스하기를 원하지 않아서 결국 버려야 했어요. 그러니 뭐 하러 수고를 해요? 필요한 데이터는 이미 얻었고, 내가 다른 사람에게 계속 상처만 주게 될 거라면 그 경험을 반복할 이유는 없었어요."

연애는 생각도 없다며 몇 년을 보낸 지가 데이트에 다시 마음을 열게 된 건 다름 아닌 무성애를 알게 되었기 때문이었다. 무성애의 존재는 자기가 왜 다르냐는 해묵은 질문에 답을 내는 데 도움이 되었고, 연애 중인 다른 무성애자들의 이야기를 접하니 지도 연애가 가능할 것 같았다. "그건 계시였어요. 흥미가 생기더군요. '어라, 문화적 내러티브에 있는 방식이 아니라 나만의 방식으로 다시 시도해 봐야 할지도 모르겠는데' 싶었죠."

지는 어떤 파티에서 지금 사귀는 파트너를 만났다. ("이 문장의 모든 게 나랑은 아주 거리가 머네요."라고 지가 확실히 말하기는 했지만 이건 '대선 후 울적함을 달래는 하우스 파티'였다.) 두 사람은 같이 놀기 시작했고 하루 만에 사귀기로 했다. 지의 여자친구에게 섹스는 타인에게 닿는 수단이다. 지에게 섹스는 연애를 시작하고 2주가 지나면 '어렴풋하게 즐거운 것'에서 '심히 의무적인 일'로 바뀐다. 섹스에 거부감이 들지는 않았지만, 그건 남들이 즐기고 지는 별 관심이 없는 취미였다. 볼링처럼. 지는 말한다. "맨날 볼링을 치러 가려는 사람이 있어도 뭐, 좋다 이거예요. 근데 난 그런 사람이 아니라서 볼링은 2년에 한 번쯤만 해도 족하거든요. 전용 신발을 살 생각도 없어요."

이걸 인정한다고 해서 자신이 여자친구를 부당하게 거부하며 욕구를 만족시켜주지 않는다는 지의 죄책감이 마법처럼 개운해진 건 아니었다. 지가 말을 더한다. "힘든 과정을 거쳐야 했고 기본적으로 내 주장을 내세워야 했어요. 비로소 이렇게 말할 수 있는 데까지 왔죠. '이게 내 감정이야. 지금 이후로 나랑 성적으로 친밀해질 일이 전혀 없을 수도 있다는 게 너한테 문제가 안 되어야 해. 어쩌면 할 수도 있겠지만, 아마 안 할 거니까 말야.'"

두 사람은 개방 연애 중이지만, 이게 모든 걸 해결해 주지는 않는다. 섹스를 원하는 사람이 다른 사람과 섹스할 수는 있어도 혼란스럽고 억울한 감정은 여전히 생겨나고, 가까운 사이로 남으려면 욕망과 욕구와 바람에 관한 대화가 필수다. 지가 말을 더한다. "(여자친구의) 경험에 따르면 사람들과 친밀해지는 유일한 길은 섹스였고 그러지 않으면 아예 친밀한 게 아니었어요. 그러니 방향을 재설정하고 조율하는 일이 상당히 많이 필요했죠. 여자친구는 이렇게 말했어요. '너랑 같이 있으면 섹스할 필요를 덜 느껴. 우리는 다른 방식으로 엄청 친밀하니까.'" 두 사람에게 친밀성은 양껏 껴안고 손을 잡는, "꼭 옷을 벗지 않고도 가까이 붙어 있는" 형태로 나타난다.

솔직해지고, 소통을 개선하고, 욕구를 재구성한 덕분에 수많은 무성애자와 이들의 파트너는 유대를 형성할 선택지가 얼마나 많은지 발견할 수 있었다. "내가 할 수 있는 간단한 행동, 그러니까 다정하게 만진다거나 말하는 동안 핸드폰을 안 들여다보는 것으로도 파트너에게 내 관심을 인지시킬 수 있다는 사실을 깨달았어요. 그게 그냥 섹스가 아니었을 뿐이죠." 파트너와 10년 넘게 관계를 이어오고 있는 얼리셔의 말이다. 강해지고 존경받고 싶은 남성 파트너의 욕구, 남성 분노에 느끼는 얼리셔의 공포와 엮인 온갖 문제로 통하는 관문이 섹스라는 사실에 두 사람이 커플로서 눈을 뜬 건 최근 몇 년 사이의 일이다. 섹스가 중요하다고 말하는 건 쉽지만 섹스가 없으면 두렵고 불안해지기 때문에 섹스가 중요하다고 말할 만큼 취약성을 내보이기는 어렵다. 관계를 더 선명하고 솔직한 곳으로 이끄는 건 '왜'라는 질문과 '왜냐하면'이라는 답이다.

질문을 멈추지 않는 내가 앎의 한계를 보여주는 반면교사라는 사실은 나를 괴롭힌다. 이 딱한 현상은 때때로 '통찰 오류'라고 불린다. 문제를 파악하면 문제가 해결되리라는 잘못된 믿음이다. 지가 말했듯 무성애를 아는 건 첫 단계였지 즉효 약이 아니었다. 자기와 섹스할 권리가 파트너에게 있다는 지의 느낌은 멎지 않았다. 무성애 이야기로 책 한 권을 써내도 내 연애에 종종 깔리는 불안을 달래는 데는 별 효과가 없었다.

내 남자친구 노아에게 우리 연애는 친구였던 사람하고 자게 된 첫 관계였다. 내게 우리 연애는 섹스와 관련한 기묘한 시기의 시작이었다. 이전 연애는 모두 장거리였는데, 노아는 몇 개 주를 사이에 놓고 떨어져 사는 게 아니라 공원 하나만 지나면 되는 거리, 적당한 날이면 곧장 달려와 10분 만에 내 집에 올 수 있을 만큼 가까운 거리에 살았다. 노아를 쉽게 볼 수 있어서 나는 불안해졌다. 더 중요한 건, 이게 내가 무성애자로 정체화하고 발을 들인 첫 연애였다는 거다. 초기에는 섹스를 너무 많이 해서 내가 정말 무성애자가 맞는지 의심이 들 정도였다. 그러다 섹스가 차차 줄어들었다. 구체적으로 말하자면 내가 섹스를 덜 원하게 되면서 내 섹스 고민에 새로운 시대가 열린 것이었다.

어떤 연애에서든 섹스는 고조되다가 정체되기 마련이고, 노아든 다른 누구든 내게 드러내놓고 압박을 준다는 느낌은 전혀 없었다. 내가 관리해야 했던 건 성적 욕구가 아니라 내가 스스로 가하는 압박이었다. 섹스는 상징일 수 있고, 나는 그게 지나치게 중요한 상징으로 변해가는 걸 몸소 목격했다. 섹스하기 싫으면 그게 무슨 의미인지 고민했다. 거기에 반드시 무슨 의미가 있어야 하는 것처럼. 섹스를 했는데 사소한 것 하나라도 삐끗했거나 내가 즐겁지 않았으면 그 관계는 내리막길로 향한다고 확신했다. 둘 중 누구도 원치 않았더라도 일주일 동안 섹스를 안 하면 마음이 요동쳤다. 함정의 이름은 댈 수 있었지만 그러거나 말거나 나는 거기에 빠져들었다.

이내 나는 정체성 이름표와 앎이 해석에 영향을 미치는 여러 갈래 길을 헤매고 있었다. 결과가 항상 편안하지는 않았다. 무성애를 알기 전에는 섹스하고 싶은 욕망이 줄어도 어깨나 한번 으쓱하고서 "남들한테도 그러듯 곧 돌아오겠지, 뭐. 괜찮을 거야."라고 말하고 말았다. 나도 모르는 새 나는 이상하게도 본질주의자가 되어갔다. 이게 내 진짜 모습이 맞는지 다시 고민하고 마음이 무거워졌다가, 이어서 마음이 무거워질 일이 아니란 걸 모르냐는 생각에 마음이 무거워졌다. 엎친 데 덮친 격, 내게 너무나도 익숙한 일이었다.

내가 제일 겁에 질려 있었고 섹스를 가장 내키지 않아 했던 시기는 암울했던 1년과 연관이 있다. 엄마가 조기 발병 알츠하이머를 진단받은 일에 사내 정치로 시달리며 퇴근 후에

이 책을 쓰는 스트레스까지 없혔던 시기다. 전부 그럴싸하고 심지어는 타당한 이유다. 그래도 이게 마음 깊은 곳에서는 늘 어떤 형태로든 섹스를 원할 거라고 스스로를 안심시키려는 일종의 정신 승리라는 점은 달라지지 않는다. 그리고 이런 안심시키기의 중심에는 강제적 섹슈얼리티의 끌어당김이 있다. 다른 사람들은 모두 다시는 섹스를 안 해도 괜찮지만 나 자신은 꼭 해야만 한다고. 안 그러면 뭔가 나쁜 일이 생길 거라고.

내 두려움은 관계 유지를 걱정하는 것 이상으로 나아갔다. 노아는 내가 다시는 섹스하고 싶지 않다고 판단하는 날이 오면 같이 대화하면서 개방 연애든 다른 방법이든 타협안을 고민해 보자고 말했다. 시도 때도 없이 섹스하고 싶어 하는 사람은 아무도 없다고, 걱정할 일이 전혀 아니라고, 자기는 내가 원할 때만 섹스하고 싶다고 내게 몇 번이고 말해줬다. 나는 노아의 말을 믿지만, 이걸로는 충분하지 않다. 관계의 존속이 리비도에 붙들려 있지 않다니 운이 좋기는 한데, 그럼에도 나는 더 원하기를 원한다.

대다수에게 삶은 통찰 오류의 연속이다. 헨리와 사귀던 때 나는 내 불안과 두려움이 관계에 생채기를 내고 있다는 걸 알았다. 의지도 있었고 실제로 시도도 했지만 얼마나 노력하든 수년간 쌓인 감정적 짐을 나 자신에게서 금방 덜어낼 수는 없었다. 이번에도 마찬가지다. 그간 배운 것들, 강제적 섹슈얼리티와 동의, 우리가 섹스에 특권을 부여하는 방식과 그게 문화에 깊숙이 배어든 양상을 조금이나마 알게 된 덕에 두려움에 홈이 파이기는 했다. 그러나 무성애 담론에 아무리 푹 빠져 있어도 야심한 밤이면 이따금 참담한 기분이 들었다. 무성애자로 살기 싫다, '정상'이면 좋겠다, 선택할 수 있었으면 다르게 사는 걸 선택했을 거다 같은 생각이 벌컥 치밀었다.

말해둘 게 있다. 이 꼭지를 쓸 때는 솔직해지기가 어려웠다. 노아와 나는 그럼에도 섹스를 자주 했다고 방어적인 변명을 줄줄이 덧붙이고 싶었다. 내가 파트너들한테 성적으로 개방적이라는 말을 종종 들었다고, 섹스 클럽에 간다고, 내숭 떠는 사람은 곧 죽어도 아니라고 말하는 긴긴 뭉치를 잘라냈다. 웃긴 소리라는 걸 아는 딜레마를 놓고 나는 씨름했다. (생각은 개방적이어도 섹스에는 거의 언제나 관심이 없다는) 진실을 말하면 나 자신이 진짜 무성애자라는 걸 증명하는 쪽에 가까워진다. 진실을 흐리고 내가 원한 부분을 전부 강조하면 내가 보이고 싶은 모습으로 나 자신을 내보이는 쪽에 가까워진다.

나는 노아를 위해 진실을 흐리고 싶었다. 사람들이 나에 대해 알게 되면 노아를 안쓰럽게 볼까 봐 걱정되어 방어적인 자세가 나왔다. 정작 고민은 노아보다 내가 훨씬 더 많이 하는데도. 나 자신을 위해서도 진실은 흐리고 싶었다. 나는 강제적 섹슈얼리티와 그 부정적인 효과를 고찰하는 데서 내가 옳다고 믿지만, 내가 옳다는 믿음은 한때 생각했던 것만큼 유용한 감정이 아니다. 은연중에 느꼈고 살면서 흡수한 다른 견해를 막아주기에 적당한 완충제가 아니다. 개인적인 문제에서라면 나는 신념을 고수할 용기를 못 낼 때가 많다.

이때 다름 아닌 노아가 제일 도움이 되어주었다. 노아는 나처럼 젠더학이나 섹슈얼리티 연구에 골몰한 사람은 아니다. 동북부 출신 이성애자 백인 남성으로 사립 학교에 다녔고 프랑스에 있는 친척 집에서 여름을 보냈다. 나는 섹슈얼리티와 동의를 논하는 글을 읽는 데 시간을 쓰는 사람이고, 노아는 전부 괜찮다고 내게 차분히 말해주는 사람이다.


강제적 섹슈얼리티를 이해한다고 해서 반드시 자기 목소리를 낼 수 있게 되는 건 아니다. 인종차별을 안다고 해서 무의식적으로 나오는 인종차별을 막을 수 없는 것처럼. 중요한 건 '정상'이 아니라 사람들의 바람임을 (그리고 그 바람이 생각보다 더 깊이 들어갈 수도 있음을) 기억한다고 그런 기대가 벗겨지는 것도 아니다. 섹스가 많은 경우 비유라고 하는 말이, 거기서 모든 상징을 벗겨내면 아무것도 남지 않는다거나, 아무리 소망할지언정 상징의 동물인 우리가 그 상징을 완전히 벗겨낼 수 있다는 뜻은 아니다. 각본을 명명하고 인식할 수 있다고 해서 문제가 해결되고 관계가 구원되리란 보장은 없다. 그러나 말하지 '않으면' 이 각본이 힘을 유지한다는 보장은 분명 있다. 대화만으로 충분하지는 않아도 대화는 꼭 필요하다.

모든 걸 대화와 질문에 부치라는 조언은 연애에서든 삶의 다른 부분에서든 급진적으로 들리지는 않는다. 나도 안다. 간단한 비결이면 더 좋겠지만 어떤 참신한 기술이라도 환영이니 모든 걸 해결해 줄 묘수를 누구 하나라도 내게 나눠줬으면 하는 마음에 수많은 전문가, 연구자와 이야기를 나눴으니까. 그러나 상담사와 여타 전문가들은 뻔하디뻔한 이 조언을 몇 번이고 들려줬고, 나는 알면 알수록 이렇게 하려는 사람이 없다는 걸 깨닫게 되었다.

사람들은 대화를 피하려고 돈을 낸다. 이게 특히 분명히 드러난 건 과학 기자라는 본업을 하면서 전희를 모방한 자극을 성기에 가해 여성이 섹스를 더 원하게 해준다는 흡입기 비슷한 250달러짜리 기구의 프레젠테이션을 들었을 때였다. 연애 중인 여성을 위한 기구였기에, 고객이 파트너에게 진짜 전희를 해달라고 부탁해도 되지 않냐고, 그건 무료 아니냐고 대표에게 물었다. 이런 질문을 한 사람이 아무도 없었다는 말이 돌아왔다. 여자들이 파트너에게 뭔가를 부탁하는 걸 바라지 않았다는 게 질문의 답이다. 여자들은 압박을 느꼈다. 대화를 하느니 차라리 기구에 돈을 들이려 한다.

아니면 차라리 은밀하게 바람을 피운다. 많은 이들이 읽은 《뉴욕 타임스》 '모던 러브' 칼럼 「기혼남이랑 자면서 외도에 관해 배운 것What Sleeping with Married Men Taught Me About Infidelity」에서 커린 존스Karin Jones는 이들 기혼남의 상태를 이렇게 기술한다. "두 번째로 같이 밤을 보내고 나니 이 남자에게 이건 섹스 이상의 뭔가라는 걸 알 수 있었다. 이 남자는 애정이 간절했다. 아내와 가까워지고 싶은데 근본적인 단절을 넘어설 수 없어 그러지 못한다고 했다. 그 단절이란 섹스의 부재였고, 이건 친근감의 부재로 이어져 섹스의 가능성을 더 낮추고 적개심과 비난으로 변모했다."[16]

섹스 부재가 친근감 부재를 악화할 수 있다는 건 그럴듯한 말 같지만, 내게는 뭐가 먼저인지가 그렇게 분명하지 않다. 친근감 부재에 다른 방식으로 대처하면 섹스 부재에도 도움이 될지, 최소한 섹스가 부족하다는 문제와 다른 방안을 놓고 양쪽이 이야기할 가능성에라도 보탬이 될지 궁금하다. 솔직하고 열린 대화, 두 사람 모두 자유롭게 대화할 수 있다고 느끼는 대화는 불편하고 아프다. 어떤 사람은 목소리 내기를 남들보다 덜 어려워하니 불공평하기도 하다. 그러나 불편한 대화 한 번 없이 이해받는 삶은 누구에게도 존재하지 않는다. 말하고 듣는 건 뜻을 분명히 밝힐 유일한 길이다. 조사와 자문이 쌓일수록 한 가지 묘수 같은 건 없다는 사실을, 곧장 뚫고 나가는 것만이 유일한 길임을 나는 받아들이게 되었다.

설리나 역시 이걸 깨달았다. 설리나는 여전히 조지아와 사귀고 다른 파트너도 찾았다. 돔섭[*] 관계인 대니얼이라는 남자가 있고, 자기와 조지아가 모두 만나는 사람도 몇 명 있다. 어떤 파트너와는 섹스하고 다른 파트너와는 하지 않는다. 전부 사람과 상황에 따라 달라진다. 설리나는 말한다. "이 모든 관계를 겪으며 계속 놀라게 되는 건 섹스가 안 중요할 수 있다는 사실, 또 굉장할 수도 있다는 사실, 하지만 다른

---

[*]  dominant/submissive. 지배하는 도미넌트와 복종하는 서브미시브의 BDSM 성향자 관계.

무수한 일과 비교했을 때 너무나 하찮을 수도 있다는 사실 때문인 것 같아요. 내게 섹스는 할 수 있는 친밀한 행위 수백 가지 중 하나예요. 다른 친밀한 행동들이랑 마찬가지로 여기에도 다 장단점이 있죠. 이게 순위 최상단에 오르는 건 어림도 없고요. 언제가 되었든 난 섹스하는 것보다 머리끄덩이 잡히는 게 더 좋거든요. 그렇다고 잘하는 섹스가 싫다는 건 아니에요. 섹스도 별로고 다들 방법을 제대로 모르면 그만큼 즐겁지는 않겠죠. 채찍 다루는 법을 모르는 사람에게 채찍을 맞는 거랄까요."

설리나는 조지아와 일찍이 대화한 데, 자기 자신과 타인에 관해 이 모든 걸 배울 기회를 얻은 데 감사한다. 섹스가 어느 정도로 중요한지, 감당할 수 있는 문제인지, 인생과 사랑에서 정말로 관심을 두는 주제가 무엇인지는 관계를 맺는 사람들이 결정할 일이란 걸 이제 안다. 설리나에게 섹스는 꼭 필요하지는 않은 무언가일 수도, 관계를 풍성하게 하는 수단일 수도 있다. 목표는 절대 아니다.

## 10. 애나의 이야기

20년이 지나 두 명의 아이를 남기고, 결혼 생활이 끝났다. 메러디스는 떠났다. 열한 살과 열다섯 살인 아들들과 함께 보내는 시간은 절반으로 줄었다. 자기만의 공간에서 자기만의 생각을 하며 애나(아직은 이 이름이 아니었지만)는 자기가 바라던 대로 행동하자고 마음먹었다. 사생활은 더 이상 호사가 아니었고, 부응해야 할 상대도 없었다.

애나는 먼저 너무나 오랜 시간 입고 싶었지만 입을 수 없었던 옷, 치마와 원피스를 입기로 했다. 다음은 병원에 가서 '할 만큼 했다'고 말하기. 테스토스테론은 효과가 없었다. 그걸로 증진된다던 성적 충동은 늘지 않았고, 남들이 자기한테 요구하는 남자의 모습이 만들어지지도 않았다.

애나는 균형을 맞추게 에스트로겐을 대신 써봐도 되냐고 물었다. 그것도 방법이라는 의사의 말에 애나는 몇 달간 고민한 후 돌아가 해보겠다고 했다. 에스트로겐 크림을 쓰기 시작했다가 사용을 중단하고, 그러다 또 시작했다. 쓰고 끊기를 반복하다가 다시 쓰고 있던 어느 날 애나는 거울을 보다가 솟기 시작한 가슴을 발견했다.

애나가 생각해 본 결과는 아니었다. 신체적 변화는 애나가 제대로 알아차리지도 못한 사이 시작되었지만 여하간 일어났고, 애나 앞에는 결정해야만 하는 문제가 나타났다. 되돌릴지, 계속할지. 아무것도 바꾸지 않는 것 역시 선택이었겠지만, 애나는 이번만큼은 수동적으로 굴고 싶지 않았다.

인생 대부분을 사는 동안 애나는 자기가 뭘 원하는지 몰랐다. 애나가 뭘 원해야 하는지는 가족이 알았고 애나에게 알려줬다. 종교지도자도 알았고 애나에게 알려줬다. 애나가 사귄 당당한 여자들도 알았고 애나에게 알려줬다. 애나는 들었다. 주위를 둘러보고 남들이 뭘 원하는지 파악해 모방하려고 애썼다.

우리 다수는 다른 사람들이 욕망하는 걸 보고 욕망하는 법을 배운다. 잡지 《피플》에서 조지 클루니가 세계에서 제일 섹시한 남자라고 하니 조지 클루니를 욕망하도록 배운다. 여름이 몇 달밖에 안 남았다고 우리를 쉼 없이 닦달하는 마케팅 때문에 해변용 몸매를 원한다. 이론만 보면 모방 욕망에는 아무 문제가 없다. 현실을 보면, 세상은 중립적인 곳이 못 된다. 다양한 삶의 비전을 보여주는 다양한 유형의 사람들에게 둘러싸여 최고로 잘 맞는 하나를 자유롭게 고를 수 있는 경우는 거의 없다. 자기가 누구고 뭘 원하는지 내가 알지 못하면 세상이 나 대신 결정을 내려버린다. 세상은 선택지를 두어 개 내놓고 이게 전부라고 한다. 이 책 전반에서 많은 이들이 말했듯 숨을 돌리는 데만도, 내가 원하는 게 뭔지는 몰라도 주어진 선택지는 늘 찜찜했다고 인정할 여유를 만드는 데만도 한발 물러서는 적극적인 노력이 필요하다.

세상이 어떻게 자기 대신 선택을 내려줬는지 이야기하며 애나는 후회스러워했다. 자신을 얼마간 책망하면서, 자기는 본능적으로 협조했다고, 문제를 더 이상 모른 체할 수 없을 때만 결정을 내렸다고 강조했다. 당장 손에 있는 게 위태로워질 답이 나올지도 모를 복잡한 질문과 엮이느니 설사 그 의미가 때로 뿌옇다고 해도 건네받은 각본을 수용하는 쪽이 더 쉬웠다. 자신의 수동성을 설명하는 애나의 말에서는 분노와 아쉬움이 느껴졌고, 속으로 앓았던 그 세월에 드러내 놓고 더 반발했다면 사정이 어떻게 달라졌을까 하는 의문도 보였다.

애나가 왜 자책하는지 이해한다. 애나와 이야기를 나누자 나 역시 수동적일 때가 있다는 생각이 들었다. 30년 뒤에 태어났고 애나의 어린 시절과는 비교도 안 될 정도로 나를 응원해 주는 리버럴하고 비종교적인 문화에서 자랐다는 이점을 누리는데도 그렇다. 많은 사람이 수동적이고, 우리는 모두 (섹스와 연애뿐 아니라 삶의 모든 면에서) 우리를 압도하는 듯한 지침과 기대에 파묻혀 있다. 대체할 만한 무언가가 확실히 보이지 않을 때 혹은 그렇게 하는 다른 사람을 본 적이 없을 때 정해진 각본을 거부하기란 특히 어렵다.

애나의 이야기는 무성애에 관한 것이기도 하지만 가족과 종교, 젠더와 나이, 관계에 관한 것이기도 하다. 선의로 문제가 풀린다거나 새로운 정체성을 발견하면 아리송한 부분이 다 매듭지어진다는 깔끔한 이야기가 아니다. 욕망과 정체성이 섞이고 변하는 이야기, 무엇이 내게 기대되는지를 살피고 그게 내가 원하는 게 맞는지 의심하기 시작하는 이야기, 한 범주에 맞춰 수십 년을 살다가 그게 다 뭘 위한 건지 의문을 품고 새로 시작하는 이야기다.

애나는 1960년대 유타에서 태어나 출생 성별을 남성으로 지정받았다. 양 목장 집 손주였던 애나는 신실한 모르몬교 집안에서 신실한 모르몬교 남자아이가 되리라는 기대를 받았다. 그러나 애나는 감수성이 예민하고 걱정이 많았고, 아버지는 애나를 표적으로 삼아 검열하면서 눈물을 보인다고 혼내려 들었다.

모르몬교 아이들은 어린 나이부터 생물학적 성별 기준으로 분리되어 남자아이는 훗날의 선교를 준비하고 일요 예배에 나가고 여자와 가족을 이끌어야 한다고 배웠다. 여자아이는 결혼을 준비하고 집안일 하는 법을 배웠다. 애나가 어디에 맞춰야 하는지는 분명했으나 애나는 네 살 무렵에 이미 자신이 맞추고 '싶은' 건 어느 쪽인지를 스스로 묻고 있었다. 자기 힘으로 내릴 수 있는 결정은 결코 아니었지만.

애나가 남자아이 무리에 속하는 것 같지는 않았다. 겁이 많고 운동을 못 한다며, 자기들하고 별로 비슷하지 않다며 괴롭힘을 당했으니까. 그렇다고 여자아이 무리를 택할 수 있었던 것도 아니다. 그쪽은 또 다르게 닫힌 세계였다. 줄줄이 앉아 서로의 긴 머리로 장난치던 여자아이들을 구경하던 1학년 때의 기억 한 토막. 애나는 그 세계에 들어가고, 아니, '녹아들고' 싶었으나 자기에게는 입장이 허용되지 않으리란 걸 알았다.

유년기의 규칙은 사춘기의 규칙이 되었고, 이해할 수 없는 지침이라는 느낌은 한층 더 심해졌다. 완전히 딴 세계에서만 일어나는 듯한 일련의 변화. 애나는 데이트를 해야 한다는 걸 알았고 데이트하는 법도 알았다. 자동차를 준비하기. 누군가를 차로 데리러 가기. 그 여자애에게 저녁 대접하기. 잘 자라는 키스를 할지 말지 망설이는 척하기.

단계는 명확했지만, 동작에 의미가 있는 것 같지는 않았다. 자동차와 데이트와 키스로는 애나가 바라는 유대 관계에 조금도 가까워지지 않을 것 같았다. 애나는 말한다. "돌이켜 보니 그때 여자아이들이 내 쪽에서 자기들 쪽으로 향하는 성적 욕망이 있다고, 거기에 맞서 자기를 보호해야 한다고 생각했단 걸 알겠어요." 그런 욕망은 애나 안에 존재하지 않았다. 적어도 신체와 접촉에 관해서는. 애나의 반 친구들에게는 세심하게 짜인 그 동작들이 소망하던 목표에 이르는 데 도움이 되었을지도 모르겠다. 애나에게는 아니었다. 애나는 데이트를 아예 관뒀다.

그런데 한 여자아이가 있었다. 마리아. 성은 솔리스라고 쓰고 '솔러스'라고 발음했다. 마리아는 유타 사람들 대부분과 다르게 멕시코인이었다. 게다가 가톨릭교도였고 애나가 말하듯 이건 당시에는 "꽤 이국적"이었다. 애나가 그쪽은 어떤지 한번 보려고 마리아와 같이 교회에 갔을 때 애나의 부모님은 애나가 가톨릭교에 기웃댄다고 걱정했다.

두 사람 사이에는 육체적 친밀성도, 그쪽을 향하는 몸짓도 일절 없었다. 대신 애나와 마리아는 어떻게 분류할 수도 어느 범주에 넣을 수도 없는 정서적 친근감을 나눴다. 이건 오히려 두 사람이 전화로 몇 시간씩 대화하는 동안 '느껴진' 것이었다. 애나는 말한다. "마리아는 내게 닿을 수 있었어요. 내가 가만히 격렬한 고민에 빠져 있을 때 내게 닿을 수 있었죠. 나는 제일 센 거로 바로 가는 편이거든요." 보통 사람은 사실 여러 다른 사람이라는 게 가장 쉬운 설명일 듯하다. 그리고 애나는 마리아와 있을 때 어느 때보다 진실한 자신이 된다고 생각했다.

오늘날이라면 이런 유대는 퀴어플라토닉 관계나 비성애적 로맨스, 아니면 간단히 사랑이라 불리겠지만, 그게 실제로 일어나던 때만 해도 이건 애나가 남들에게서 보고 배운 어떤 우정이나 로맨스와도 닮지 않았다. 복도에서 손을 잡는 것도 아니었고 차를 구해 저녁을 먹으러 가는 것도 아니었으며 친구들과 가볍게 어울리는 것 역시 아니었다. "마리아는 언제나 의식 속에 있었어요." 애나가 이야기하는 마리아는 강렬하고도 진한 유대의 기억으로 남아 있었다. 마리아가 임신하고 결혼해 고등학교를 중퇴한 이후로도. "마리아가 내 인생에서 사라지고 얼마나 슬펐는지 몰라요."

수십 년이 흘러 삼십 대가 된 애나가 결혼할 여자와 몬태나에 살고 있을 때, 마리아에게서 전화가 왔다. 마리아는 아이 셋을 낳은 뒤 고등학생 때 결혼한 남자와 이혼했다. 다시 싱글이 된, 엄마지만 이제 아내는 아닌 마리아는 온갖 다른 역할이 덮쳐오기 전 자기가 어떤 사람이었는지를 기억해 보려 하고 있었다. 어디서 멈췄는지 마리아는 스스로 물었다. 자신이 다른 누구도 아닌 마리아라고 느낀 마지막 순간에 누구와 같이 있었는지.

'너였어.' 마리아가 애나에게 말했다. '내가 나로서 같이 있었던 마지막 사람이 너더라. 너랑 이야기해야겠다 싶었어. 너랑 이야기하는 게 과거의 나 자신이랑 이어지는 거니까.'

함께 하는 이 시간 여행이 얼마나 야릇하고 또 강력했는지. 마리아가 지금 애나와 대화하는 걸 넘어 과거의 마리아 자신과 대화하며 그 사람을 현재의 마리아로 제곱하자 현재의 애나는 격렬했던 그 갈망의 감정으로 풀썩 되돌아갔다. 애나의 말이다. "그 이야기를 할 때는 선을 진짜 잘 지켜야 했어요. 그 당시 내가 인생에서 어디쯤 있었는지를 생각하면 과하게 드러낼 수는 없었죠. 하지만 정말 감동적이었어요. '내' 갈망이 대단했다는 느낌은 항상 있었거든요. 그런데 마리아도 그랬을지, 그런 식으로 느꼈던 걸까요?" 그랬다고, 그리고 그건 선물이었다고 마리아는 말했다.


고등학교 졸업반 시절 애나는 동네 2년제 대학에서 사회학 수업을 들었는데 교수한테 좀 음흉한 구석이 있었다. 학생들은 최종 과제로 사회적 일탈에 관한 각자의 환상을 써야 했다. 이 아저씨의 지적이지 않은 호기심을 채워주려고 만들어진 과제 같았다.

교수의 관음증도 피해 가고 낙제점도 안 받고 싶었던 애나는 비성관계라는 일탈적 환상을 쓰기로 했다. 영리한 해법이었고, 거짓말도 아니었다. 애나는 실제로 성적인 열정과 성적인 감시가 없는 세상을 공상했다. 애나더러 자위 여부를 묻고 다른 성적 성향을 질문하는 주교를 마주치지 않아도 되는 세상. 그런 건 조금도 원하지 않는다고 확신하는 애나에게는 "네가 뭘 원하는지 다 알아." 같은 야한 농담이 불편했다.

성관계를 하지 않는 삶은 자유의 한 형태였다. 승려가 되면 꿈만 같을 것이었다. 모르몬교에는 승려란 게 없었으니 승려가 뭔지 애나가 정확히 이해하진 못했지만. 애나의 과제는 교수를 비판하는 동시에 방황을 고백하는 게 되었다. 애나는 자기가 원해야 하는 걸 원하지 않았다. 남들을 만족스럽게 따라 하지 못했다. 애나는 제대로 된 모르몬교 남자가 아니었고, 거기를 벗어나야만 했다.

펜실베이니아의 스와스모어 대학이 탈출구였다. 유타에서 수천 마일 떨어져 있고 순수 학문에 무게를 두는 대학이었으며 모르몬 교회를 벗어날 표였고, 때는 1980년대였다. 유타에서는 괜찮지 않았던 게 여기서는 통과되었고, 애나는 치마와 원피스를 입기 시작했다. 남들 앞에서는 그 옷차림이 남성의 젠더 표현을 확장하는 페미니즘적 실천이라고 말했다. 스스로는 그냥 자기가 하고 싶은 거고 서부에 살던 고등학생 시절 비밀리에 시도했던 것임을 인정했다. 자유란 더할 나위 없는 감각이었으나, 스와스모어에서조차 대가가 따랐다. 어떤 학내 행사에서 한 남자 교수에게 혐오스럽다는 눈빛을 받은 애나는 그 순간 이런 옷을 입는 게 지금 여기서는 가능해도 더 넓은 세상에서는, 평생은 안 된다는 걸 알았다.

캘리포니아에서 온 루스는 1학년 때 애나를 좋아하게 되었다. 밀어붙이기를 두려워하지 않고 자기가 무엇을 원하는지 확실히 알았던 루스는 애나더러 연애는 이렇게 하는 거라고 말하는 데 거리낌이 없었고 이쯤이 섹스할 시기라고 말하는 데 거리낌이 없었다. 애나가 겁을 먹은 건 중요하지 않았다. 그러나 결국은 중요해졌다. 둘이 처음으로 섹스한 순간 애나는 무너졌다. 애나는 곧장 방을 나가 학교 주변과 그 너머까지 동네를 몇 시간 동안 배회했다.

육체적 감각은 압도적이었으나 바랐던 수준은 아니었다. 애나는 말한다. "그렇게 무너진 이유는 한둘이 아니었는데, 제일 깊숙한 구석에는 내가 그걸 이해할 수 없었다는 이유가 있었어요. 경험이 소화가 안 되더라고요. 내 안에 단단히 발붙일 곳이 있기를 바랐지만 그런 것 없이 하고 있었죠. 섹슈얼리티 곁에서는 자아감이 없어져요. 그러면 공황에 빠지고, 무슨 일이 일어나고 있는 건지 갈피를 못 잡게 되죠." 그 감각은 어떤 내러티브도 없이, 그 육체적 경험에 의미를 보태줄 어떤 구조나 그릇도 없이 애나에게 벌어지고 있었다. 지침은 사라지고 없었다.

이십 대 후반 들어 애나는 글을 쓰기로 결심했다. 매사추세츠에서 장학 프로그램을 밟으며 메러디스를 만났다. 입은 속사포처럼 빠르고 머리는 칼날처럼 예리한 여자였다. 메러디스가 말했다. '우리 집에 와, 내가 저녁 만들어줄게.' 둘은 스카치를 마셨으나 애나의 긴장은 풀리지 않았다. 메러디스가 관심을 드러내자 애나는 거절했다.

두 사람은 결국 섹스했지만, 자기가 어떻게 비칠지 노심초사했고 긴장을 풀 수도 없었던 애나는 경험에서 유리된 기분을 느꼈다. 나이가 더 들었고 대학 이후로 다른 연애도 해본 애나는 자기가 어떻게 해야 하는지 알았고, 그렇게 했다. 싫다고 말할 수 있었지만, 무한정 그럴 수는 없었다. 이후로 애나는 그게 환상적인 것처럼, 메러디스 덕분에 여태 경험하지 못한 단계의 좋은 섹스를 알게 된 것처럼 가장했다. 메러디스는 지혜를 나눠주는 데 여념이 없는 섹스 선생님, 애나는 배울 자세가 된 학생, 두 사람은 한참 동안 이 역할을 연기했다.

몇 달이 흘러 장학 프로그램은 끝났고 두 사람은 같이 이사하기로 했다. 둘 다 서부로 가고 싶어 해서 몬태나를 골랐고, 1년 반이 지나 거기서 결혼했다. 애나는 상담사를 목표로 공부했고 메러디스는 계속 글을 썼다. 메러디스가 아이를 원했고 그래서 두 아들이 따라왔다. 애나의 말이다. "그 관계는 여러모로 강력하고 굳건하고 바람직했어요. 우리는 깊은 층위에서 이어져 있었거든요. 서로한테 푹 빠져 있었어요. 섹스 부분만 아니었으면 아직 함께일지도 모르겠네요."

섹스는 시작할 때부터 문제였고 이건 관계 초기에도 분

명하게 드러났다. 한번은, 메러디스가 세상일은 뭐가 되었든 사실 전부 섹스 문제라고 말한 적이 있었다.

애나는 충격을 받았다. '무슨 말을 하는 거야? 그렇지 않아!'

메러디스도 역으로 충격을 받아 그게 무슨 뜻이냐고, 세상이 온통 섹스투성이인 걸 어떻게 못 볼 수 있냐고 애나에게 물었다. 메러디스가 느끼기에 섹스의 존재감은 온 세상에 가득했다. 다른 모든 일에 의미가 통하게 하는 필수 에너지였다. 애나에게는 그 무엇도 섹스 문제가 아니었다. 애나는 상담사로서 섹스에 지적인 흥미가 있었고 내담자와 기꺼이 섹스 이야기를 나눴다. 개인적으로는 섹스의 존재감을 어디에서도 느끼지 않았고 결정을 내릴 때 섹스를 고려한 적도 없었다. 애나는 비록 당시에는 몰랐을지언정 자신의 무성애 지향이 드러난 순간으로 그 대화를 자주 떠올린다. 자기가 다른 사람들과 뭐가 다른지, 다른 사람들이 성적인 관심을 보일 때 왜 알아차리지 못하는지가 그 대화로 설명되었다. "내가 그 규칙에 발을 안 담그고 있었던 거죠."

경험의 틈은 점점 더 뚜렷해졌다. 시간이 갈수록 애나는 가장할 수가 없었다. 메러디스를 기쁘게 하는 건 좋은 일이었지만 욕망 자체가 생기지 않았다. 애나는 말한다. "그래도 욕망을 만들어내겠다고 애쓰느라 고생깨나 했어요. 그건 남성성과 젠더에 엮여 있었으니까요. 내가 되어야 한다고 생각한 남성적이고 성적인 자아를 창조하려고 용을 썼죠. 섹스야 할 수 있었지만 메러디스는 내가 자기를 욕망한다고 느끼지 못했어요. 그건 메러디스의 정체성 아주 깊은 곳을 이루는 거였는데 말이죠."

메러디스는 관심을 표현하고 관심을 받는, 누구에게도 거절당하지 않는, 주도권을 쥐고서 스카치를 마시러 오라고 애나를 초대해 성적 관심을 드러내는 여자였다. 원하는 건 언제나 쟁취하는 여자, 자기가 아는 걸 애나에게 모두 전수한 훌륭한 섹스 강사라고 스스로 믿도록 애나가 잠자코 있어준 상대였다. 섹스의 핵심은 그저 섹스를 하는 데 있지 않았다. 자신이 타인에게 성적 욕망을 불러일으킬 수 있다는 걸 확인하는 데 있었다. 섹스는 메러디스가 어떤 사람인지, 어떤 사람이 되어야 하는지와 연결되었다. 애나와 메러디스에게 섹스는 다른 걸 의미했고, 그 차이를 메울 수는 없을 것 같았다.

커플 상담. 개인 상담. 상담사들은 애나에게 테스토스테론 요법을 권유했고 애나더러 상대방의 욕구 수준까지 올라갈 수 있게 열심히 노력하라고 했다. 애나가 그렇게 하면서 한평생을 살아왔고 그러느라 "직접적인 고통을 너무 많이 받았고 상처를 입었"는데도.

두 사람은 개방 연애를 시도해 보기로 했지만 애나가 가까운 친구와 데이트를 하자 메러디스는 걱정하기 시작했고, 애나는 정말 원하는 걸, 그러니까 심심풀이 섹스가 아니라 타인에게 사랑을 주는 걸 자유롭게 할 수는 없음을 깨달았다. 얼마 못 가 둘은 각방을 썼다. 끝내 애나는 어느 날 우편물을 훑다가 메러디스가 은행 계좌를 새로 개설했다는 통지

서를 발견하고 말았다.

애나는 생각했다. '세상에, 어떻게 되려는 거지?'

메러디스는 말했다. '더 이상 너랑 함께하고 싶지 않아.'


애나는 말한다. "나라면 남았을 거예요. 스스로 이렇게 말하려니 내키지는 않지만, 아무튼 나라면 그랬을걸요. 난 그렇게 생겨 먹은 사람이거든요. 계속 같이 있기 위해서라면 치르던 비용을 계속 치렀을 거예요." 하지만 메러디스는 남지 않았다.

이혼 후 위기를 겪으며 애나는 인터넷에서 답을 찾기 시작했다. 나 바이젠더\*인가? 그런 게 있기는 한가? 저게 진짜 쓰는 단어인가? 성적 욕구가 낮으면 난 어떤 사람이란 거야? 이렇게 검색하던 중 애나는 에이븐을 발견했고, 내용을 읽고 눈물을 흘렸다. "그건, 뭐랄까, 내 경험이 망측하다고, 이 세상 속 나는 망측하고 망가진 사람이라고 생각하던 데서 그 경험이 다른 사람들과 건설적으로 공유할 만한 걸지도 모른다고 생각하게 되는 변화였어요. 이런 이름도, 이런 정체성도, 이런 공동체도 없이 지금껏 혼자여야 했다는 게 슬펐죠. 손해를 봤다는 느낌도 섞여 있었고요."

무성애의 발견은 젠더 탐구와 하나로 섞여 있었다. 애나는 집에서 치마를 입기 시작했다. 에스트로겐을 투여하기 시작하자 차분하고 평온한 기분이 들었고 비로소 몸이 편안

---

\*  bigender. 완전하고 독립된 두 가지 젠더 정체성을 지니는 사람.

해졌다. 애나는 거울을 들여다보며 가슴이 나오는 걸 봤고 더 진행하기로, 투여량을 꽉 채워 에스트로겐 요법을 받으며 '아, 이게 나야, 난 이런 사람이지'의 자세로 나가기로 마음을 정했다. 이혼은 애나에게 필요한 계기였고 자기 발견은 그렇게 얻은 뜻밖의 선물이었다. 이혼하지 않고도 커밍아웃할 수 있었을까. 결혼한 상태로도 새로운 정체성을 확립할 수 있었을까. 애나 생각에는 아니다.

여기까지 오는 데 한평생이 걸렸다. 반세기 전 유타에는 무성애자나 트랜스가 아무도 없는 것 같았다. 가시밭길이었던 그 모든 세월은 애나가 트랜지션이라는 선택지를 접하고 에이븐이 존재하기 한참 전에 경험되었다. 너무나 많은 질문이 너무나 오래 주위를 맴돌았다. 이제 인생의 다른 단계에 와 있는 애나의 고민은 젊은 무성애자의 고민과 어떤 면에서는 다르지만, 로맨스와 사랑과 섹스와 자아가 어떻게 어우러지는지 여전히 알아가고 있다는 면에서는 비슷하다. 애나는 세상이 대신 내려준 선택에서 발을 뺐다. 개척되지 않은 불편한 영토에 남겨지더라도.

"아직도 어리벙벙해요. 거대한 질문이 참 많죠." 새로운 신체와 그게 자신의 욕망에 영향을 미칠 방식을 묻는 것도 그중 하나다. 애나가 트랜지션을 시작하자 다들 과정을 더 진행하거나 수술을 받으면 무성애 지향이 바뀔 거라고 말했다. "사람들은 내가 섹슈얼리티에 이르는 길을 찾기를 바라 마지않아요. 내 젠더 정체성을 그 목표를 위한 수단으로 삼으려 하고요." 이 문화에 무성애가 설 자리가 없으니, 애나를 사랑하는 사람들은 애나가 트랜스라는 사실을 대할 때와는 전연 다른 식으로 애나의 무성애 지향을 대하며 마음고생을 한다. 애나는 말을 더한다. "거기에는 정말로 계속 마음을 열어둬요. 어떤 측면은 나도 원해서 아직 시도 비슷한 걸 하기는 하는데, 그래도 아니더라고요. 전부 거의 예전 상태 그대로예요."

유로맨틱인지 무로맨틱인지, 이것도 아직 파악되지 않았다. 애나는 현재 "크러시를 느끼는 친구"와 같이 살고 있고 이게 더없이 환상적이라고, 꿈속에 사는 것만 같다고 말한다. 에너지와 강렬함이 있는 관계라 애나는 이게 성적인 건지 로맨틱한 건지 이따금 자문하다가도 아니라고, 아닌 것 같다고 판단한다. 애나는 내게 이렇게 말한다. "파악은 안 되더군요. 그렇지만 동시에, 모르는 게 점점 더 괜찮아져요." 억지로 알아내려 하지 않는다는 것이다. "알려진 구조가 있는 건 아니에요. 하지만 난 이미 평생을 남들이 구조를 규정하도록 내버려 두고 사람들이 그래야 한다고 경험한 관계의 구조에 맞추려고 용을 쓰면서 살았는걸요." 답을 요구하지 않고 의문을 수용하는 편이, 그 순간 "한계를 정해두지 않고 살아낸 경험" 속에 존재하는 편이 더 낫다. 그냥 그대로 존재할 수 있는 순간에.

## 11. 우리는 어디로 가고, 어디에 있었나?

"내가 섹스보다 좋아하는 걸 읊어보겠습니다." 시인이자 연구자인 캐머런 오쿼드리치Cameron Awkward-Rich가 자작 슬램 시* 「내숭러 선언A Prude's Manifesto」의 운을 뗀다. "읽기, 등대고 누워서 천장 바라보기…… 저렴한 위스키, 파티가 없는 곳으로 멀리멀리 자전거 타고 가기."[1]

이 모든 게 주는 기쁨은 어떤가? 섹스 없이도 찾을 수 있지만 아차상 같은 게 아니라 위력이 동등하거나 심지어는 더 강한 쾌락과 풍부함은 어떤가?

무성애 활동가들은 이런 질문에 모두가 각자의 답을 찾을 수 있는 세상을 만들고자 한다. 우리는 쾌락 형태의 가능성을 확장하고자 한다. (많은 경우 결여로 개념화되는) 무성애가 네거티브 공간이라고 한다면 그 네거티브 공간은 부재의 그림 이상이 될 수 있다고, 그저 섹스를 안 하는 것 이상일수 있다고 생각해야 한다. 그 자체로도 그림일 수 있다. 상이 이리저리 뒤집히는 착시가 생기는 그림. 두 사람의 얼굴이기도 꽃병이기도 한. 펭귄이기도 머리카락 있는 남자이기도

---

\* slam poem. 경연 형식으로 관객 앞에서 자유롭게 낭독하는 시, 경연 무대는 '포에트리 슬램(poetry slam)'이라 부른다.

한. 여자 얼굴이기도 색소폰 부는 남자이기도 한 것. 무성애자의 경험은 강제적 섹슈얼리티가 초래한 협소한 구조의 윤곽을 그려내는 것 이상을 해낸다. 에로티시즘의 다른 형태, 충만함에서 뒤지지 않는 다른 삶의 양식도 더불어 드러낸다. 최소한 그 양식을 품어도 된다고 말해준다.

오퀴드리치의 시를 내게 보여준 사람은 젠더학 연구자 엘라 프리지빌로였다. 프리지빌로 본인도 육욕 너머의 친밀성을 학술적으로 탐구한 저서 『무성애 에로티시즘Asexual Erotics』에 이 시를 사용했다. 오늘날 '에로틱'이라는 단어는 '성애적'이라는 말과 호환되지만, 언제나 이랬던 건 아니다. 플라톤의 『향연』에서는 "에로스가 선을 향한 사랑, 불멸을 향한 욕망, 섹슈얼리티에 닿지만 거기에 묶이지는 않는 신화적·영적인 면으로 드러난다"고 프리지빌로는 쓴다. 에로틱한 것이 성애적인 것에 묶이게 된 계기는 프로이트의 작업이었다. 그러나 "'성애적'이라는 개념으로 다뤄지는 것이 무엇인지 단정하기는 쉽지 않다"[2]는 건 프로이트 본인도 인정했고 다른 학자들도 분명히 했다.

프리지빌로는 (그리고 나를 비롯한 여러 사람은) 프로이트의 대항마로 오드리 로드Audre Lorde를 제시한다. 「에로틱한 것의 활용: 에로틱한 것의 힘에 대하여」[†]에서 로드는 에

---

† Uses of the Erotic: The Erotic as Power. 「성애의 활용: 성애의 힘에 대하여」로 번역되었다. 그러나 이 책의 저자는 에로틱(erotic)을 성애(sexual)보다 광범위한 것으로 제시하므로 기존에 '성애'로 옮겨진 erotic을 '에로틱'으로, sexual과 구분해 옮겼다.

로티시즘을 "육체적이든 정서적이든 영적이든 지적이든 기쁨을 나누는 것"으로 규정한다. 에로틱한 것은 내면의 자원이자 생명력이다. 우리가 서로와 가까워지게 하는 힘, "공유하지 않는 많은 부분을 이해할 토대가 되어줄 다리를 함께하는 사람 사이에 놓고 차이에서 느껴지는 위협을 줄여주는"[3] 그런 힘이다. 비록 "우리가 섹스를 제외한 삶의 긴요한 영역 대부분에서 에로틱한 요구를 분리하도록 배우"[4]기는 하지만 (유대와 창조적 실천, 자기표현의) 에너지는 섹슈얼리티의 영역에만 한정되지 않는다. 이 에너지는 삶의 여러 영역을 채울 수 있는 감각이다.

에로틱한 것을 이렇게, 육욕보다 거대하고 심원한 힘으로 정의하면 무성애자가 삶에서 누릴 수 있는 수많은 것들을 고찰하는 데 결정적인 도움을 준다. 오쿼드리치의 시는 다른 형태의 에로스를 탈환할 강력한 수단이다. 오쿼드리치가 나열한 "섹스보다 좋아하는 것"은 많은 무성애자에게 익숙하다. 반전은 다른 행위를 격상시키면서 수치심을 보이지 않는다는 것이다. 이건 사과문이 아니라 선언문이다.

시애틀에 사는 프로그래머 제임스는 이런 가능성을 서서히 인정하게 되었다. 자신이 무성애자라는 사실을 깨닫자 처음에는 깊고 깊은 상실감이 일었다. 제임스의 말이다. "인간 존재에는 중심이라 할 만한 부분이 있는데 내가 그걸 잘 이해하지 못하고 거기 낄 일도 없겠다는 느낌이었어요. 나는 문제없이 돌아가는 삶을 원했고, 그랬으니 직감에 따르자면 제일 쉬운 길은 '정상적'인 삶을 사는 거였죠."

구멍 하나가 뚫려 있었고, 제임스는 이걸 채워야 했다. "사람들에게 섹스가 그렇게 중요하다고 하니까 나는 무엇을 유성애자가 섹스를 느끼듯이 느낄까 하는 생각이 들더군요. 내가 그 느낌을 적극적으로 찾으려면 어떻게 해야 할까요?" 요리도 방법이다. 요리법 하나를 잡고 스웨덴식 미트볼 같은 요리를 '흠잡을 곳 없는 최적의 방법'에 이를 때까지 되풀이해 만들어보면서 최선의 형태를 찾는 것이다. 창의력을 발휘해 그 구멍을 메울, 자신이 좋아하는 삶을 여전히 살아갈 능력을 기르자 제임스는 '정상'의 중요성에 덜 집착할 수 있었다. 제임스는 3년 전만 해도 선택권이 있었다면 유성애자가 되는 편을 선택했을 것이다. 지금은 그 선택을 하지 않을 것이다.

작가 줄리 손드라 데커는 또 다른 관점을 제시한다. 줄리의 말이다. "나는 삶에서 다른 걸 우선으로 생각해요. 창의적이고 활동적으로 살고 내가 속한 공동체에서 유대를 느끼죠. 근데 그게 '섹스를 안 하는 것'에 대한 반작용은 아니에요." 줄리의 삶은 언제나 온전했다. 유성애자 작가들이 무성애자 캐릭터를 창조하려고 줄리에게 조언을 구하면 줄리는 "섹스 부분만 빠졌다 뿐 '전형적인' 사람이랑 같은" 캐릭터는 쓰지 말라고 경고한다. 무성애자는 조각 하나가 빠진 퍼즐이 아니다. 모든 사람은 제각기 완전한 퍼즐이다.

차이는 선물이 될 수 있다. 무성애자로 존재한다는 건 대인 관계의 과한 감정 소모를 줄이고 관계를 둘러싼 사회적 규범에서 더 자유로워진다는 뜻이 될 수 있다. 열정이 솟는 다른 활동에 집중할 기회, 섹슈얼리티 때문에 정신이 산만해지는 걸 줄일 기회, 정해진 각본을 깰 기회, 자기만의 모험과 자기만의 가치관을 선택할 기회다. 플로리다에 사는 트랜스 남성 지 밀러는 자신이 많이들 애지중지하는 삶의 한 부분을 놓치고 있다면, 다른 모두는 남이 성적이거나 로맨틱한 흥미를 품었을지 걱정하는 데 시간을 쓰지 않는 기쁨을 놓치고 있다며 너스레를 떤다. 다른 지, 콜로라도에 있는 지 그리플러는 욕정에 저항하는 게 헌터에게 얼마나 쉬웠는지 알고 헌터의 친구들이 했던 말처럼, 무성애 덕에 인생의 '치트키'를 얻었다고 말한다. 이런 말은 우리가 특별한 앎이 결여된 사람들이라는 무성애자들의 흔한 넋두리를 역전한 것이다. 지는 말한다. "무성애는 우리가 서로와 어떻게 함께하고 싶은지를 바라보는 다른 길일 뿐이에요. 인간이 서로를 보는 방식을, 우리가 관계에 가치를 두는 다양한 방식을 아주 솔직하게 대하는 한 가지 길이죠."

무성애에 관한 이해가 부족했기에 사람들이 로맨스를 놓고 불안해하며 관계를 이어갈 방법을 질문하게 된 것은 사실이다. 무성애 덕에 지는 은근히 기대되는 섹스라는 부담을 내려놓고 더 친밀한 우정을 쌓을 수 있기도 했다. 무성애로 가는 길에서 지는 데이트나 섹스가 관계를 맺는 더 우월한 방법이기라도 한 양 사이가 가까운 두 사람이 무조건 데이트나 섹스를 시도해야 한다는 생각을 거부할 수 있었다. 무성애자의 관점은 다른 유형의 친밀성을 예찬한다. 각자의 방식대로 삶을 꾸리는 데 없어서는 안 될 상상력과 의지를 모두 길러준다.

무성애자로 존재하면 이렇듯 강력한 새 관점을 얻을 수 있는데, 무성애가 꽁꽁 감춰져 있으면 틀의 힘은 제한적이 된다. 무성애를 알게 되고 이를 주장하는 것으로 변화가 일어날 수도 있지만, 강제적 섹슈얼리티 자체를 해체하지 않는 한 세상은 무성애자에게 (아니, 그 누구에게도) 안전하고 긍정적인 장소가 아닐 것이다. 강제적 섹슈얼리티는 모든 사람이 따라오기를 기다렸다가 새로 시작하는 방식으로 해체하는 게 아니다. 구조적 변화를 위해 싸워서 해체해야 한다.

강제적 섹슈얼리티에 맞선다는 말은 모든 걸 반드시 탈성화해야 한다는 뜻이 아니라 반대쪽의 권리도 우선순위에 올려야 한다는 의미다. 웨이크포리스트 대학의 연구자 크리스티나 굽타가 쓰듯 "성적인 사람과 성적인 관계에 공으로 붙은 특권에 이의를 제기하고 …… 성적이지 않은 사람과 성적이지 않은 관계에 가해지는 차별을 철폐"[5]한다는 의미다. 질병의 언어를 사용해 욕구 증진제를 판매하는 제약회사에 반대하기. 다양한 무성애자 캐릭터와 주제가 있는 책과 영화를 더 많이 창작하기. 성적 끌림의 부재가 병이라는 생각을 당연시하지 말라고 상담사와 의사에게 알리기(동시에 질병을 대하는 비장애중심적 믿음을 고수하지도 않기). 결혼법에서 연애 정상성을 제거하기. 무성애는 성교육에서도 이야기되어야 한다. 성적 끌림이 끝까지 안 생겨도 괜찮다는 점을 학생들에게 간단히 알려주기만 해도 된다. 동의를 대하는 무성애자의 관점은 보편의 관심사가 되어야만 한다.

무성애 운동은 지난 10년간 성장해 왔다. 무성애 가시화 주간은 새크라멘토에 기반을 둔 활동가 세라 베스 브룩스Sara Beth Brooks의 기획으로 2010년에 처음 열렸다. 세라 베스는 이십 대 초반에 약혼했으나 당시 자신이 약혼자와 섹스하기를 원치 않는다는 걸 알았고, 상담을 받으며 성적 충동을 높여줄 호르몬을 맞아야 하는 상황에 이르렀다. 호르몬은 효과가 없었다. 어느 밤, 키스 없이 결혼식을 마칠 방법을 검색하던 중("주먹을 맞부딪쳐도 되지 않을까?") 세라 베스는 우연히 에이븐을 발견했고, 거기 있는 내용을 읽으며 우느라 밤을 지새웠다. 그게 세라 베스의 삶을 바꿨다.

십 대에 양성애자로 정체화한 세라 베스는 LGBTQ+ 운동에 진작 발을 담그고 있었고 캘리포니아의 동성 결혼 금지법에 반대하는 행진을 기획한 적도 있었다. 다른 성소수자에게 손을 내미는 건 이런 일의 자연스러운 연장 같았다. 손에 쥔 거라고는 웹사이트 하나뿐인 무성애자 아이들과 자원을 나누는 현실적인 문제이기도 했다. 더 많은 전문가와 실제 공간을 보유한 다른 LGBTQ+ 공동체와 협력하면 무성애자 아이들에게도 지원이 돌아갈 것이었다.

비영리 단체 '에이섹슈얼 아웃트리치Asexual Outreach'의 최고 관리자인 브라이언 랭어빈Brian Langevin은 요즘 무성애자 및 무로맨틱 지역 공동체들을 전국적인 네트워크로 조직하고 학교와 LGBTQ+ 기관에 자원과 교육을 제공한다. 랭어빈은 교사와 학생 조직장, 성교육 담당자와 다른 교직원들이 활용할 수 있는 도구로 『무성애자를 포용하는 고등학교를 위한 안내서Ace Inclusion Guide for High Schools』를 고안하기도 했다. 한편 (뉴욕 시의원 대니얼 드롬의 입법 담당관이자 정계에서 커밍아웃한 몇 안 되는 무성애자 중 한 명인) 서배스천 매과이어는 이곳 인권법에서 지정하는 보호 대상 범주에 무성애자를 추가하는 입법안을 통과시키는 데 힘을 보탰고, 조사 양식에 무성애자라는 선택지를 포함시켰다.

이런 진전이 있었다고는 해도 강제적 섹슈얼리티는 어디서나 통하는 용어가 아니며, 공동체 안팎에서 해야 할 일은 더 있다. 무성애 공동체는 유색인과 장애인을, 순정이 아닌 모두를 더 환영해야 한다. 무성애 경험의 다양성은 힘이며, 다른 경험과 정체성의 다양성은 힘을 더할 따름이다. 연령대가 높은 무성애자에게 손을 내밀고 나이 든 무성애자가 맞닥뜨릴 법한 문제를 더 고민하는 것은 공동체를, 그리고 도움을 받을 만한 사람들의 삶을 더 풍요롭게 하는 또 다른 방법이다. 고연령자는 무성애 자체를 알지 못할 가능성이 크고, 설사 무성애자로 정체화했다고 해도 온라인과 오프라인 모임 어느 쪽에도 속하지 못한다고 느끼는 경우가 잦다.

세상에는 대체로 "생물학적 용어로 쓰는 '무성애'가 아직 더 널리 알려져 있다."는 게 세라 베스의 말이다. 세라 베스가 생각하기에 무성애자들은 자신이 '엘런 효과'*와 '러번 효

---

* 미국의 유명 방송인이자 레즈비언인 엘런 디제네러스(Ellen DeGeneres).

과'*라고 부르는 일이 일어날 순간을 기다리고 있다. 사람들이 이미 알고 사랑하는 인물(유명인)이 운동을 대변해 주는 게 무성애자를 위해 필요하다는 것이다. 그래야 운동도 무성애 입문 같은 기초적 단계를 넘어 사회를 모두에게 더 나은 곳으로 변화시키는 한층 야심 찬 과제를 향해 나아갈 수 있을 것이다. 그 순간이 오기 전까지, 많은 승리는 비교적 개인적일 것이다.

에이븐을 시작한 데이비드 제이는 본인이 기억하는 한에서는 늘 아이들에게 둘러싸여 있었다. 여동생이 태어났을 때 두 살이었던 데이비드는 아직 글을 읽을 줄 몰라서 어른이 읽어준 책을 그대로 외워 동생에게 '낭독'해 줬다. 한쪽으로는 사촌 열두 명 사이에서 맏이, 다른 쪽으로는 사촌 스물네 명 사이에서 셋째였으니 가족 행사에서 데이비드는 언제나 '아기 군단'을 돌보았다.

대학을 마친 지 얼마 되지 않았던 어느 날 데이비드는 베이 지역에서 대중교통을 타고 가다가 퀴어 친화적인 입양 사업 광고를 발견했다. 자신이 아기를 키우고 싶어 한다는 깨달음이 퍼뜩 닥쳤지만 그걸 어떻게 할지는 전혀 감이 오지 않았다. 아이 없이 나이 들어가는 건, 그렇게 살아가는 건 상상하기 어려웠다. 자기가 아이를 어떻게 가질지 상상하기도 똑같이 어려웠다.

***

* 미국의 유명 배우이자 트랜스 여성인 러번 콕스(Laverne Cox).

아이를 만드는 건 전혀 문제가 아니었다. 문제는 아이를 키운다는 일생의 과제를 지탱할 만큼 헌신적인 관계를 어떻게 시작하면 좋을지 모른다는 것이었다. 에이븐을 시작하던 2000년대 초 십 대였던 데이비드는 무성애 홍보대사이자 무성애의 얼굴로 순식간에 낙점되었고, 데이비드의 선택은 오랜 시간 더 어린 무성애자에게 본보기가 되었다. 좋든 싫든 많은 이에게 데이비드는 솔선해 길을 이끄는 선배에 제일 근접한 인물이었지만, 그때까지 데이비드는 당연하게도 그런 선배 없이 자기 삶의 길을 스스로 찾아오고 있었다. 데이비드와 무성애자 공동체가 나이를 먹으며 새로운 단계에 들어서면 늘 새로운 질문이 솟아났다. 이번 질문은 성적 끌림의 기본적인 내용이 아니라 육아와 가정생활을 묻는 것이었다.

"그쯤 되니까 말이죠." 데이비드가 말하는 건 이십 대 초였다. "상대에게 로맨틱한 관계나 성적인 관계가 생기는 대로 나랑 맺고 있던 인간관계는 다 밀려나더라고요." 장기적인 동반자로 살자는 계획을 이야기했던 친구 다수는 엘리자베스 브레이크가 비판했던 연애 정상성의 각본에 쉽사리 빠져들면서 삽시에 약속을 저버렸다. "어느 정도는 무로맨틱"이었던 데이비드는 "안정적이고 의지가 되는 관계를 만들 수 있으면 좋겠는데 내가 맺는 관계는 기능적으로 그렇지 않다는 걸 똑똑히 자각한 채로" 남겨졌다. 관계부터가 그렇게 난관이라면 육아는 까마득한 일로 느껴졌다. 데이비드에게는 위탁과 입양이라는 선택지도, 한부모가 될 의향도 있었지만, 우선 데이비드는 아이를 같이 키울 사람을 찾아보고 싶었다.

　데이비드의 친구 에이버리와 지크는 2014년 결혼하면서 주례 비슷한 역할을 데이비드에게 부탁했다. 비영리 단체 설립자 에이버리를 데이비드가 만난 건 4년 전 한 소셜 임팩트 콘퍼런스에서였다. 두 사람 모두 더 나은 공동체를 만들려면 어떻게 해야 하냐는 질문에 골몰해 있었고 그 작업이 어떤 형태를 띨 수 있을지로 긴긴 대화를 나눴다. 에이버리를 통해 데이비드는 지크를 알게 되었다. 에너지와 기후과학 전문가이자 재미 삼아 공공 기후 데이터 세트에 뛰어들었다가 그 분야의 최전선에 이르게 된 인물이었다. "이 사람들과는 일이랑 지적인 면에서 결이 정말 잘 맞는다는 느낌이었어요." 사려 깊은 두 사람을 데이비드는 이렇게 이야기한다.

　데이비드는 뉴욕으로 이사하면서 에이버리와 지크를 만났던 샌프란시스코에서 멀어졌지만 세 사람은 계속 가까운 사이로 지냈고, 결국 데이비드는 1년에 몇 번씩 비행기를 타고 둘을 만나러 예전 동네로 갔다. 그렇게 만나러 간 2015년의 어느 날 에이버리와 지크는 아이를 가질 생각이라는 이야기를 데이비드에게 꺼냈다. "여러 사람이 함께하기를 진심으로 바라고 있어." 두 사람은 말했다. "그리고 누구보다도 네가 함께했으면 해."

　관습에 얽매이지 않는 구상이었다. 세 명이 같이 살면서 같이 육아하기. 데이비드는 에이버리와 지크의 결혼 관계에 속한 건 아니었으나 이 가족에는 속하게 될 것이었다. 동등한 양육자이고, 캘리포니아에서는 양육자가 셋인 입양이 합법이었기에 법적으로도 그럴 것이었다. 2017년 새해 첫날, 에이버리는 자신이 임신했다는 걸 알게 되었다.

그해 5월 데이비드는 캘리포니아로 돌아가 에이버리, 지크와 살림을 합쳤다. 출산 수업을 들었고 8월에 옥타비아, 짧게 태비라고 부르는 아기가 태어날 때도 분만실에 함께 들어갔다. 네 사람은 샌프란시스코 팬핸들 파크 근처 뒷마당에 녹음이 울창한 예쁜 집에서 함께 살았다. 2018년 초에 내가 갔을 때 데이비드는 직접 찍어 모은 딸 사진을 보여줬다. 달마다 한 장씩 찍은 사진에서 태비는 날 때부터 갖고 놀았던 외뿔고래 봉제 인형 코닐리어스를 옆에 두고 같은 자세를 취하고 있었다. 거실에서는 (지크를 아빠, 데이비드를 빠빠라고 부르는) 태비가 에이버리에게서 데이비드 쪽으로 아장아장 걸어갔고 데이비드는 태비를 안아 올려 어깨에 태웠다.

삶이 달라지기는 했지만, 전체적으로 양육자 생활은 데이비드의 생각보다 수월하고 유연하게 느껴진다. 에이버리와 지크, 데이비드는 일정표를 공유하고 주간으로 계획 회의를 한다. 데이비드 말로는 "안부를 확인하고 서로에게 고맙다고 하는 게 20%", 요리와 육아, 청소를 "효율적으로 해낼 계획을 짜는 게 80%"다. 육아의 짐을 짊어질 세 번째 사람이 있으니 편리하고, 명시적으로 계획을 세우니 별다른 논의 없이 성 역할을 따라 노동이 스리슬쩍 불평등하게 분배될 수 있는 두 이성애자 양육자의 방식보다 육아가 훨씬 평등해진다.

요즘 데이비드는 싱글이라서, 폴리아모리라서, 혹은 로맨틱 끌림이나 성적 끌림과는 무관하게 누군가와 아이를 같이 키우고 싶어서 등 여러 이유로 대안적인 양육에 관심이 있는 사람들에게서 종종 연락을 받는다. 무성애자들도 데이비드에게 많이 연락한다. 데이비드의 말이다. "생각은 확고한데 그걸 실현할 길을 못 찾는 사람이 많아요. 아이를 키우고 싶지만 그런 이야기를 하지 않는 사람도 많죠. 새로운 대화는 절대 아니지만, 우리 공동체에서 이야기되기로는 새로운 것 같네요."

데이비드는 초창기 무성애 운동을 일구며 각본을 깨고 틀을 부수는 법을 배웠다. 평생 전형적인 노선을 따를 수 없었던 데이비드는 창의력을 발휘해 다른 선택지를 찾는 법을 스스로 터득했다. 유대감은 원했으나 섹스는 관심 밖이었다. 아이는 원했으나 전통적인 관계는 원하지 않았다. 데이비드는 이 모두를 해내는 한 가지 양식을 찾아냈다.

에이드리언 리치는 강제적 이성애로 레즈비언 가능성이 보이지 않게 되었다고 썼다. 레즈비언 가능성은 "때때로 떠올라 눈에 들어오지만 결국에는 다시 잠기고 마는 에워싸인 대륙"이 되었다. 이성애자 페미니스트가 이성애라는 자연스러운 상태에 의문을 제기하려면 용기가 필요하겠지만, 그 보상은 굉장하리라고 리치는 약속한다. "사고를 해방하기, 새로운 길을 탐색하기, 또 하나의 거대한 침묵을 깨부수기,

사적 관계의 새로운 명료함."[6]

이건 무성애자 해방을 목표로 노력할 때 얻을 수 있는 보상이기도 하다. 무엇이든 강제적이라면 자유의 정반대에 있으므로. '무성애자 해방'은 복잡한 용어다. 무성애가 본질적으로 정치적 진보성을 띠는 건 아니다. 무성애자라고 모두 정치 성향을 진보로 밝히는 건 아니고, 그렇다고 해서 무성애의 정당성이 떨어지는 것도 아니다. 다만 무성애 운동의 목표는 진보적이다. 무성애 운동의 잠재력은 문화 내에서 무성애가 더 가시화되는 것보다 거대하고, 무성애자들이 그 한 가지만 빼면 우리는 다른 사람들과 다를 게 없다고 증명하는 것보다 중요하다. 활동가 CJ 체이신이 말했듯, 무성애자는 한계를 확장한다. 무성애자가 평생 섹스를 안 하는 게 괜찮다고 하면 무성애자가 아닌 사람들이 그렇게 하는 것도 더 너그럽게 수용된다. 무성애자 해방은 모두를 돕는다.

이는 성적 정상 상태와 로맨틱 정상 상태를 거부하고 대신 세심하게 숙고한 성 윤리와 로맨틱 윤리를 택하는 것으로 나타난다. 섹스의 의미는 언제나 변하며 섹슈얼리티의 역사는 복잡하다. 강제적 섹슈얼리티와 무성애는 시간과 장소를 거치며 변해왔다. 또 변할 수 있고 변할 것이다. 목표는, 최소한 내가 생각하는 목표는 언젠가 DSM 기준도 무성애라는 정체성도 필요하지 않게 되는 것이다. (섹슈얼리티에, 로맨틱한 관계에 대해) 좋다고든 싫다고든 모르겠다고든, 강요받지 않고, 해명을 덧붙이지 않고, 그 답에 타당성을 더해줄 공동체를 필요로 하지 않고 쉽게 말할 수 있게 되는 것이다. 성적 다양성이 당연한 게 되고 사회적 각본이 힘을 잃는 것이다. 성이 상품이 되기를 그치는 것이다.

무성애자 해방은 모두가 성적인 것과 로맨틱한 것으로부터의 진정한 자유를 누리는 것을 목표로 한다. 무성애자를 환영하는 사회는 강간 문화, 여성혐오, 인종차별, 비장애중심주의, 동성애 혐오, 트랜스 혐오, 로맨스와 우정을 나누는 위계, 동의를 계약으로 대하는 관념과 절대 나란히 존재할 수 없다. 이 사회는 선택을 존중하고 우리 삶 어디에서나 찾을 수 있는 쾌락을 강조할 것이다. 나는 이 모든 게 가능하다고 믿는다.

## 감사의 말

에이전트 로스 해리스, 감사합니다. 비컨 출판사의 편집자 라키아 클라크와 레이철 마크스에게도 감사드립니다. 마시 반스, 퍼페투아 찰스, 수전 루머넬로, 라켈 피덜, 이저벨라 샌체즈가 있는 비컨 출판사 팀 모두에게 감사를 전합니다. 캐리 프라이, 편집을 환상적으로 이끌어 주셔서 고맙습니다. 이 책에 들어간 인터뷰에 응해준 모두에게 감사합니다. 브레인스토밍을 도와주고, 초고를 읽어주고, 이 과제를 완수하기까지 응원해 준 모두에게 감사합니다.

조니아 앨리, 헤일리 비셀리아마틴, KJ 세런카우스키, CJ 체이신, 아디타 초두리, 제시카 첸, 웨이 첸, 샬럿 크리스토퍼, 앨리스 추, 니콜 청, 릴리 댄시거, 디나 엘거네이디, 로즈 에블레스, 헬레나 피츠제럴드, 제이미 그린, 세라 갈럽, 제시카 리 헤스터, 서브리나 임블러, 지나 커들릭, 데이비드 제이, 줄리 클리그먼, 모건 저킨스, 키아 크라우스, 아이작 루, 메가 마줌다, 팀 맨리, 앨리슨 매키언, 스미사 밀리, 술라그나 미즈라, 켈시 오스굿, 엘라 프리지빌로, 자야 색세나, 코리 스미스, 니나 세인트피어, 레이철 우다, 재커리 왓슨, 마거릿 야우, 제스 지머먼, 세라 조이터먼, 감사합니다.

노아, 고마워. 네 사랑이 모든 걸 바꿨어.

여러분 없이는 해낼 수 없었을 거예요.

## 1. 무성애에 도달하다

1. The Asexuality Visibility and Education Network, https://asexuality.org/.

2. Abigail van Buren, "Dear Abby: Condolences Better Late than Never," *Monterey Herald, syndicated in Maui News*, September 16, 2013, https://www.montereyherald.com/2013/09/16/dear-abby-condolences-better-late-than-never/.

3. Andrew C. Hinderliter, "Methodological Issues for Studying Asexuality," *Archives of Sexual Behavior 38*, no. 5 (2009): 620, https://doi.org/10.1007/s10508-009-9502-x.

## 2. 성적 끌림이 없다는 것

1. Donna J. Drucker, "Marking Sexuality from 0–6: The Kinsey Scale in Online Culture," *Sexuality & Culture 16*, no. 3 (September 2012): 243–46, https://doi.org/10.1007/s12119-011-9122-1.

2. Alfred C. Kinsey, Wardell B. Pomeroy, and Clyde E. Martin, *Sexual Behavior in the Human Male* (Philadelphia and London: W. B. Saunders, 1948), 656.

3. Julie Kliegman, "How Zines Paved the Way for Asexual Recognition," *them.*, November 6, 2019, https://www.them.us/story/asexual-zines.

4. Andrew C. Hinderliter, "The Evolution of Online Asexual Discourse," PhD diss., University of Illinois at Urbana–Champaign, 2016.

5. Hinderliter, "The Evolution of Online Asexual Discourse."

6. Andrew C. Hinderliter, "How Is Asexuality Different

from Hypoactive Sexual Desire Disorder?," *Psychology and Sexuality* 4, no. 2 (2013): 171–73, https://doi.org/10.1080/19419899.2013.774165.

7. Hinderliter, "How Is Asexuality Different?" 172.

8. Lori A. Brotto and Morag A. Yule, "Physiological and Subjective Sexual Arousal in Self-Identified Asexual Women," *Archives of Sexual Behavior* 40, no. 4 (August 2011): 699–712, https://doi.org/10.1007/s10508-010-9671-7.

9. David Jay, "#10—The Masturbation Paradox," *Love from the Asexual Underground*, September 26, 2006, http://asexualunderground.blogspot.com/2006/09/10-masturbation-paradox.html.

10. C. J. Chasin, "Asexuality and Re/Constructing Sexual Orientation," in *Expanding the Rainbow: Exploring the Relationships of Bi+, Polyamorous, Kinky, Ace, Intersex, and Trans People*, ed. Brandy L. Simula et al. (Boston: Brill, 2019).

## 3. 욕정이 보편적이라는 믿음

1. Adrienne Rich, "Compulsory Heterosexuality and Lesbian Existence," *Signs* 5, no. 4 (Summer 1980): 631–60, https://doi.org/10.1080/09574049008578015.

2. Rich, "Compulsory Heterosexuality and Lesbian Existence."

3. L. Kann, "Youth Risk Behavior Surveillance—United States, 2015," *MMWR Surveillance Summaries* 63, no. 4 (June 10, 2016), https://www.cdc.gov/healthyyouth/data/yrbs/pdf/2015/ss6506_updated.pdf.

4. J. M. Twenge, R. A. Sherman, et al. "Declines in Sexual Frequency among American Adults, 1989–2014," *Archives of Sexual Behavior* 46, no. 8 (November 2017): 2389, https://doi.org/10.1007/s10508-017-0953-1.

5. Kate Julian, "Why Are Young People Having So Little Sex?," *Atlantic*, December 2018, https://www.theatlantic.com/magazine/

archive/2018/12/the-sex-recession/573949.

6. Jake Novak, "America's Sex Recession Could Lead to an Economic Depression," *CNBC*, October 25, 2019, https://www.cnbc.com/2019/10/25/americas-sex-recession-could-lead-to-an-economic-depression.html.

7. Novak, "America's Sex Recession Could Lead to an Economic Depression."

8. Alessandra Potenza, "People Are Having Less Sex—Maybe Because of all Our Screen Time," *Verge*, March 11, 2017, https://www.theverge.com/2017/3/11/14881062/americans-sexual-activity-decline-study-happiness-internet-tv.

9. Tara Bahrampour, "'There Really Isn't Anything Magical about It': Why More Millennials Are Avoiding Sex," *Washington Post*, August 2, 2016, https://www.washingtonpost.com/local/social-issues/there-isnt-really-anything-magical-about-it-why-more-millennials-are-putting-off-sex/2016/08/02/e7b73d6e-37f4-11e6-8f7c-d4c723a2becb_story.html.

10. Rachel Hills, *The Sex Myth: The Gap between Our Fantasies and Reality* (New York: Simon & Schuster, 2015), 15–16.

11. Sophie Gilbert, "How Hugh Hefner Commercialized Sex," *Atlantic*, September 28, 2017, https://www.theatlantic.com/entertainment/archive/2017/09/how-hugh-hefner-commercialized-sex/541368.

12. Caroline Bauer, Tristan Miller, et al., "The 2016 Asexual Community Survey Summary Report," Ace Community Survey, November 15, 2018, https://asexualcensus.files.wordpress.com/2018/11/2016_ace_community_survey_report.pdf.

13. Alan D. DeSantis, *Inside Greek U*: Fraternities, Sororities, and the Pursuit of Power, Pleasure, and Prestige (Lexington: University Press of Kentucky, 2007), 43–44.

14. Kim Parker, Juliana Menasce Horowitz, and Renee Stepler, "On Gender Differences, No Consensus on Nature vs. Nurture," Pew Research Center, December 5, 2017, https://www.pewsocialtrends

.org/2017/12/05/on-gender-differences-no-consensus-on-nature-vs-nurture/#millennial-men-are-far-more-likely-than-those-in-older-generations-to-say-men-face-pressure-to-throw-a-punch-if-provoked-join-in-when-others-talk-about-women-in-a-sexual-way-and-have-many-sexual-par.

15. C. Brian Smith, "When Having Sex Is a Requirement for Being Considered 'A Real Man,'" *MEL Magazine*, 2018, https://melmagazine.com/en-us/story/when-having-sex-is-a-requirement-for-being-considered-a-real-man.

16. Ela Przybylo, "Masculine Doubt and Sexual Wonder: Asexually-Identified Men Talk About Their (A)sexualites," in *Asexualities: Feminist and Queer Perspectives*, ed. Megan Milks and KJ Cerankowski (New York: Routledge, 2014), 225–46.

17. Pryzyblo, "Masculine Doubt and Sexual Wonder."

18. Alim Kheraj, "Not Every Gay Man Is DTF," *GQ*, April 5, 2018, https://www.gq.com/story/not-every-gay-man-is-dtf.

19. Pryzyblo, "Masculine Doubt and Sexual Wonder."

20. Peter Baker, "The Woman Who Accidentally Started the Incel Movement," *Elle*, March 1, 2016, https://www.elle.com/culture/news/a34512/woman-who-started-incel-movement.

21. Marc Lamoureux, "This Group of Straight Men Is Swearing Off Women," *Vice*, September 24, 2015, https://www.vice.com/en_us/article/7bdwyx/inside-the-global-collective-of-straight-male-separatists.

22. Olivia Solon, "'Incel': Reddit Bans Misogynist Men's Group Blaming Women For Their Celibacy," *Guardian*, November 8, 2017, https://www.theguardian.com/technology/2017/nov/08/reddit-incel-involuntary-celibate-men-ban.

23. Ian Lovett and Adam Nagourney, "Video Rant, Then Deadly Rampage in California Town," *New York Times*, May 24, 2014, https://www.nytimes.com/2014/05/25/us/california-drive-by-shooting.html.

24. Gianluca Mezzofiore, "The Toronto Suspect Apparently Posted about an 'Incel Rebellion.' Here's What That Means," CNN, April 25, 2018, https://edition.cnn.com/2018/04/25/us/incel-rebellion-alek-minassian-toronto-attack-trnd/index.html.

25. Fox News, "Asexuality a Sexual Orientation?," August 21, 2012, https://video.foxnews.com/v/1797282177001.

26. Fox News, "Asexuality a Sexual Orientation?"

27. Fox News, "Asexuality a Sexual Orientation?"

28. Michel Foucault, *The History of Sexuality, Vol. 1* (New York: Random House, 1978), 19–23.

## 4. 페미니즘의 이름으로 널 해방할게

1. Rebecca Traister, "Why Consensual Sex Can Still Be Bad," *The Cut*, October 20, 2015, https://www.thecut.com/2015/10/why-consensual-sex-can-still-be-bad.html.

2. Nan D. Hunter, "Contextualizing the Sexuality Debates: A Chronology 1966–2005," in *Sex Wars: Sexual Dissent and Political Culture (10th Anniversary Edition)*, ed. Lisa Duggan and Nan D. Hunter (New York: Routledge, 2006), 22, 23.

3. Lisa Duggan, "Censorship in the Name of Feminism," *Sex Wars: Sexual Dissentand Political Culture (10th Anniversary Edition)*, ed. Lisa Duggan and Nan D. Hunter (New York: Routledge, 2006), 32.

4. Hunter, "Contextualizing the Sexuality Debates," 23–24.

5. Ellen Willis, "Lust Horizons: Is the Women's Movement Pro-Sex?" *No More Nice Girls: Countercultural Essays* (Minneapolis: University of Minnesota Press, 2012), 6–8.

6. Chloe Hall, "It's 2019 And Women Are Horny As Heck," *Elle*, January 24, 2019, https://www.elle.com/culture/a26006074/women-horny-2019.

7. Tracy Egan Morrissey, "The Year Women Got 'Horny,'" *New York Times*, December 13, 2019, https://www.nytimes.com/2019/12/13/

style/horny-women.html.

8. "Totally Soaked," *The Cut*, 2019. https://www.thecut.com/tags/totally-soaked.

9. Framboise, "No True Sex Positive Feminist," *The Radical Prude*, March 25, 2012, https://radicalprude.blogspot.com/2012/03/no-true-sex-positive-feminist.html.

10. Framboise, "No True Sex Positive Feminist."

11. Gayle Rubin, "Thinking Sex: Notes for a Radical Theory of the Politics of Sexuality," in *Pleasure and Danger: Exploring Female Sexuality*, ed. Carole S. Vance (Boston: Routledge & Kegan Paul, 1984), 267–311.

12. Elisa Glick, "Sex Positive: Feminism, Queer Theory, and the Politics of Transgression," *Feminist Review*, no. 64 (Spring 2000): 19–45, www.jstor.org/stable/1395699.

13. Yasmin Nair, "Your Sex Is Not Radical," *Yasmin Nair*, June 27, 2015. http://yasminnair.net/content/your-sex-not-radical.

14. Rubin, "Thinking Sex."

15. Glick, "Sex Positive."

16. Rafia Zakaria, "Sex and the Muslim Feminist," *New Republic*, November 13, 2015, https://newrepublic.com/article/123590/sex-and-the-muslim-feminist.

17. Zakaria, "Sex and the Muslim Feminist."

18. Nair, "Your Sex Is Not Radical."

19. Breanne Fahs, "'Freedom To' and 'Freedom From': A New Vision for Sex-Positive Politics," *Sexualities* 17, no. 3 (2014): 267–90, https://doi.org/10.1177/1363460713516334.

20. Julian, "Why Are Young People Having So Little Sex?"

21. Emily Bazelon, "The Return of the Sex Wars," *New York Times Magazine*, September 10, 2015, https://www.nytimes.com/2015/09/13/magazine/the-return-of-the-sex-wars.html.

22. Fahs, "'Freedom To' and 'Freedom From.'"

23. Lisa Downing, "What Is 'Sex-Critical' and Why Should We Care about It?," *Sex Critical*, July 27, 2012, http://sexcritical.co.uk/2012/07/27/what-is-sex-critical-and-why-should-we-care-about-it.

## 5. 인종의 편견 아래

1. Asexual Census, "A History of Previous Ace Community Surveys," https://asexualcensus.wordpress.com/faq/a-history-of-previous-ace-community-surveys.

2. Caroline Bauer et al., *The 2016 Asexual Community Survey Summary Report* (November 15, 2018), https://asexualcensus.files.wordpress.com/2018/11/2016_ace_community_survey_report.pdf.

3. Bauer et al., *The 2016 Asexual Community Survey Summary Report*.

4. Combahee River Collective, "The Combahee River Collective Statement," 1977, https://americanstudies.yale.edu/sites/default/files/files/Keyword%20Coalition_Readings.pdf.

5. Kimberlé Crenshaw, "Demarginalizing the Intersection of Race and Sex: A Black Feminist Critique of Antidiscrimination Doctrine, Feminist Theory, and Antiracist Politics," *University of Chicago Legal Forum* 1989, no. 1, article 8 (1989), http://chicagounbound.uchicago.edu/uclf/vol1989/iss1/8.

6. Pauline E. Schloesser, *The Fair Sex: White Women and Racial Patriarchy in the Early American Republic* (New York: New York University Press, 2002), 54.

7. Andrea Lim, "The Alt-Right's Asian Fetish," *New York Times*, January 6, 2018, https://www.nytimes.com/2018/01/06/opinion/sunday/alt-right-asian-fetish.html.

8. Craig Kilborn, "Sebastian, the Asexual Icon," *The Late Late Show with Craig Kilborn*, CBS, https://www.youtube.com/watch?v=YdlVAvjvKec and: https://www.youtube.com/watch?time_continue=34&v=8-tUM1FZH7U&feature=emb_logo.

9. Sara Ghaleb, "Asexuality Is Still Hugely Misunderstood. TV Is Slowly Changing That," *Vox*, March 26, 2018, https://www.vox.com/culture/2018/3/26/16291562/asexuality-tv-history-bojack-shadowhunters-game-of-thrones.

10. *Game of Thrones*, "The Laws of Gods and Men," season 4, episode 6, May 11, 2014, https://www.youtube.com/watch?v=YK8zhFnsBGA.

11. *BoJack Horseman*, "Stupid Piece of Sh*t," season 4, episode 6, September 8, 2017.

12. Anthony F. Bogaert, "Asexuality: Prevalence and Associated Factors in a National Probability Sample," Journal of Sex Research 41, no. 3 (August 2004): 279–87, www.jstor.org/stable/4423785.

13. GLAAD Media Institute, "Where We Are On TV: 2019–2020," https://www.glaad.org/sites/default/files/GLAAD%20WHERE%20WE%20ARE%20ON%20TV%202019%202020.pdf.

14. Carlos Aguilar, "*BoJack Horseman's Biggest Mystery*: Is Todd Supposed to Be Latino?" *Vulture*, September 19, 2018, https://www.vulture.com/2018/09/bojack-horseman-todd-chavez-latino.html.

15. Adrienne Green, "How Black Girls Aren't Presumed to Be Innocent," *Atlantic*, June 29, 2017, https://www.theatlantic.com/politics/archive/2017/06/black-girls-innocence-georgetown/532050.

16. Ianna Hawkins Owen, "On the Racialization of Asexuality," in *Asexualities: Feminist and Queer Perspectives*, ed. KJ Cerankowski and Megan Milks (New York: Routledge, 2014).

17. Sherronda J. Brown, "Black Asexuals Are Not Unicorns, There Are More of Us Than We Know," *Black Youth Project*, October 25, 2019, http://blackyouthproject.com/black-asexuals-are-not-unicorns-there-are-more-of-us-than-we-know.

18. Akwaeke Emezi, "This Letter Isn't For You: On the Toni Morrison Quote That Changed My Life," *them.*, August 7, 2019, https://www.them.us/story/toni-morrison.

## 6. 아플 때나 건강할 때나

1. Katherine Angel, "The History of 'Female Sexual Dysfunction' as a Mental Disorder in the 20th Century," *Current Opinion in Psychiatry* 23, no. 6 (November 2010): 536–41, https://doi.org/10.1097/YCO.0b013e32833db7a1.

2. American Psychiatric Association, *Diagnostic and Statistical Manual of Mental Disorders: Fifth Edition* (Arlington, VA: American Psychiatric Association, 2013), 433, 440.

3. Lori A. Brotto, "The DSM Criteria for Hypoactive Sexual Desire Disorder in Women," *Archives of Sexual Behavior* 39, no. 2 (April 2010): 221–39, https://doi.org/10.1007/s10508-009-9543-1.

4. Peter M. Cryle and Alison M. Moore, *Frigidity: An Intellectual History* (New York: Palgrave Macmillan, 2011), 47.

5. Rossella E. Nappi et al., "Management of Hypoactive Sexual Desire Disorder in Women: Current and Emerging Therapies," *International Journal of Women's Health 2010*, no. 2 (August 2010): 167–75, https://doi.org/10.2147/ijwh.s7578.

6. Kristina Gupta and Thea Cacchioni, "Sexual Improvement as If Your Health Depends on It: An Analysis of Contemporary Sex Manuals," *Feminism & Psychology 23*, no. 4 (2013): 442–458, https://doi.org/10.1177/0959353513498070.

7. Jonathan M. Metzl, "Why 'Against Health'?" in *Against Health: How Health Became the New Morality*, ed. Jonathan M. Metzl and Anna Kirkland (New York: New York University Press, 2010), 2.

8. Laura Gilbert, "FDA Panel Rejects P&G Female Sex-Drive Patch," *MarketWatch*, December 2, 2014, https://www.marketwatch.com/story/fda-panel-rejects-pgs-female-sex-drive-patch.

9. Brigid Schulte, "From 1952–2015: The Path to 'Female Viagra' Has Been a Rocky One," *Washington Post*, August 18, 2015, https://www.washingtonpost.com/news/to-your-health/wp/2015/08/17/female-viagra-could-get-fda-approval-this-week.

10. Gardiner Harris, "Pfizer Gives Up Testing Viagra on Women," *New York Times*, February 28, 2004, https://www.nytimes.com/2004/02/28/business/pfizer-gives-up-testing-viagra-on-women.html.

11. Andrew Pollack, "F.D.A. Approves Addyi, a Libido Pill for Women," *New York Times*, August 18, 2015, https://www.nytimes.com/2015/08/19/business/fda-approval-addyi-female-viagra.html.

12. T. S. Sathyanarayana Rao and Chittaranjan Andrade, "Flibanserin: Approval of a Controversial Drug For A Controversial Disorder," *Indian Journal of Psychiatry*, 57, no. 3 (2015): 221–23, https://doi.org/10.4103/0019-5545.166630.

13. Jennifer Block and Liz Canner, "The 'Grassroots Campaign' for 'Female Viagra' Was Actually Funded by Its Manufacturer," *The Cut*, September 8, 2016, https://www.thecut.com/2016/09/how-addyi-the-female-viagra-won-fda-approval.html.

14. Katie Thomas and Gretchen Morgenson, "The Female Viagra, Undone by a Drug Maker's Dysfunction," *New York Times*, April 9, 2016, https://www.nytimes.com/2016/04/10/business/female-viagra-addyi-valeant-dysfunction.html.

15. Katie Thomas, "New Sex Drug for Women to Improve Low Libido Is Approved by the F.D.A.," *New York Times*, June 21, 2019, https://www.nytimes.com/2019/06/21/health/vyleesi-libido-women.html.

16. Thomas, "New Sex Drug for Women to Improve Low Libido Is Approved by the F.D.A."

17. Richard Balon, "The DSM Criteria of Sexual Dysfunction: Need for a Change," *Journal of Sex & Marital Therapy 34*, no. 3 (2008): 186–97, doi:10.1080/00926230701866067.

18. Andrew C. Hinderliter, "How Is Asexuality Different from Hypoactive Sexual Desire Disorder?," *Psychology and Sexuality 4*, no. 2 (2013): 171–73, doi.org/10.1080/19419899.2013.774165.

19. American Psychiatric Association, *Diagnostic and Statistical Manual*

of *Mental Disorders: Fifth Edition* (Arlington, VA: American Psychiatric Association, 2013), 434, 443.

20. Grace Medley et al., "Sexual Orientation and Estimates of Adult Substance Use and Mental Health: Results from the 2015 National Survey on Drug Use and Health," SAMHSA, https://www.samhsa.gov/data/sites/default/files/NSDUH-SexualOrientation-2015/NSDUH-SexualOrientation-2015/NSDUH-SexualOrientation-2015.htm.

21. Hinderliter, "How Is Asexuality Different from Hypoactive Sexual Desire Disorder?"

22. Mikala Jamison, "Horny Pens for All," *Outline*, December 30, 2019, https://theoutline.com/post/8481/every-woman-deserves-to-try-vyleesi-aka-the-horny-pen-if-she-wants.

23. Lori Brotto et al., "Asexuality: An Extreme Variant of Sexual Desire Disorder?" *Journal of Sexual Medicine 12*, no. 3 (March 2015): 646–60, https://doi.org/10.1111/jsm.12806.

24. Neel Burton, "When Homosexuality Stopped Being a Mental Disorder," *Psychology Today*, September 18, 2015, https://www.psychologytoday.com/us/blog/hide-and-seek/201509/when-homosexuality-stopped-being-mental-disorder.

25. Oliver Wendell Holmes and Supreme Court of the United States, U.S. Reports: Buck v. Bell, 274 U.S. 200 (1927), Library of Congress, https://www.loc.gov/item/usrep274200.

26. Adam Cohen, *Imbeciles: The Supreme Court, American Eugenics, and the Sterilization of Carrie Buck* (New York: Penguin Books, 2016), 6–10, 26–39.

27. Paul Lombardo, *Three Generations, No Imbeciles: Eugenics, the Supreme Court, and Buck v. Bell* (Baltimore: Johns Hopkins Press, 2010), 49.

28. Jules Hathaway, "The Spirit of Buck V. Bell Survives in Our Demonizing of Marginalized Groups," *Bangor Daily News*, April 30, 2017, https://bangordailynews.com/2017/04/30/opinion/

contributors/the-spirit-of-buck-v-bell-survives-in-our-
demonizing-of-marginalized-groups.

29. Eunjung Kim, "Asexuality in Disability Narratives," *Sexualities* 14,
no. 4 (2011): 479–93, https://doi.org/10.1177/1363460711406463.

30. Katharine Quarmby, "Disabled and Fighting for a Sex Life,"
*Atlantic*, March 11, 2015, https://www.theatlantic.com/health/
archive/2015/03/sex-and-disability/386866.

31. Margaret A. Nosek et al., "Sexual Functioning among Women
with Physical Disabilities," *Archives of Physical Medicine
and Rehabilitation* 77 (1996): 107–15, https://doi.org/10.1016
/S0003-9993(96)90154-9.

32. Ariel Henley, "Why Sex Education for Disabled People
Is So Important," *Teen Vogue*, October 5, 2017, https://
www.teenvogue.com/story/disabled-sex-ed.

33. Wendy Lu, "Dating With a Disability," *New York Times*, December
8, 2016, https://www.nytimes.com/2016/12/08/well/family/dating-
with-a-disability.html.

34. Karen Cuthbert, "You Have to Be Normal to Be Abnormal:
An Empirically Grounded Exploration of the Intersection of
Asexuality and Disability," *Sociology* 51, no. 2 (2017): 241–57, doi.o
rg/10.1177/0038038515587639.

35. Cuthbert, "You Have to Be Normal to Be Abnormal."

36. Antonio Centeno and Raúl de la Morena, dirs., *Yes, We Fuck!* 2015.

37. Andrew Gurza, *Disability after Dark*, https://www.stitcher.com/
podcast/andrew-gurza/disabilityafterdark.

38. Maïa de la Baume, "Disabled People Say They, Too, Want a Sex
Life, and Seek Help in Attaining It," *New York Times*, July 4, 2013,
https://www.nytimes.com/2013/07/05/world/europe/disabled-
people-say-they-too-want-a-sex-life-and-seek-help-in-
attaining-it.html.

39. Maureen S. Milligan and Alfred H. Neufeldt, "The Myth of
Asexuality: A Survey of Social and Empirical Evidence," *Sexuality*

*and Disability 19*, no. 2 (2001): 91–109, https://doi.org/10.1023
/A:1010621705591.

40. Kristina Gupta, "Happy Asexual Meets DSM," *Social Text Journal*,
October 24, 2013, https://socialtextjournal.org/periscope_article/
happy-asexual-meets-dsm/.

41. Sciatrix, "The Construct of the 'Unassailable Asexual,'" Knights
of the Shaded Triangle (forum), October 23, 2010, http://
shadedtriangle.proboards.com/thread/18.

42. Sciatrix, "The Construct of the 'Unassailable Asexual'"; Cuthbert,
"You Have to Be Normal to Be Abnormal."

43. Nicola Davis, "Scientists Quash Idea of Single 'Gay Gene,'"
*Guardian*, August 29, 2019, https://www.theguardian.com/
science/2019/aug/29/scientists-quash-idea-of-single-gay-gene.

44. Arthur Krystal, "Why We Can't Tell the Truth About Aging,"
*New Yorker*, October 28, 2019, https://www.newyorker.com/
magazine/2019/11/04/why-we-cant-tell-the-truth-about-aging.

45. Heather Havrilesky, "Ask Polly: 'I'm Trying to Go Gray and I Hate
It!,'" *Cut*, December 18, 2019, https://www.thecut.com/2019/12/
ask-polly-im-trying-to-go-gray-and-i-hate-it.html.

## 7. 로맨스를 다시 생각하기

1. Yumi Sukugawa, "I Think I Am in Friend-Love With You," *Sadie
Magazine*, 2012, retrieved from: https://therumpus.tumblr.com/
post/36880088831/i-think-i-am-in-friend-love-with-you-
written-by.

2. Kim Brooks, "I'm Having a Friendship Affair," *The Cut*, December
22, 2015, https://www.thecut.com/2015/12/friendship-affair-c-v-
r.html.

3. Alex Mar, "Into the Woods: How Online Urban Legend Slender Man
Inspired Children to Kill," *Guardian*, December 7, 2017, https://
www.theguardian.com/news/2017/dec/07/slender-man-into-the-

woods-how-an-online-bogeyman-inspired-children-to-kill.

4. Mary Embree, "The Murder of the Century," *HuffPost*, May 21, 2013, https://www.huffpost.com/entry/the-murder-of-the-century_b_3312652.

5. Embree, "The Murder of the Century."

6. "We Were Not Lesbians, Says Former Juliet Hulme," *New Zealand Herald*, March 5, 2006, https://www.nzherald.co.nz/nz/news/articl e.cfm?c_id=1&objectid=10371147.

7. Lisa M. Diamond, "What Does Sexual Orientation Orient? A Biobehavioral Model Distinguishing Romantic Love and Sexual Desire," *Psychological Review 110*, no. 1 (2003): 173–92, https://doi.org/10.1037//0033-295X.110.1.173.

8. Dorothy Tennov, *Love and Limerence: The Experience of Being in Love* (New York: Scarborough House, 1979), 74.

9. Marta Figlerowicz and Ayesha Ramachandran, "The Erotics of Mentorship," *Boston Review*, April 23, 2018, http://bostonreview.net/education-opportunity-gender-sexuality-class-inequality/marta-figlerowicz-ayesha-ramachandran.

10. Joe Fassler, "How My High School Teacher Became My Abuser," *Catapult*, July 30, 2018, https://catapult.co/stories/how-my-high-school-teacher-became-my-abuser.

11. Fassler, "How My High School Teacher Became My Abuser."

12. Brooks, "I'm Having a Friendship Affair."

13. Fassler, "How My High School Teacher Became My Abuser."

14. Helen Fisher, *Why We Love: The Nature and Chemistry of Romantic Love* (New York: Henry Holt, 2004), 101–2.

15. Victor Karandashev, *Romantic Love in Cultural Contexts* (Switzerland: Springer, 2017), 30–32.

16. *Grey's Anatomy*, "Raindrops Keep Falling On My Head," season 2, episode 1, September 25, 2005, https://www.youtube.com/watch?v=9DN4Dw3tyLY.

17. Kayte Huszar, "10 'Grey's Anatomy' Quotes That Remind You

of Your Person," *Odyssey Online*, March 21, 2016, https://
www.theodysseyonline.com/10-greys-anatomy-quotes-you-
either-tell-or-relate-to-your-person.

18. Alexander Blok, "When You Stand in My Path," from *The Penguin
Book of Russian Poetry*, ed. Robert Chandler et al. (New York:
Penguin, 2015), 189.

19. Demi Lovato, vocalist, "Tell Me You Love Me," by Kirby Lauryen et
al., track 2 on *Tell Me You Love Me*, Hollywood, Island, Safehouse
Records, 2017.

20. Danny M. Lavery, "Dear Prudence: The 'Tepidly Panromantic'
Edition," *Slate*, January 24, 2018, https://slate.com/human-
interest/2018/01/dear-prudence-podcast-the-tepidly-
panromantic-edition.html.

21. Danny M. Lavery, "Dear Prudence: The 'Relentlessly Friendly
Neighbor' Edition," *Slate*, February 21, 2018, https://slate.com/
human-interest/2018/02/dear-prudence-podcast-the-
relentlessly-friendly-neighbor-edition.html.

22. Elizabeth Brake, *Minimizing Marriage: Marriage, Morality, and the
Law* (Oxford, UK: Oxford University Press, 2011), 88–90.

23. Drake Baer, "There's a Word for the Assumption that Everybody
Should Be in a Relationship," *Cut*, March 8, 2017, https://
www.thecut.com/2017/03/amatonormativity-everybody-should-
be-coupled-up.html.

24. Anthony Kennedy and Supreme Court of the United States,
Obergefell v. Hodges, 576 (2015).

25. Drake Baer, "There's a Word for the Assumption that Everybody
Should Be in a Relationship."

26. Manu Raju, "Graham on Bachelorhood: I'm Not 'Defective,'"
*Politico*, June 11, 2015, https://www.politico.com/story/2015/06/
graham-on-bachelorhood-im-not-defective-118896.

27. Lisa Wade, *American Hookup: The New Culture of Sex on Campus*
(New York: W. W. Norton, 2017), 145.

28. Vicki Larson, "Marriage Benefits Are an Antiquated Custom That Hold Back Society," *Quartz*, December 11, 2017, https://qz.com/quartzy/1148773/marriage-should-not-come-with-any-social-benefits-or-privileges.

29. Julian Baggini, "Why You Should Be Allowed to 'Marry' Your Sister," *Prospect Magazine*, July 2, 2018, https://www.prospectmagazine.co.uk/philosophy/why-you-should-be-allowed-to-marry-your-sister.

30. Jane Taber, "Elderly American Caregiver Being Deported Has Been Granted Temporary Visa," *Globe and Mail*, November 15, 2012, https://www.theglobeandmail.com/news/national/elderly-american-caregiver-being-deported-has-been-granted-temporary-visa/article5328771.

31. Elizabeth Brake, "Why Can't We Be (Legally-Recognized) Friends?," *Forum for Philosophy*, September 14, 2015, https://blogs.lse.ac.uk/theforum/why-cant-we-be-legally-recognized-friends.

32. Jack Julian, "79-Year-Old Finally a Permanent Resident 7 Years after Deportation Saga," *CBC News*, February 13, 2019, https://www.cbc.ca/news/canada/nova-scotia/nancy-inferrera-permanent-residency-mildred-sanford-guysborough-1.5017153.

33. Baggini, "Why You Should Be Allowed to Marry Your Sister."

34. Tamara Metz, *Untying the Knot: Marriage, the State, and the Case for Their Divorce* (Princeton, NJ: Princeton University Press, 2010), 119–51.

35. Lillian Faderman, "Nineteenth-Century Boston Marriages as a Lesson for Today," in *Boston Marriages: Romantic But Asexual Relationships Among Contemporary Lesbians*, ed. Esther Rothblum and Kathleen A. Brehony (Amherst: University of Massachusetts Press, 1993), 59–62.

36. Kim Parker and Eileen Patten, "The Sandwich Generation: Rising Financial Burdens for Middle-Aged Americans," Pew Research

Center, January 30, 2013, https://www.pewsocialtrends.o
rg/2013/01/30/the-sandwich-generation/.

## 8. 거절하기에 적절한 이유

1. Miranda Fricker, *Epistemic Injustice: Power and the Ethics of Knowing* (Oxford, UK: Oxford University Press, 2007), 147–54.
2. Queenie of Aces, "Mapping the Grey Area of Sexual Experience: Consent, Compulsory Sexuality, and Sex Normativity," *Concept Awesome*, January 11, 2015, https://queenieofaces.wordpress.c om/2015/01/11/mapping-the-grey-area-of-sexual-experience.
3. StarchyThoughts, "Hermeneutical Injustice in Consent and Asexuality," Tumblr, March 18, 2016, https://starchythoughts.tumblr.com/post/141266238674.
4. Kersti Yllö, "Marital Rape in a Global Context: From 17th Century to Today," Oxford University Press blog, November 13, 2017, https://blog.oup.com/2017/11/marital-rape-global-context.
5. Victoria Barshis, "The Question of Marital Rape," *Women's Studies International Forum 6*, no. 4 (1983): 383–93, https://doi.o rg/10.1016/0277-5395(83)90031-6.
6. Anna Brand, "Trump Lawyer: You Can't Rape Your Spouse," MSNBC, July 28, 2015, http://www.msnbc.com/msnbc/trump-lawyer-you-cant-rape-your-spouse.
7. Eric Berkowitz, "'The Rape-Your-Wife Privilege': The Horrifying Modern Legal History Of Marital Rape," *Salon*, August 8, 2015, https://www.salon.com/2015/08/08/the_rape_your_wife_privilege _the_horrifying_modern_legal_history_of_marital_rape.
8. Molly Redden, "GOP Congressional Candidate: Spousal Rape Shouldn't Be a Crime," *Mother Jones*, January 15, 2014, https://www.motherjones.com/politics/2014/01/gop-congressional-candidate-richard-dick-black-spousal-rape-not-a-crime/.
9. Julie Carr Smyth and Steve Karnowski, "Some States Seek to Close

Loopholes in Marital Rape Laws," *AP News*, May 4, 2019, https://apnews.com/3a11fee6d0e449ce81f6c8a50601c687.

10. Kyle Mantyla, "Schlafly Reiterates View That Married Women Cannot Be Raped By Husbands," *RightWing Watch*, May 7, 2008, https://www.rightwingwatch.org/post/schlafly-reiterates-view-that-married-women-cannot-be-raped-by-husbands.

11. Abiola Abrams, "Intimacy Intervention: 'Do My Wife Duties Include Sex?'" *Essence*, August 19, 2014, https://www.essence.com/love/intimacy-intervention-do-my-wife-duties-include-sex.

12. D. A. Wolf, "Do We Owe Our Spouses Sex?" *HuffPost*, October 15, 2011, https://www.huffpost.com/entry/do-we-owe-our-spouses-sex_b_927484.

13. Quora, "Is Having Sex with Your Spouse Your Obligation, Duty or Right?" https://www.quora.com/Is-having-sex-with-your-spouse-your-obligation-duty-or-right.

14. MetaFilter, "What Are the Sexual Obligations of a Husband or Wife?" March 8, 2006, https://ask.metafilter.com/33981/What-are-the-sexual-obligations-of-a-husband-or-wife.

15. Cari Romm, "A Sex Therapist on How She'd Approach the Sexual Problems in 'On Chesil Beach,'" *The Cut*, May 21, 2018, https://www.thecut.com/2018/05/a-sex-therapist-on-the-sexual-problems-in-on-chesil-beach.html.

16. Melissa Dahl, "A New Book Claims We've Entered the Sexual Pharmaceutical Era," *The Cut*, October 26, 2015, https://www.thecut.com/2015/10/weve-entered-the-sexual-pharmaceutical-era.html.

17. Susan Brownmiller, *Against Our Will: Men, Women, and Rape* (New York: Fawcett Columbine, 1975), 15.

18. Lauren Wolfe, "Gloria Steinem on Rape in War, Its Causes, and How to Stop It," *Atlantic*, February 8, 2012, https://www.theatlantic.com/international/archive/2012/02/gloria-steinem-on-rape-in-war-its-causes-and-how-to-stop-it/252470.

19. Jane C. Hood, "Why Our Society Is Rape-Prone," *New York Times*, May 16, 1989, https://www.nytimes.com/1989/05/16/opinion/why-our-society-is-rapeprone.html.

20. Charles M. Blow, "This Is a Man Problem," *New York Times*, November 19, 2017, https://www.nytimes.com/2017/11/19/opinion/sexual-harassment-men.html.

21. Elizabeth Weingarten, "A Fresh Approach to Understanding Sexual Assault: A Conversation with Betsy Levy Paluck," *Behavioral Scientist*, November 20, 2018, https://behavioralscientist.org/a-fresh-approach-to-understanding-sexual-assault-a-conversation-with-betsy-levy-paluck.

22. Cameron Kimble and Inimai M. Chettiar, "Sexual Assault Remains Dramatically Underreported," Brennan Center for Justice, October 4, 2018, https://www.brennancenter.org/our-work/analysis-opinion/sexual-assault-remains-dramatically-underreported.

23. Catharine A. MacKinnon, "Sexuality, Pornography, and Method: 'Pleasure under Patriarchy,'" *Ethics 99*, no. 2 (January1989): 323, www.jstor.org/stable/2381437.

24. Catharine A. MacKinnon, "Sex and Violence: A Perspective," in *Feminism Unmodified: Discourses on Life and Law* (Cambridge, MA: Harvard University Press, 1987), 86–87.

25. Leslie Houts, "But Was It Wanted?: Young Women's First Voluntary Sexual Intercourse," *Journal of Family Issues 26*, no. 8 (2005): 1082–1102, https://doi.org/10.1177/0192513X04273582.

26. Lucia F. O'Sullivan and Elizabeth Rice Allgeier, "Feigning Sexual Desire: Consenting to Unwanted Sexual Activity in Heterosexual Dating Relationships," *Journal of Sex Research 35*, no. 3 (1998): 234–43, https://doi.org/10.1080/00224499809551938.

27. Emily Nagoski, "Enthusiastic, Willing, Unwilling, Coerced," *The Dirty Normal*, April 30, 2011, https://www.thedirtynormal.com/post/2011/04/30/enthusiastic-willing-unwilling-coerced/; Elizabeth Leuw, "Willing Consent," Prismatic Entanglements, May

17, 2011, https://prismaticentanglements.com/2011/05/17/willing-consent.

28. Meg-John Barker and Justin Hancock, *Enjoy Sex (How, When, and If You Want To)* (London: Icon Books, 2017), 156.

## 9. 다른 사람들과 어울리기

1. Bogaert, "Asexuality,"279–87.

2. Leonore Tiefer, *Sex Is Not a Natural Act and Other Essays* (Boulder, CO: Westview Press, 1995), 39.

3. Donald G. Dutton and Arthur P. Aron, "Some Evidence for Heightened Sexual Attraction Under Conditions of High Anxiety," *Journal of Personality and Social Psychology 30*, no. 4 (1974): 510–17, https://doi.org/10.1037/h0037031.

4. William Jankowiak et al., "The Half of the World That Doesn't Make Out," *Sapiens*, February 10, 2016, https://www.sapiens.org/culture/is-romantic-kissing-a-human-universal.

5. William Jankowiak et al., "Is the Romantic-Sexual Kiss a Near Human Universal?" *American Anthropologist 117*, no. 3 (September 2015): 535–39, https://doi.org/10.1111/aman.12286.

6. Meg-John Barker, Rosalind Gill, and Laura Harvey, "The Sexual Imperative," in *Mediated Intimacy: Sex Advice in Media Culture* (Cambridge: Polity Press, 2018).

7. Mary Fissell, "When the Birds and the Bees Were Not Enough: Aristotle's Masterpiece," *Public Domain Review*, August 19, 2015, https://publicdomainreview.org/essay/when-the-birds-and-the-bees-were-not-enough-aristotle-s-masterpiece.

8. Barker et al., "The Sexual Imperative."

9. Meg-John Barker et al., "Sex as Necessary for Relationships," in *Mediated Intimacy: Sex Advice in Media Culture* (Cambridge: Polity Press, 2018).

10. Anagnori, "Sex Therapy's Blind Spot," Tumblr, October 6, year

unknown, https://anagnori.tumblr.com/post/178801800354/sex-
therapys-blind-spot.

11. Joan McFadden, "'I Don't Think We'll Ever Have Sex Again': Our
    Happy, Cuddly, Celibate Marriage," *Guardian*, April 15, 2017,
    https://www.theguardian.com/lifeandstyle/2017/apr/15/celibate-
    marriage-sex-sexless-relationship.

12. McFadden, "'I Don't Think We'll Ever Have Sex Again': Our Happy,
    Cuddly, Celibate Marriage."

13. K. R. Mitchell et al., "Sexual Function in Britain: Findings from
    the Third National Survey of Sexual Attitudes and Lifestyles
    (Natsal-3)," *Lancet 382*, no. 9907 (November 2013): 1817–29,
    https://doi.org/10.1016/S0140-6736(13)62366-1.

14. Anagnori, "Sex Therapy's Blind Spot."

15. Sarah Barmak, "The Misunderstood Science of Sexual Desire,"
    *The Cut*, April 26, 2018, https://www.thecut.com/2018/04/the-
    misunderstood-science-of-sexual-desire.html.

16. Karin Jones, "What Sleeping with Married Men Taught Me
    About Infidelity," *New York Times*, April 6, 2018, https://
    www.nytimes.com/2018/04/06/style/modern-love-sleeping-with-
    married-men-infidelity.html.

## 11. 우리는 어디로 가고, 어디에 있었나?

1. Cam Awkward-Rich, "Prude Manifesto," *Watch-Listen-Read*,
   https://www.watch-listen-read.com/english/Cam-Awkward-Rich-
   A-Prudes-Manifesto-id-395533.

2. Ela Przybylo, *Asexual Erotics: Intimate Readings of Compulsory
   Sexuality* (Columbus: Ohio State University Press, 2019), 20.

3. Audre Lorde, *The Uses of the Erotic: The Erotic as Power* (New York:
   Out & Out Books, 1978), 89.

4. Lorde, *The Uses of the Erotic*, 89.

5. Kristina Gupta, "Compulsory Sexuality: Evaluating an Emerging

Concept," *Signs 41*, no. 1 (Autumn 2015): 131–54, https://doi.org/10.1086/681774.

6. Adrienne Rich, "Compulsory Heterosexuality and Lesbian Existence," *Signs 5*, no. 4 (Summer 1980): 631–60, https://doi.org/10.1080/09574049008578015.

*Asexual Erotics: Intimate Readings of Compulsory Sexuality* by Ela Przybylo

*Asexualities: Feminist and Queer Perspectives*, edited by KJ Cerankowski and Megan Milks

*Asexuality and Sexual Normativity: An Anthology*, edited by Mark Carrigan, Kristina Gupta, and Todd G. Morrison

*Big Pharma, Women, and the Labour of Love* by Thea Cacchioni

*Boston Marriages: Romantic But Asexual Relationships Among Contemporary Lesbians,* edited by Esther D. Rothblum and Kathleen A. Brehony

*Celibacies: American Modernism and Sexual Life* by Benjamin Kahan

*Frigidity: An Intellectual History* by Peter Cryle and Alison Moore

*The Invisible Orientation: An Introduction to Asexuality* by Julie Sondra Decker

*Mediated Intimacy: Sex Advice in Media Culture* by Meg-John Barker, Rosalind Gill, and Laura Harvey

*Race and Sexuality*, by Salvador Vidal-Ortiz, Brandon Andrew Robinson, and Christina Khan

*Sex Is Not a Natural Act and Other Essays* by Leonore Tiefer

*The Sex Myth: The Gap Between Our Fantasies and Reality* by Rachel Hills

*Sexual Politics of Disability: Untold Desires*, edited by Tom Shakespeare, Dominic Davies, and Kath Gillespie-Sells

*Understanding Asexuality* by Anthony F. Bogaert

# 찾아보기

## 개념